달라진 한국 일본 다루기

달라진 한국
일 본 다 루 기

일본이 기억하는 100년 전 그 약소국은 없다!

————————— 김현구 지음 —————————

이상미디어

한국과 일본 그리고
동아시아의 미래를 생각하며

요즘 한일 관계 악화와 그에 대한 양국의 대응 상황이 계속 언론에 오르내린다. 지난 8월 일본은 한국을 자국의 백색국가(안전보장 우호국) 리스트에서 제외했다. 일본은 한국을 국가 안보 측면에서 신뢰할 수 없다는 메시지와 함께 한국 경제에도 적지 않은 타격을 가했다. 이 사건으로 한국, 일본 두 나라 정부는 지금까지도 팽팽히 맞선다. 한국도 9월 11일 세계무역기구(WTO)에 일본을 제소하고, 일주일 후 9월 18일부터 한국의 백색국가에서 일본을 제외했다. 또한 한일 군사정보보호협정(GSOMIA)도 우리 측에서 종료했다.

일본이 한국을 백색국가에서 제외한 것은 경제 보복이다. 무엇에 대한 경제 보복이고, 어떤 이유에서였을까? 일본 아베 정권은 공식적으로, 지난 2018년 한국 대법원의 강제징용 배상 최종 판결 때문이라고 말한다.

판결 내용에 따르면 '일본 제철(신일철주금)', '미쓰비시' 등 일제 강점기에 한국인을 강제징용한 일본 기업은 한국 피해자들에게 배상해야 한다. 그러나 일본 정부는 이 판결이 1965년에 맺은 한일 청구권협정, 즉 한일협정과 국제법에 어긋난다며 한국 정부에 적절한 시정 조치를 요구했다. 여기에 더해 일본은 경제 보복이라는 강력한 경고장을 한국에 던졌다.

1965년 한일 청구권협정의 공식 명칭은 '대한민국과 일본국 간의 재산 및 청구권에 관한 문제의 해결과 경제 협력에 관한 협정'이다. 이를 줄여서 1965년 한일협정이라고도 한다. 이 협정에서 일본은 일제 강점기 한국에 들인 자산을 모두 포기하고, 약 8억 달러의 유상 및 무상 자금을 한국에 지원하기로 협의했다. 또한 한국은 대일 청구권을 포기하는 데 합의했다. 일본은 한일협정 내용을 내세워 강제징용 배상 문제를 모두 끝냈다고 주장한다. 2018년 한국 대법원이 내린 판결에 일본이 불만을 드러낸 배경은 바로 이것이다.

한국은 1965년 한일협정 이후 일본에게 자금을 받아 경제개발 5개년 계획을 시행했다. 개발에 필요한 기술과 설비도 일본에서 들여왔다. 이때부터 반도체 생산과 같은 한국 산업은 일본의 주요 기계 부품과 원자재를 일정량 수입해야만 제품을 생산할 수 있는 구조로 자리 잡았고, 지금까지 이어졌다.

한일협정 이후 일본 부품과 원자재에 대한 한국의 무역 의존도는 매우 높다. 이런 상황에서 일본이 한국에 주요 부품과 원자재 수출을 통제하면 한국은 심각한 경제 타격을 입는다. 일본은 한국을 백색국가에서 제외해 주요 수출 품목 거래를 통제했다. 일본은 한국 대법원의 강제징용 배상 판결을 받아들이지 않고 오히려 수출 품목 거래를 통제해 한국에 경제 보복을 단행했다.

일본 정부는 우리가 보기에 이해하기 어려운 행동을 자주 한다. 세계 곳곳에 설치된 '평화의 소녀상'에 대한 알레르기적 반응, 독도 영유권 주장, 신사참배 강행, 일본 헌법 개정 시도와 군사 대국화, 2020년 도쿄 올림픽 욱일기 사용, 그리고 이번 백색 국가 제외와 같은 경제 보복 등 일본 정부는 한국 사람으로서는 받아들이기 어려운 방향으로 나아가는 듯하다.

일본은 정말 우리에게 어떤 나라일까? 현실적으로 한국의 근대화에 도움을 준 나라인가? 관광 대국이면서, 첨단 기술로 세계를 휩쓸기도 한 배울 점이 많은 선진국인가? 아니면 1백여 년 전, 35년 동안 한반도를 강점하며 우리 민족에 씻을 수 없는 상처와 고통을 주고, 지금까지 한국을 이용해 실익을 챙기면서 다시 한번 세계를 넘보는 사악한 전쟁범죄자의 나라인가?

일제 강점기를 경험하지 않은 세대에게도, 경험했지만 오랜 과거의 일로 기억이 희미한 세대에게도, 또 현재 한일 관련 업무에 종사하거나 일본에서 생활하는 한국인들에게도 일본은 다양하고 복잡한 스펙트럼을 던져 주는 나라다.

그러나 복잡한 현상에 대한 답은 의외로 단순하다. 이 답을 얻기 위해서 우리는 일본의 역사를 제대로 알아야 한다. 즉 일본의 과거, 현재, 미래를 살펴봐야 한다. 또한 동아시아 주변국과의 관계 속에서 역사를 해석해야 한다. 이 속에서 한일 관계의 난국을 타개할 방법이 드러난다. 또한 동아시아에서 50년, 100년 앞을 염두에 두고 한국이 지향해 나아가야 할 길이 보인다.

나는 일본사를 전공하고, 대학에서 오랜 기간 일본사를 가르쳤다. 2016년에는 동아시아 속에서 한국의 위치를 명확히 하고 일본의 실체를 바로 알리기 위해 《일본은 한국에 어떤 나라인가》(고려대학교출판문화원)를 출판했다. 나는 이 책에서 한국에 대한 영향력을 확대하는 일본에 대해 우려감을 전하며 이를 경계해야 한다고 말했다. 아니나 다를까 이번에 일본이 한국에 대한 영향력을 이용해 경제 보복을 감행했다.

개정판인 이 책의 1부에서는 최근에 벌어진 일본의 경제 보복 원인과 대응 방안을 역사적 측면에서 새로이 짚었다. 이어서 일본이라는 나라와 이 나라가 가진 특성 및 앞으로의 향방을 살펴보고, 나아가 동아시아 공동체가 지향해야 할 바를 내다봤다.

아무쪼록 일본이라는 나라, 그리고 한일 관계를 올바로 이해하고 동아시아의 미래에 대한 인식을 키우고자 하는 모든 독자가 이 책에서 조금이라도 해답을 찾길 진심으로 바란다.

마지막으로 이 말을 전하고 마무리한다. 역사의 진행 방향과 함께하는 사람은 역사에서 긍정적인 평가를 받을 테지만, 역사를 역행하는 사람은 역사에서 비판받을 것이다. 현재 세계사의 흐름을 역행하는 지도자들은 역사에서 비판을 면치 못할 것이다.

2019년 12월
一史 김현구

조업 신화 | 무너진 소니 신화 | 도호쿠 대지진에 당황하는 매뉴얼 사회 | 예전 같지 않은 요즘 일본인들 | 역사를 조작하고 명예도 훔친다 | 9부 능선에 도달한 일본

11장 · 군사 대국화의 길 · 220

종전 후 부활한 일본 천황 | 전범에 면죄부 준 미국과 한국 | 전방위 영토 분쟁 벌이는 군사 대국 | 센카쿠열도를 둘러싼 중일 패권 경쟁 | 전후 첨단 무기로 무장해 온 일본

[4부] 동아시아의 미래

12장 · 동아시아와 한국의 역할 · 245

동아시아 공동체의 의미 | 한국의 지정학적인 위치 | 동아시아의 캐스팅보터 | 신라 김춘추, 동아시아를 요리하다

13장 · 한국의 딜레마 · 260

총성 없는 전쟁 | 일본과 중국은 어느 때고 타협할 나라 | 정치 논리와 경제 논리 사이에서

14장 · 한국과 북한, 통일의 줄다리기 · 275

분열된 한반도는 주변 강국의 먹잇감 | 북한의 미래 변화에 대비해야 | 한반도 통일은 역사의 필연 | 한국은 선제적으로 통일을 준비해야

15장 · 하나의 동아시아 리더십 · 300

21세기는 한국이 주인공 | 자국 중심으로 사고하는 한·중·일 | 동아시아 리더십 은 보편적 가치로부터

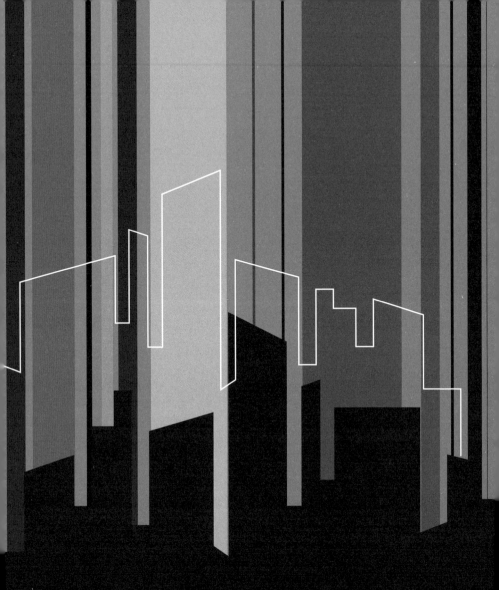

아베 정권은 일본 주도 세력의 정체성을 확립하고, 한·미·일 3국의 반공연대를 반중
연대로 전환하기를 꺼리는 한국의 기를 꺾어 놓기 위해 경제 보복을 단행했다. 일본
은 한국을 완전히 적으로 돌리려는 게 아니다. 아베 정권의 경제 보복 목적은 '한국
길들이기'다.

[1부]

역동하는 동아시아와 한일 관계

일본의 경제 보복, 위기인가 기회인가

반중연대를 위한 한국 길들이기

최근 한일 갈등이 가시적으로 증폭했다. 일본이 한국을 백색국가에서 제외시킨 사건 때문이다. 일본은 2019년 8월 2일 한국을 자국의 백색국가에서 제외하기로 결정하고 같은 달 28일 실행에 들어갔다. 이번 결정은 '한국 경제에 한 방 날리겠다'는 뜻이다. 한국은 반도체와 같은 주요 수출품 생산에 일본 원자재를 쓰는데, 일본은 이것을 통제함으로써 한국 경제에 타격을 가했다.

그렇다면 일본이 한국 경제에 타격을 가한 경제적 배경은 무엇일까? 일본은 통일 세력이 등장하면 반드시 한반도를 침략하는데, 지금 일본은 제2차 세계대전의 패배와 분열을 극복하고 통합된 힘으로 다시 아시아의 패권을 노린다. 따라서 일본은 한반도에 대한 영향력을 더욱더 강하게 행사하려고 시도한다. 단, 총칼이 아닌 경제력을 앞세운다는 점이 과거와 다를 뿐이다.

1965년 한일협정으로 일본은 한국에게 유·무상 8억 달러를 제공했다. 한국은 이 자금으로 경제개발 5개년 계획에 돌입했다. '포스코'와 '당인리 화력발전소' 등을 이때 세웠다. 또한 한국은 한일협정 이후 일본의 기술력과 원자재를 수입했는데, 서울 지하철 1, 2호선 등을 일본의 기술과 부품으로 만들었다.

한국 산업이 일본의 기술력과 자재를 이용해 발전하면서 이후에도 일본 부품과 소재가 한국 산업에서 중요한 자리를 차지했다. 따라서 일본 수입품에 대한 한국의 무역 의존도가 자연스럽게 높아졌다. 한국의 주요 공장이나 시설이 일본의 기술과 자재를 쓰다 보니, 한국이 대략 100억 달러 생산품을 수출하기 위해서는 약 10억 달러의 부품이나 원자재를 일본에서 수입해야만 하는 실정이다.

실제 무역수지를 살펴보면 일본에 대한 무역 의존도가 얼마나 높은지 실감한다. 2006년에는 한국의 전체 무역수지 흑자가 164억 달러였는데, 대일 무역수지 적자가 253억 달러였다. 전 세계 무역으로 얻은 흑자보다 대일 무역에서 발생한 적자 규모가 훨씬 크다는 이야기다. 1965년 한일협정 이래 2018년까지 대일 무역에서 대략 6천억 달러의 누적 적자가 발생했다. 일본은 유·무상으로 8억 달러를 한국에 제공하고 6천억 달러를 한국에서 벌어 갔다. 한국은 열심히 벌어서 일본에게 좋은 일만 시킨 셈이다.

서울재팬클럽(SJC)의 다카스기 노부야 전 이사장은 한일 관계가 악화 일로를 걷던 2014년 8월 18일, 〈매일경제〉와의 인터뷰에서 "정치 문제와 상관없이 한일 양국 간 경제는 끊으려야 끊을 수 없다. 갈등이 있다고 서로 간에 '그만두죠'라고 말할 수는 없는 노릇이다"고 했다. 일본 무역 의존도가 높은 한국은 이 굴레에서 벗어나기 어렵다는 의미다. 이 말은 어떤 면에서는 사실이고 어떤 면에서는 협박이다. 이 굴레로 이번에는 일본이 한국에 경제 보복을 가했다.

일본이 한국에 경제 타격을 감행한 이유는 무엇일까? 아베 정권은 한국 대법원의 강제징용 배상 판결이 1965년 한일협정, 즉 한일 간 청구권협정에 어긋나고, 이는 국제법 위반이라고 주장한다. 일본이 한국을 백색국가에서 제외한 것은 이에 대한 경고 메시지다. 한국에 대한 일본의 경제 타격은 경제 보복이다.

한국은 이 사건을 어떻게 분석할까? 2019년 7월 말 우연히 TV를 보다가 '일본통'으로 알려진 여당의 K 의원이 일본의 경제 보복에 대해 인터뷰하는 모습을 봤다. K 의원은 "양국에 다 같이 손해인데 일본이 왜 그러는지 정확한 의도를 모르겠다"며 답답하다는 표정을 지었다. 한편 다른 전문가들도 TV에 나와서 일본의 경제 보복을 '7월 21일 일본 참의원 선거용', '문재인 정권을 교체하기 위해서', '일본을 추격하는 한국 경제에 타격을 주기 위해서', '군사 대국화 과정' 등을 이유로 꼽았다. 그러나 어느 것 하나 설득력이 없다.

'참의원 선거용'이라는 주장은 북풍을 자주 경험한 한국식 사고방식이다. 일본은 선거에 이용하기 위해서 무역 흑자 3위의 나라를 적으로 돌릴 만큼 어리석지 않다. 또한 임기가 3년이나 남은 문재인 정권을 교체해야만 할 명분이나 가능성도 없다.

'일본을 추격하는 한국 경제에 타격을 주기 위해서'라는 주장도 설득력이 약하다. 한국의 GDP(국내총생산)는 아직 일본의 3분의 1 정도다. 게다가 한국 수출품 생산의 핵심 부품과 원자재를 공급하는 일본은 한국이 생산품을 많이 수출할수록 자동적으로 돈을 더 많이 번다. 아무 이유도 없이 스스로 그 구조를 망가뜨릴 만큼 일본은 어리석지 않다. '군사 대국화 과정'이라는 주장도 마찬가지다. 중국과 패권 경쟁을 벌이는 마당에 도대체 한국을 적으로 돌려야 할 이유가 없다.

일본의 경제 보복은 처음이 아니다. 일본은 한국이 1997년 IMF 외환위기를 맞을 때 매우 큰 역할을 했다. 1995년 어업협정의 개정을 요구하던 일본 정부에 김영삼 대통령이 "일본의 버르장머리를 고쳐 놓겠다"고 일갈했다가 일본이 단기 외채를 연장해 주지 않았다. 한국은 이 때문에 경제 타격을 입고 IMF 외환위기를 맞았다.

IMF 외환위기 때 일본은 단순히 부채를 연장하지 않는 소극적인 방법을 택했다. 그런데 이번 경제 보복은 우리 산업 전반에 적극적으로 타격을 가하는 형태다. 이번 경제 보복은 단기간의 관점으로 보면 이해가 어렵고 해결도 어렵다. 이 문제를 해결하기 위해서는 일본의 과거와 현재, 그리고 주변국과 맺어 온 일본의 관계 변화를 이해해야 한다.

역사 속에서 중국은 분열된 나라를 통일할 때 주변국과 책봉체제를 구축하며 국가 간 관계 재설정에 나섰다. 중국은 종주국으로 입지를 다지고 그들의 안전을 보장하며 질서를 유지했다. 중국은 한(漢)의 한사군 설치, 수·당의 고구려 원정, 원·청의 고려·조선 침략 등을 통해 국가 간 관계를 다시 설정했다. 1949년 중국을 장악한 중공(中共)이 1950년 6·25전쟁에 개입한 것도 새로운 관계 설정의 일환이다.

일본 역시 역사적으로 보면 통일국가가 등장할 때 통합된 세력의 불만을 해소하기 위해 반드시 한반도를 침략했다. 고대국가가 등장하는 시기에 왜가 한반도를 침략한 사실이 《삼국사기》에 담겼다. 또한 도요토미 히데요시가 전국시대(1467~1568년)를 통일한 후 1592년 조선을 침략했고, 메이지 정부가 영주국가를 통일한 후 1910년 한일합병조약을 체결했다. 이 사건은 모두 일본 내 통합된 세력의 불만을 해소하기 위한 수법이다.

세계 2위의 경제 대국으로 부상한 일본이 한국과 1965년 한일협정을 맺은 것도 그 일환이다. 일본은 한국 경제구조를 자국에 유리한 대로 만들었다. 수출품을 만들기 위해서 반드시 일정량의 부품을 일본에서 수입해야만 하는 한국의 경제구조, 이것은 곧 한국에 대한 일본의 경제 침략이다.

일본이 세계 2위의 경제 대국으로 성장한 시기는 제2차 세계 대전에서 패망한 이후 아시아에서 미국의 대리인 노릇을 하면 서부터다. 일본은 1951년 샌프란시스코강화조약으로 극동의 평화와 안전을 위해 미군 주둔을 허용했다. 그리고 미국의 안보 우산 속에서 경제 발전에 전력했다. 그 이후 1968년, 일본은 GDP 세계 2위를 기록했으며, 북한위협론을 명분으로 경제 대국에 걸맞은 군사 대국화의 길을 걸었다.

20세기에 들어 중국과 일본 두 국가에서 모두 통일 세력이 등장했다. 동북아시아에서 중국과 일본의 패권 경쟁이 시작된 것이다. 양국의 접점인 한국은 원하지 않더라도 중일 간 경쟁의 영향권 안에 들 수밖에 없다. 중국의 사드 보복과 일본의 경제 보복도 이 연장선에서 발생했다.

중국의 영향력은 예전 같지 않다. 21세기에 들어서 중국은 새로운 국면을 맞았기 때문이다. 중국 경제는 1978년 덩샤오핑의 개혁·개방정책으로 급속하게 발전했다. 중국 GDP는 미국의 66%를 넘어서며 턱밑까지 따라잡았다. 그러자 세계의 우두머리를 자임하는 미국은 위협을 느낀 나머지 본격적으로 중국 견제에 나섰다. 미국과 중국이 21세기 세계의 패권을 두고 다투며 무역 전쟁이 시작됐다.

미국은 패권 경쟁에서 중국보다 우위를 점하기 위해 일본과 한국을 자국의 영향 아래에 두려고 애쓴다. 미국은 일본을 이미 오래 전에 자국의 영향권에 포함했다. 제2차 세계대전 후 동서 냉전체제 속에서 1949년 중국이 적화되고, 1950년 한국이 적화될 위기에 처했다. 이때 미국은 일본을 재무장해 아시아 반공 보루로 삼았다.

미국은 일본을 재무장하기 위해 일본의 전범들을 석방해 정치·경제·사회·문화의 주체로 세웠다. 일본 내 공산주의자를 타도할 세력은 공산주의자들과 대척점에 선 일본 전범들이었다. 그들이 1868년 메이지유신에서부터 1945년 패전까지 자본주의 사회를 추구해 왔기 때문이다. 그 후 미국은 1965년 한일협정으로 일본과 한국의 반공 세력을 결합했다. 이로써 반공을 고리로 한 한·미·일 3국이 반공연대를 맺었다.

중국이 급성장하자 미국은 반공연대를 반중연대로 전환하려고 한다. 즉, 1965년 한일협정으로 맺어진 반공연대를 반중연대로 전환하려 하는 것이다. 미국이 중국의 극렬한 반대에도 한국에 사드를 배치한 일 역시 한국을 반중연대의 일원으로 중국 견제에 참여시키려는 작업의 일환이다.

그러나 한국은 동서 냉전체제가 퇴조하자 김대중 정권의 햇볕정책을 시작으로 반공연대에서 조금씩 벗어났다. 노무현, 문재인 등 진보 정권은 중국 교역량을 크게 늘리면서 반공연대를 반중연대로 전환하려는 미국과 일본에 동조하기를 꺼렸다.

문재인 대통령이 방중을 앞두고 2017년 12월 12일 중국 CCTV의 인터뷰에서 "한국은 사드를 추가 배치하지 않고, 미국의 미사일방어체제에 가입하지 않으며, 한·미·일 군사동맹 관계로 발전하지 않는다"는 '3불' 입장을 밝혔다. 반공을 생명으로 하는 보수 정권과는 달리 진보 정권이 들어서면서 1965년 한일협정으로 맺어진 반공연대는 낡은 유물로 전락했다.

중국은 한국에게 중요한 무역국이다. 한국은 1992년 중국과 수교 이래 2018년에는 대중 수출 1,622억 4천만 달러를 기록했다. 중국 수출액은 미국(727억 5천만 달러)과 일본(305억 달러) 수출액을 합친 금액의 약 1.5배다.

역사를 보면, 중국과 궤를 같이하는 세력이 언제나 한반도의 주인공으로 자리매김했다. 통일을 앞둔 한국은 중국과 관계를 강화하지 않을 수 없다. 한국은 이제 반공연대를 반중연대로 전환하려는 미국과 일본을 마냥 추종할 수만은 없다.

2017년 미국이 중국을 겨냥해 한국에 사드를 배치했을 때, 중국은 극렬히 반대했고, 미국도 물러서지 않았다. 그 사이에서 한국은 미국의 요구를 큰 저항 없이 수용했다. 그러나 2019년 초 트럼프가 한국에게 중국의 전자 통신 업체 화웨이에 부품을 제공하지 말라고 요구했을 때는 분위기가 전혀 달랐다. 부품을 공급하지 않으면 응분의 대가를 치를 것이라는 시진핑의 압력과 트럼프의 막무가내 요구 사이에서 한국은 갈등할 수밖에 없었다. 보수 성향 신문까지도 한국 정부가 국익을 위해서 신중하게 결정해야 한다는 논조를 유지했다. 한국은 이미 사드 배치에 대한 중국의 경제 보복을 경험했다. 중국의 힘을 실감한 국민 여론은 이제 일방적으로 미국을 추종해서는 안 된다는 생각으로 바꿔었다.

한국의 진보 정권이 반공연대에서 벗어나 북한뿐만 아니라 중국과의 관계를 더욱더 강화하는 과정에서 위안부와 강제징용 문제가 표면으로 드러났다. 1965년 한일협정에서는 반공연대를 위해서 일본의 식민지 지배 불법성에 대해 한마디 언급도 없이 적당히 타협하고 넘어갔다. 그러나 북한과 화해를 추구하는 진보 정권 입장에서 반공연대는 낡은 유물이 되었다. 반공연대를 위해 묵인한 식민지 지배의 불법성과 위안부·강제징용 문제를 묻어 둘 이유가 사라졌다.

하지만 1965년 한일협정으로 맺어진 반공연대를 반중연대로 전환하려는 미국과 일본, 특히 아베 정권은 한국이 위안부·강제징용 문제를 거론하는 걸 묵과할 수 없다는 입장이다. 일본이 이 문제를 인정하면 1965년 한일협정에서 적당히 타협하고 넘어간 식민지 지배의 불법성을 스스로 자인하는 셈이다. 아베 정권이 식민지 지배의 불법을 인정하는 것은 자신의 정체성을 부정하는 것이다.

따라서 아베 정권은 일본 주도 세력의 정체성을 확립하고, 한·미·일 3국의 반공연대를 반중연대로 전환하기를 꺼리는 한국의 기를 꺾어 놓기 위해 경제 보복을 단행했다. 일본은 한국을 완전히 적으로 돌리려는 게 아니다. 아베 정권의 경제 보복 목적은 '한국 길들이기'다.

일본은 경제 보복 중에도 한일 관계를 이어 나가려고 노력한다. 2019년 7월 29일, 스가 요시히데 관방장관은 '한일 군사정보보호협정'에 대해 "양국 간 군사정보보호협정은 안보 분야의 협력과 연대를 강화해 지역 평화와 안정에 기여한다"며 협정 연장 의사를 내비쳤다. 한국 정부가 8월 22일에 한일 군사정보보호협정을 폐기하겠다고 발표하자, 다음 날 이와야 다케시 방위상은 "현재 지역 안전보장 환경을 완전히 오판한 대응으로 실망을 금할 수 없다", "한국 쪽에 재고와 현명한 대응을 강하게 요구한다"고 말했다. 이는 일본이 경제 보복으로 한국을 말 잘 듣는 나라로 길들이고 싶을 뿐이지, 완전히 적으로 돌릴 생각은 없다는 증거다. 중국과 패권 경쟁을 벌이는 일본이 한국을 적으로 돌리려 할 리 없다. 우리는 이 점을 잘 활용해야 한다.

지금은 일본에 대한 경계를 늦춰서는 안 될 때다. '경계'란 긴장을 늦추지 않으면서도 겉으로는 드러내지 않음을 뜻한다. 한국은 한일 관계의 방향을 두고 중대한 갈림길에 섰다.

한중이 함께하는 'No, No 재팬투어' 운동

일본 아베 정권의 경제 보복에 한국 문재인 정부는 한 치의 물러섬도 없다. 아베 정권 역시 마찬가지 양보 없는 행보를 이어가는 모양새다. 그렇다고 한국 정부가 일본에게 등을 돌린 건 아니다. 한국 정부는 물러섬 없는 대일 기조를 유지하면서도 일본에 대화의 메시지를 계속 보낸다. 아베 정권을 이성적이고 합리적인 대화의 장으로 불러내는 방법은 무엇일까?

아베 정권이 한국에 경제 보복을 하는 이유는 한국을 적으로 돌리려는 게 아니라, 한국을 반중연대로 전환시키기 위함이다. 아베 정권을 대화의 장으로 끌어내기 위해서는 이것을 역으로 이용해야 한다. 한국이 중국과의 연대를 강화하고, 중국 쪽으로 친밀도를 좀 더 옮겨야 한다. 역사에서 한국은 일본이 침략할 때마다 중국과 손을 잡고 일본에 대항했다. 임진왜란 때는 명에 지원을 요청했고, 일제 침략 시에는 임시정부가 중국 국민당의 지원을 받았다. 그러나 한중 관계가 가까워질수록 중국과 패권 경쟁을 벌이는 미국이 이를 용납하지 않을 것이다.

한일 문제는 양국이 궁극적으로는 대화와 타협을 통해 해결해야 한다. 타협에서 우위에 서기 위해서는 아베 정권을 대화의 장으로 나올 수밖에 없도록 분위기를 조성해야 한다. 단기간에 아베 정권을 움직일 수 있는 카드는 일반적으로 '미국', '자민당의 돈줄인 재계', '선거를 좌우하는 민심(일본은 선거를 자주 치르고, 내각책임제이며, 총리가 선거의 간판이기 때문에 선거 결과가 나쁘면 즉시 수상이 이에 대한 책임을 진다.)'이다.

그러나 미국은 1965년 한일협정을 이끌며 반공연대를 성립한 주역으로서, 중국과 관계를 강화하려는 한국에게 유리하게 움직일 리 없다. 또한 한국과 일본 재계를 연결하는 파이프라인이 존재하는지도 의문이다. 미국이나 재계를 이용해 아베 정권을 대화의 징으로 불러낸다 해도 이 방법은 눈앞에 보이는 문제만 해결하는 미봉책일 뿐 근본적인 해결책은 아니다.

아베 정권은 도쿄 올림픽이 열리는 2020년 관광객 4천만 명을 유치하고, 이를 국민소득 5만 달러 달성의 동력으로 삼겠다고 공언했다. 2018년 일본을 방문한 관광객은 약 3,100만 명인데, 한국인 관광객이 약 753만 명, 중국인 관광객이 약 838만 명으로 일본을 방문한 전체 관광객의 50%를 상회한다.

최근 일본 언론들은 "8월 한국인 관광객이 지난해 8월에 비해 48% 줄어 30만 8,700명으로 반 토막 났다"는 일본 정부의 발표를 크게 보도했다.

한국의 일본 상품 불매운동은 국산품 소비로 이어져 내수 시장에서 경제적 효과를 누릴지 모르지만, 일본은 경제 타격을 별로 체감하지 못한다. 도리어 일본 시민들의 반한감정만 커진다. 그러나 한국인의 일본 관광 감소는 일본 관광 시장에 적지 않은 타격을 준다. 일본 관광지의 교통수단이나 상가, 식당, 숙박업소 등을 운영하는 일본인들은 경제 타격을 실감한다. 이를 실감하는 지역 또한 광범위하다.

만약 한국에 더해 중국까지 'NO, NO 재팬투어' 운동에 참여한다면 일본은 더 큰 경제 타격을 즉각 체감하고, 해당 관광지의 지역 정치인들이 아베 정권을 압박할 가능성이 크다. 또한 '한중이 함께하는 NO, NO 재팬투어' 운동은 한중 관계를 강화하는 계기일 뿐만 아니라 한국이 일본을 견제하는 방법으로서 하나의 새로운 모델을 창출하는 셈이다.

2019년 7월 30일, 일본 언론은 "일본은 중국인 관광객의 비자 발급을 간소화하고, 온라인 비자 신청 서비스를 시행한다"는 소식을 전하면서 "줄어드는 한국인 관광객을 대체하기 위함인 듯하다"는 코멘트까지 달았다. 이 소식은 '한중이 함께하는 NO, NO 재팬투어'가 충분히 위력을 발휘할 수 있음을 시사한다.

한국과 중국은 여러 역사 사건으로 인해 일본에 대해 공통된 반감을 보인다. 도요토미 히데요시는 명(明)을 치기 위해 전쟁하면서 그 과정 중에 조선을 침략했다. 일본은 청(清)을 침략하기 위해 1910년 한일합병조약을 체결했다. 근현대사에서 일본의 목표물이었던 중국과 한국은 순망치한(脣亡齒寒)의 관계다. 이러한 이유로 명이 조선을 도와서 도요토미 히데요시의 침략을 저지했고, 중국 국민당 정부가 임시정부를 지원했으며, 만주에서 한중이 공동으로 일본 제국주의에 맞서 싸웠다.

한중이 일본에 함께 맞설 이유는 지금도 존재한다. 제국주의 일본은 한국에 대한 식민지 지배의 불법을 부인하고 중국에 대해서도 난징 대학살이나 731부대의 잔악 행위를 부정, 축소, 은폐했다. 현재 일본은 한국에게 독도의 영유권을 주장하고, 중국에게는 댜오위다오(센카쿠열도)에 대한 영유권을 주장한다. 강제 징용 문제는 일본이 한국에 경제 보복을 단행한 계기인데, 중국도 일본의 강제징용 문제를 해결해야 할 과제로 남겨 됐다. 실제로 2012년에는 아베가 전범들을 합사한 야스쿠니신사를 참배할 때 한중이 이를 공동으로 대처했다.

일본을 방문하는 외국인 관광객 중 한중 관광객이 차지하는 비중은 50% 이상이다. 그러나 한중 관광객은 일본인들에게 보이지 않는 괄시를 받는다. 이러한 푸대접은 '한중이 함께하는 NO, NO 재팬투어' 운동을 할 만한 충분한 명분이다.

만약 한중 시민연대가 이 운동을 함께한다면, 한중 시민이 연대한다는 사실만으로도 미국의 역린을 건드리지 않으면서 아베 정권뿐만 아니라 미국에까지도 영향을 미칠 것이다. 이 운동이 어느 정도 성과를 얻는다면, 일본의 여론과 정치가들을 움직여서 아베 정권을 대화의 장으로 끌어내는 기반을 마련할 수 있다.

중국은 미일과 패권 경쟁을 벌이며 한국이 반중연대에 참여하는 것을 불쾌하게 생각하지만, 한중 시민연대가 함께 움직이면 중국도 이를 싫어하지는 않을 것이다. 또한 방일 관광객의 50% 이상을 차지하는 한중이 일본 대신 동남아시아로 관광지를 바꾼다면, 한국의 위상은 높아지고 동남아시아는 함께 성장하는 기회를 얻는다.

냉엄한 국제사회의 시험대에 선 한국

역사적으로 한국은 동아시아에서 각축장이었다. 한국은 663

년, 중국 침략에 맞서 일본과 손잡고 백촌강 싸움를 벌였으며, 1592년 일본 침략으로 일어난 임진왜란 때는 중국과 손잡고 위기를 극복했다. 그러나 한국이 힘을 잃고 흔들릴 때, 한반도는 1894년 청일전쟁처럼 중국과 일본이 벌이는 각축장으로 변했다. 다른 나라에게 한반도를 운동장으로 내주지 않으려면 한국은 강한 힘을 가져야 한다. 한국이 힘을 가지고 있을 때라야 중일 사이에서 주도권을 잡고 균형자 역할을 해낸다.

지금도 그렇다. 2017년, 한국이 미국의 사드 배치를 받아들이자 중국이 한국 상품 수입을 제한하여 한국은 혹독한 대가를 치렀다. 사드 배치 장소를 제공했던 기업 롯데는 중국 진출 사업을 접어야 했다. 중국 시장에서 활약하던 현대자동차는 사드 사태로 타격을 입고 아직도 회복 중이다.

중국은 과거에도 한국에 경제 보복을 단행했다. 2000년 6월 한국 정부가 농가를 보호하기 위해 중국산 마늘에 적용하는 관세율을 10배 이상 올리자, 중국은 한국의 주요 수출품인 휴대전화와 폴리에틸렌 수입을 금지했다. 한국은 일주일 만에 손을 들었는데, 당시 대중 무역 규모가 10% 정도였다. 그런데 현재는 25% 정도를 차지하니 사드 사태로 인한 경제 보복의 충격을 가히 짐작할 만하다. 하지만 한국은 중국의 제재를 극복했다. 앞으로 중국에게 다시 당하지 않기 위해서는 수출을 다양화하고 대중 무역 비중을 조금씩 줄여 놓아야 한다.

우리는 이번 일본의 경제 보복으로 또 다시 시련을 겪었다.

중국과는 달리 일본은 반도체와 같은 우리 주요 수출품의 부품이나 소재에 대한 공급을 중단함으로써 한국 경제에 타격을 가했다.

2019년 7월 4일, 일본은 한국에 반도체 생산에 필수품인 불화수소의 수출을 중단했다. 반도체는 한국 수출 규모의 25%를 차지하는 중요한 생산품이다. 그로부터 한 달이 조금 안 된 8월 2일, 일본은 백색국가에서 한국을 제외하기로 결정했다. 이로써 한국은 일본으로부터 부품이나 원자재를 수입할 때 까다로운 절차나 허가를 받아야 한다. 이러한 절차를 거쳐야 하는 해당 품목은 1,194개다. 이 중 핵심 소재 품목은 159개다. 최악의 경우에는 한국의 주요 산업이 치명타를 입는다. 어떤 면에서는 중국의 사드 보복보다 이번 일본 경제 보복이 한국 경제에 더 큰 타격을 줄 수도 있다. 사드 보복은 중국에 대한 수출품에만 영향을 미쳤지만 일본의 경제 보복은 한국의 주요 산업 전반에 영향을 미치기 때문이다.

문재인 정부는 일본의 경제 보복을 극복하기 위해 국내 기업 지원에 총력을 기울였다. 한국 경제는 사드 보복에 이어 이번 일본의 경제 보복을 극복하고 나면 한 단계 더 성장할 것이다. 또한 한국은 패권을 두고 다투는 중일 사이에서 균형자로, 정부의 능력에 따라서는 캐스팅보트 역할까지 담당할 것이다.

한민족은 수천 년 동안 중국 주변 국가 중에서 거의 유일하게 중국에 동화되지 않고 독자성을 유지했다. 또한 한민족은 6·25

전쟁의 폐허에서 20세기 세계사의 기적이라 할 수 있는 오늘날의 한국을 이룩했다. 중국이나 일본이 만만하게 여기지 못하는 강한 나라로 성장했다. 한국은 저력을 갖춘 나라. 경제 보복을 극복하기란 쉽지 않겠지만, 이번 계기를 전화위복으로 삼아 문제를 헤쳐 나간다면, 한국은 더 나은 경제구조와 성장을 이뤄 나갈 것이다.

한국은 한일, 한중뿐만 아니라 한미 관계도 재설정해야 할 처지에 놓였다. 과거 미국은 6·25전쟁에서 한국을 도왔다. 그런데 그보다 훨씬 이전에 미국 육군 장관 태프트가 1905년 7월 도쿄에서 일본의 외무대신 가쓰라를 만나 이른바 가쓰라·태프트 밀약을 맺었다. 이 밀약으로 미국과 일본은 필리핀과 대한제국에 대한 지배를 서로 인정했다. 미국이 일본에게 한국을 지배하는 길을 열어 준 것이다.

1950년, 미국 국무장관 애치슨은 한반도가 미국의 방위권 밖에 있다는 이른바 애치슨라인 성명을 발표했다. 이 성명을 발표한 이유는 미국이 일본을 재무장해 반공 보루로 삼기 위함이다. 이로써 미국은 일본을 재무장시키는 데 성공했지만, 북한의 남침을 유도했다는 비판을 면치 못했다.

식민지 지배에 대한 일본의 사과 한마디 없이 비합리적으로 맺은 1965년 한일협정, 그리고 2015년 위안부 합의의 배후에는 한반도와 일본의 반공 세력을 하나로 묶으려는 미국이 존재한다.

2019년 7월 25일 북한이 발사한 미사일 두 발이 탄도미사일이라는 사실이 밝혀짐으로써 북한은 유엔안보리 결의를 위반했다. 그러나 트럼프는 다음 날 기자회견에서 "그것은 단거리 미사일이자 일반적인 미사일이다"고 강조했다. 또한 "분쟁은 남북 간의 문제며 그것은 매우 오래됐다"고 말해 북한의 도발을 전혀 문제 삼지 않았다. 대북 강경파로 알려진 존 볼턴 백악관 국가안보 보좌관도 7월 31일에 "김정은, 약속 위반 아니다"라는 견해를 밝혔다. 사정거리는 600km로 한국 전역이 사정권에 들지만, 미국은 자국에 영향을 미치지 않으니 문제 삼지 않겠다는 속셈을 드러냈다.

미국이 한국만을 위해 미군을 주둔하는 건 아니라는 사실이 또 다른 면에서 엿보인다. 트럼프는 주한 미군 주둔비의 증액을 요청했다. 그렇다고 주한 미군의 역할이 한국에만 국한한 것은 아니다. 주한 미군은 동아시아로 활동 범위를 넓혔다. 중국을 겨냥한 것으로도 해석할 수 있는 사드 배치가 이를 입증한다.

2019년 8월 22일, 한국 정부가 한일 군사정보보호협정의 종결을 선언했다. 직접적으로는 일본의 경제 보복에 대한 대응이지만, 한국의 후견국이라고 할 수 있는 미국이 강하게 반발하면서 파장이 커졌다. 일본과의 문제가 미국과의 문제로 바뀌면서 국민의 불안도 커졌다. 한국이 미국에 맞선 선례가 별로 없기 때문이다.

한국이 한일 군사정보보호협정을 종결한다고 선언하자, 다음 날인 23일 폼페이오 미국 국무 장관은 "실망했다"고 밝혔고, 이스트번 미국 국방부 대변인은 "강한 우려와 실망감을 느낀다"라고 표명했다. 미국의 반응을 두고 김현종 국가안보실 2차장은 "사실 미국 측이 우리에게 한일 군사정보보호협정 연장을 희망했던 것은 사실이다. 미국이 표명한 실망감은 이러한 미국 측 희망이 이뤄지지 않은 것에 따른 것"이라고 밝혔다.

미국이 한일 군사정보보호협정 연장을 희망한 이유 중 하나는 중국을 견제하기 위해서다. 폼페이오 미국 국무 장관은 "(한일 군사정보보호협정이) 미국에 중요하다는 것은 의심할 여지가 없다"고 말했고, 머크 에스퍼 미국 국방부 장관은 최근 한일 갈등으로 한·미·일 연대가 흔들리는 것에 대한 질문에 "내가 그들에게 분명히 말했듯이 우리에게는 북한과 중국 등 공동의 위협이 있다"고 말했다. 이 발언은 한일 군사정보보호협정이 중국을 겨냥한 면도 있음을 보여 준다. 한일 군사정보보호협정은 이제 중국을 겨냥하는 것으로 한·미·일 반공연대를 반중연대로 전환하는 디딤돌이다. 한국이 한 해 주한 미군 안보비로 지출하는 돈은 약 1조 원이다. 미국은 한국에게 주한 미군의 주둔지와 막대한 비용을 받으면서 한국을 최대 흑자국인 중국에 대한 전초기지로 삼으려 한다.

중국은 일찍부터 한일 군사정보보호협정에 반발하고 나섰다. 한일 군사정보보호협정을 체결한 2016년 11월 23일, 겅솽 중국 외교부 대변인은 "관련 국가가 냉전적 사고에 기반해 군사정보 협력을 강화하는 것은 한반도에서 적대감과 대결 구도를 키우는 것"이라고 브리핑을 통해 비판했다. 중국은 이미 한일 군사 정보보호협정 체결 당시 이 협정이 한·미·일 군사동맹의 디딤돌이 될 것을 우려했다.

이런 상황에서 한국은 한일 군사정보보호협정을 종결했다. 이는 한국이 미국에 'NO'라고 말한 것과 같다. 미국은 아시아 태평양 지역에 신형 중거리 미사일을 배치하려고 계획 중이다. 그러나 한국은 이를 포함한 미·일 반중연대의 행보에 발을 맞추지 않을 가능성을 시사했다.

2018년, 한국의 대중 수출은 미국과 일본을 합친 규모의 약 1.5배에 이른다. 무역 국가인 한국에게 중국은 중요한 무역 시장이다. 역사에서 중국에 맞선 세력이 한반도를 통일한 예가 없다. 또한 통일을 앞두고 있는 한국으로서는 중국을 적으로 삼기 어렵다. 이것이 역사의 진행 방향이다. 따라서 한국은 반공연대를 반중연대로 전환하려는 미일을 더는 따르기 어려운 상황에 놓였다.

이런 한미 간의 갈등에 대해서 이종원 와세다대학교 교수는 2019년 8월 23일 〈한겨레〉 기사를 통해 "한국 정부가 (수출규제) 문제 해결을 위한 강경한 압박 수단으로 이번 조처를 결정했는지, 냉전 질서 시대의 한일 관계를 재편하려는 생각인지 불분명해 보인다. 이번 카드 다음에 전개될 상황에 대한 전략적 그림이 있어야 한다"는 의미심장한 말을 남겼다.

현 시점이 한미·한일 관계를 재정립할 타이밍인지는 알 수 없다. 막무가내로 식민지 지배의 정당성을 주장하는 일본에 대해 한국 여론은 날카로운 각을 세운다. 그러나 초강대국 미국에 맞서는 한국 정부의 행보에 여론도 함께할지는 불분명하다.

한국은 북한과의 적대 관계를 신속하게 청산함으로써 주한 미군의 역할을 명확하게 규정해야 한다. 다시 사드 사태와 같은 문제가 발생한다면 과연 한국은 어떤 결정을 내려야 할까? 앞으로 한국에서 중국의 비중은 점점 커지고 미국의 역할은 점점 축소될 것이다. 이러한 상황을 고려해 앞으로의 문제를 대비해야 한다.

미국의 아시아 보루는 일본이지 한국이 아니다. 미국은 언제든 자국 사정에 의해 한반도에서 떠날 수도 있다. 한미 관계의 깊이는 이번에 벌어진 일본의 경제 보복에서 드러났다. 2019년 8월 2일, 일본이 한국을 백색국가에서 제외한 직후 세코 경제산업상은 기자회견에서 "(한국을 백색국가에서 제외한 사실을) 미국 정부에 충분히 설명했다"고 밝혔다. 미국은 한국에 대한 일본의 경제 보복을 미리 알고도 가만히 두고만 봤다. 미중 패권 경쟁에서 미국이 한국을 대중 전초기지로 삼게 해서는 안 되는 이유가 여기에 있다.

일본은 강자에게는 비굴할 정도로 약하지만, 약자에게는 무자비하다. 일본 문화는 실리를 중시하지만, 한국 문화는 실리보다는 명분을 중시한다. 서로 다른 사고방식과 문화 때문에 한일 간 타협이 쉽지 않을 것으로 보인다. 냉엄한 국제사회에서 약자가 실리와 명분을 동시에 챙기기란 어렵다.

지금 이 시점에 현 정부의 능력이 시험대에 올랐다. '대한민국'이라는 배를 편안하고 안전하게 운항해야 할 선장은 바로 대통령이다. 국민을 바라보면서 역사적인 안목과 상인의 머리로 냉정하게 계산해 항로를 설정해야 한다. 미중의 패권 경쟁에 끼어 한쪽으로 기울지 않으면서 국익을 지켜낼 수 있을지가 관건이다.

한일 관계, 승자는 누구일까?

이번 일본의 경제 보복 사태를 겪으면서 우리는 일본이 한국 산업 전반에 얼마나 큰 영향력을 끼치는지 깨달았다. 그뿐만 아니라 부품이나 소재의 국산화의 중요성도 알았다. 또한 부품과 소재 산업이 허약한 대기업 위주의 한국 경제 약점이 이번 경제 보복으로 드러났다.

일본 상품 불매운동을 하면서 일본 상품이 우리 사회에 너무나 광범위하게 침투했다는 사실에 다들 놀랐을 것이다. 이번 사태를 극복하는 과정에서 한국은 일본에 대한 경각심을 키웠다. 이쯤에서 깨달은 것만 해도 불행 중 다행이다.

일본은 한국을 백색국가에서 제외한 데 이어 강약을 조절하면서 한국을 압박하고, 항복을 받으려 할 것이다. 경제 보복은 한국의 주요 산업에 타격을 가하려는 의도이며 실질적으로는 선전포고나 다름없다.

한국 경제는 여기서 무너지면 끝없는 나락으로 떨어진다. 반대로 이를 극복하면, 한국은 일본에 유리한 한일 경제구조에서 벗어나 탄탄한 경제 강국으로 자리매김한다. 일본은 매뉴얼 사회다. 철저하게 계획하고 매뉴얼을 만들어 일을 시작한다. 일본은 경제 보복 또한 치밀하게 계획하고 시작했을 것이다. 따라서 한국은 임진왜란이나 3·1운동과 같은 비장한 심정으로 일본의 경제 보복을 대처해야 한다.

경제 보복을 대처하는 방법 중 하나는 일본의 여론을 이용하는 방법이다. 일본은 명분보다는 실리를 중시하는 나라인데, 아베 정권은 한국을 길들이기 위해 실리를 버리고 명분에 집착했다. 아베는 처음부터 여론의 동조를 얻지 못하는 싸움을 시작했다.

한국에 대한 일본의 경제 보복은 일본 기업에도 타격을 준다. 일본 기업은 한국에 부품과 원자재를 팔아 큰 흑자를 누린다. 한국은 일본의 3대 흑자국 중 하나다. 그런데 한국이 이번 경제 보복으로 수입 다변화나 부품 국산화를 추진하면서 일본 기업은 한국이라는 큰 고객을 잃을 위기에 처했다. 게다가 일본이 독식하던 세계 무역 시장에서 한국이 새로운 경쟁자로 등장했다. 한국은 이제 일본에 의지하지 않고 일본의 경쟁자로 나섰다. 일본 기업에게는 이중 타격이다.

한국에서는 일본의 경제 보복에 맞서 국민이 일본 상품 불매운동에 앞장섰다. '도요타 자동차'나 '아사히 맥주' 등은 일본에서도 영향력이 큰 기업으로, 이번 불매운동의 직격탄을 맞았다. 경제 보복에 대한 한국의 대응으로 손해를 본 일본 기업은 시간이 지나면서 점점 불만을 표출할 것으로 보인다. 2019년 9월 24일, 나가미네 야스마사 주한 일본 특명전권대사는 한일 경제인 회의에서 "한국 내 불매운동은 일본 기업 경제활동에 그림자를 드리웠다"며 일본 기업의 심정을 암묵적으로 대변했다. 실리를 중시하는 일본 기업은 아베 정권이 강제징용 문제를 두고 어리석은 짓을 저질렀다고 생각할 것이다. 강제징용 기업인 '미쓰비시'는 한국 대법원의 판결에 따라서 피해자에게 배상하려 했다. 결국 피해자에게 배상하지 않았지만, 판결에 따르려던 '미쓰비시'의 입장이 아베 정권의 어리석음을 입증한다. 길게 본다면 아베는 처음부터 지는 싸움에 뛰어들었다.

우리는 일본을 적으로 돌려서는 안 된다. 대신 아베를 일본 시민과 기업으로부터 고립하는 작전을 펼쳐야 한다. 아베는 싫지만, 일본은 동아시아 공동체를 함께 이끌어 갈 파트너요, 중국이 강하게 나올 때에는 언제든 다시 손잡아야 할 나라다. 아베를 고립하는 작전은 시간과의 싸움이다. 일본 상품 불매운동과 대체 상품 개발, NO 재팬투어 등을 멈추지 않고 이어 가는 작전을 펼쳐야 한다. 우리가 얼마나 고통을 감내할 수 있느냐가 관건이지만, 시간은 우리 편이다.

이때 우리가 잊지 말아야 할 점이 있다. 일본은 언제든 필요에 따라 도발하는 나라다. 일본은 이미 1997년 IMF 외환위기의 원인을 제공한 데 이어 이번 경제 보복으로 사실상 전쟁을 선포했다. 총칼만 사용하지 않을 뿐이다. 다음 단계는 강도가 더 강할 수밖에 없다. 바로 군사 도발이다. 일본이 군사 도발을 일으킬 가능성이 높은 곳은 독도다. 만약 일본이 군사 도발을 일으키면, 이는 일본이 전쟁 국가로 가는 신호탄이다.

일본 방위성은 2019년 9월에 새롭게 개정한 〈방위백서〉에 자국 영공 보호를 위한 항공자위대 긴급발진에 대해 설명했다. 그런데 일본 방위성은 이 설명에 2019년 7월 발생한 러시아 군용기의 독도 영공 침범 사례를 함께 담았다. 의도는 분명하다. 독도 관련 충돌이 발생하면 일본은 항공자위대를 긴급발진하겠다는 의미다.

일본이 독도 상공을 비행한다면 한국은 즉각 대응할 것이고, 양국 간 무력 충돌로 이어질 가능성이 높다. 전쟁 국가로 가기 위한 일본의 시나리오는 여기에서 크게 벗어나지 않는다. 한국은 일본의 도발에 두 번이나 당했다. 그런데도 또 당한다면 그것은 전적으로 우리 책임이다.

현재 한국의 해·공군은 일본에 큰 폭으로 뒤처졌다. 한국 육군은 일본보다 수적으로 우세하지만, 해·공군이 받쳐 줘야만 바다를 건넌다. 해·공군이 너무 약한 나머지 육군은 전투는커녕 바다도 건너지 못한다. 한국은 앞으로도 당분간 일본의 군사력을 능가하기 어렵다. 군사력을 뒷받침할 경제력과 과학기술에

〈한일 해·공군 군사력 비교〉

구분	한국	일본
항공모함	경항급 대형 수송함 1척 계획(2030년)	2척 → 4척(개조)
구축함(이지스함)	12척(3척)	37척(6척)
잠수함	16척	19척
스텔스기	미F─35 40대 구매	미F─35 140여 대 구매

출처 : 〈매일경제〉 2019년 8월 12일자 기사

서 뒤처지기 때문이다.

한국이 일본과의 군사적 대결에서 이기려면 북한에서 힌트를 얻어야 한다. 한국은 매년 북한보다 40배 이상의 국방비를 지출하면서도 북한 도발에 대한 공포에서 벗어나지 못한다. 실제 전투력에서는 밀리지 않는데도 말이다.

그런데도 북한을 두려워하는 이유는 북한이 휴전선 일대에 배치한 수천 문의 장사포가 서울을 겨냥하기 때문이다. 전쟁이 일어나면 한국의 전투력은 북한보다 월등하지만, 반면에 한국은 북한보다 잃을 게 훨씬 더 크고 많다.

한국은 북한과 같은 전략을 일본에 적용해야 한다. 일본의 주요 지역이 사정권에 들도록 동해 지역에 군비를 갖추는 것이다. 그것만으로도 일본은 감히 독도에서 도발을 감행할 수 없다. 우리보다 일본은 잃을 게 많기 때문이다.

그렇다면 이번 한일 간의 보이지 않는 전쟁에서는 누가 승리할까? 나는 세 가지 이유로 한국이 이길 것이라고 확신한다.

첫째, 한국의 기백은 일본을 압도한다. 한국은 이번 경제 보복을 극복하지 못하면 나락으로 떨어진다. 그렇기 때문에 한국은 배수의 진을 치고 사생결단으로 싸운다. 하지만 일본에게 이번 경제 보복은 저도 그만, 이겨도 그만인 싸움이다. 양국은 싸움에 임하는 자세부터 다르다.

둘째, 한국은 일본의 경제 보복을 견딜 저력을 갖췄다. 한민족은 동아시아에서 거의 유일하게 독자적인 문화를 유지했다. 또한 6·25전쟁의 폐허에서 단기간 만에 기적을 일궈 오늘날의 한국을 만들었다. 우리는 잘 인식하지 못하지만, 한국은 세계 무역 규모 7위와 GDP 12위의 강한 체력을 가진 나라다.

셋째, 이번 경제 보복을 두고 아베 정권은 일본 여론을 안고 싸우지만, 한국 정부는 여론을 업고 싸운다. 여론을 어르고 달래는 일본보다 여론의 힘으로 싸우는 한국이 이길 수밖에 없다.

아베 정권은 결국 협상의 장으로 나올 것이다. 아베 정권과 협상의 장에서 만나면 반중연대 문제는 미제로 남겠지만, 경제 보복과 불법 식민지 지배, 강제징용 등의 문제는 서로 명분을 세우는 선에서 타협할 것으로 보인다.

한국은 일본의 경제 보복으로 큰 타격을 입었지만, 한편으로는 경제 보복을 계기로 한국 경제구조의 문제점을 바로잡았다. 경제구조를 정상 궤도에 올리기까지는 시간이 걸린다. 또 한번 강조하지만 시간과의 싸움에서는 느긋한 쪽이 승리한다.

　서울 중구청은 2019년 8월 6일, 남대문로를 비롯해 서울 도심에 1,100개의 'NO 재팬' 깃발을 걸었다가 시민들의 항의로 6시간 만에 철거했다. 같은 날 청와대 국민 청원 게시판에는 'NO 재팬' 깃발 설치를 중단해 달라는 청원에 1만 9천 명이 넘는 시민이 동참했다. 서양호 중구청장은 자신의 페이스북에 "중구청의 'NO 재팬' 깃발이 일본 정부와 일본 국민을 동일시해 일본 국민에게 불필요한 오해를 준다는 우려와 불매운동을 국민의 자발적 영역으로 남겨 둬야 한다는 비판을 겸허히 받아들인다"고 밝혔다. 성숙한 시민 의식에 나는 다시 한번 놀랐다. 이것만 봐도 한국의 승리는 뻔하다. 아베는 결국 협상의 장으로 나올 수밖에 없을 것이다.

중국과 일본의 역사 관계 속 한반도

2장

통일 세력이 등장하면 한반도를 침략하는 일본

　동아시아 변방 섬나라 일본은 과거에 한반도를 통해서 대륙의 선진 문물을 받아들이며 발전했다. 대륙에서 큰 변화가 일어날 때마다 한반도에 살던 우리 선조들은 대거 일본으로 도피했다. 일본으로 건너간 우리 선조들이 일본에 선진 문물과 문화를 전파해 일본은 한 단계씩 도약했다.

　우리 선조들은 일본으로 여러 차례 이주했다. 1차는 기원전에 일어났다. 중국을 통일한 한(漢)이 주변을 정벌하며 한반도에 한사군(B.C. 108년)을 설치하자, 한반도 사람들이 대거 일본으로 건너갔다. 이때 일본에 벼농사를 전파했는데, 그 결과 일본은 정착

생활을 시작했다. 벼농사를 짓고 곡식을 저장하면서 사람들 사이에 빈부 격차가 발생하고 권력자가 나왔다. 자연스럽게 권력자를 중심으로 100여 개의 소국가가 탄생했다.

2차는 400년 전후 광개토대왕 시대에 일어났다. 광대토대왕이 남진 정책을 펼치자, 신라와 백제 사람들이 일본으로 건너가 오사카 지역에 정착했다. 정착민들은 오사카 평야를 개간하고 관개시설을 만들어 고대국가를 세웠다.

3차는 6세기 삼국이 서로 통일하려고 일본을 끌어들이던 시기에 일어났다. 이때 일본에 건너간 신라, 고구려, 백제 기술자들이 일본 아스카 문화를 꽃피웠다. 아스카 문화는 역사 속에서 고대 문화의 꽃이라는 평가를 받는다.

4차는 7세기 후반 백제가 멸망하던 시기다. 이때 백제 지배층을 비롯한 많은 사람이 일본으로 대거 도피했다. 백제 지배층은 일본에서 관료가 지배하는 율령 국가를 세웠다.

전근대에 한반도는 문화의 변방 지대인 일본열도에 지대한 영향을 미쳤다. 이에 반해서 일본열도는 한반도에 긍정적인 영향을 미치지 못했다. 오히려 일본은 부족한 식량이나 물자를 보충하기 위해서 한반도를 침략했다. 일본 침입은 《삼국사기》나 〈광개토왕릉비문〉에도 기록됐다. 일본은 임진왜란, 한일합병 등을 통해 한국을 일방적으로 침략했다.

《삼국사기》에는 500년 이전 신라에 대한 일본 침략이 28회나 기록됐다. 일본은 신라의 금성을 4회 포위했고, 명활성을 2회

포위·공격했으며, 반월성을 1회 포위했다.

일본은 100여 개의 소국가가 통합되어 고대국가로 발전하던 시기에 신라를 자주 침입했다. 문무왕은 "내가 죽은 뒤에 동해 바다에 장사하면 용이 되어 왜를 막겠다"고 유언했다. 이 유언대로 경주시 감포 앞바다 대왕암에 문무왕을 장사했다고 전해진다. 문무왕의 유언만 보더라도 당시 일본 침입의 피해를 짐작할 만하다.

1592년 임진왜란은 일본 전국시대가 끝난 후 도요토미 히데요시가 한반도를 침략해 일으킨 난이다. 도요토미 히데요시는 임진왜란 전, 일본열도에서 약 100년간 서로 싸우던 100여 개의 소국가를 하나로 통일했다.

1910년 한일합병조약 역시 일본이 강력한 중앙집권 국가로 기틀을 마련하던 시기에 일어났다. 일본은 1868년 메이지유신으로 약 300개의 영주로 구성된 에도막부의 막을 내리고 강력한 중앙집권 국가로 재정비했다.

우리는 임진왜란과 한일합병조약 등 일본의 한반도 침략에서 공통점을 발견한다. 분열된 일본열도가 통일을 이룬 후 반드시 한반도를 침략했다는 사실이다. 통합 세력은 새로운 정권에 불만을 품기 마련이다. 일본은 통합 세력이 마음껏 불만을 분출할 통로로 한반도를 선택했다.

일본 역사에서 고대부터 현대까지 국가의 형태를 살펴보면 통합 세력이 불만을 품는 이유, 불만을 외국 침략으로 해소하는 이유를 알 수 있다.

한반도에 우리 선조들이 세운 국가는 유사 이래 절대적인 왕권이 나라를 이끄는 중앙집권 국가였다. 그러나 일본열도는 일찍부터 여러 세력이 공존하는 지방분권 국가로 발전했다. 해안선이 복잡하고 산에 둘러싸여 고립된 지역이 많기 때문이다.

고대 일본에서는 호족이 각 지역을 장악하며, 호족으로 이뤄진 연합 정권을 구성했다. 최초의 사무라이 정권인 가마쿠라막부(1185~1333년)나 뒤이은 무로마치막부(1336~1573년)는 본격적인 지방분권 시대를 열었다. 그 이후 무로마치막부 말기에는 약 100여 개의 소국가가 100년간 서로 싸우며 흥하고 망하기를 반복하는 전국시대가 출현했다. 이 시기에 지방분권 통치가 최고조에 달했다.

일본 수도권을 잠시 통일한 오다 노부나가의 뒤를 이어 도요토미 히데요시가 전국을 통일하고 임진왜란을 일으켰다. 그러

〈일본 통일 세력의 등장과 한반도 침입〉

시대	일본 통일 세력의 등장	일본의 한반도 침입
고대	고대국가 형성	《삼국사기》, 〈광개토왕릉비문〉에 보이는 왜의 침입
조선	전국시대 통일(1590년)	임진왜란(1592년)
대한제국	메이지유신으로 영주 국가 통일(1868년)	한일합병조약(1910년)
현재	2차 대전의 패배에서 부흥기로	일본 의존도 높은 경제구조

나 임진왜란에 실패하자 도쿠가와 이에야스가 등장해 천하를 통일한 뒤 에도막부(1603~1867년)를 세웠다. 에도막부는 지방분권 제도를 정비하고, 약 300명의 영주로 정권을 꾸렸다.

여러 세력이 공존하는 분권 사회에서는 획일적인 중앙집권 사회와 달리 서로 타협하면서 공존하는 문화가 발달한다. 예를 들면 도쿠가와 이에야스는 1600년 도요토미 히데요시의 아들 히데요리와 천하를 다툰 세키가하라 전투를 벌이고, 승리했다. 그런데 도쿠가와 이에야스는 히데요리 편에 섰던 가고시마 지역 영주 시마즈, 야마구치 지역 영주 모리 등을 내치지 않고, 영주로 인정했다.

영주 국가였던 일본은 전쟁이 일어나면 그들을 동원한 대가로 전쟁에서 빼앗은 땅을 영주들에게 배분한다. 이때 영지를 빼앗긴 각 지역 영주들은 불만이 쌓이는데, 이 불만을 해소하기 위해 외국을 침략했다.

도요토미 히데요시는 전국시대 통일 후 불만을 갖는 통합 세력에게 임진왜란으로 한반도와 중국을 정복하면 땅을 나눠 주기로 약속했다. 명성황후를 시해한 범인들도 메이지유신으로 영지를 잃고 떠돌던 사무라이들이었다.

일본의 한반도에 대한 침략은 우리의 의지와 무관하게 일어났다. 일본은 자국의 사정을 해결하고 경제적 이득을 얻기 위해 한반도 침략을 일삼았다. 이런 면에서 일본은 중국보다 상대하기 까다로운 나라다. 중국은 명분만 주고 맞서지만 않으면 침략하지 않지만, 일본은 우리가 어떻게 대처하느냐에 관계없이 자국의 상황만으로도 한반도를 침략하기 때문이다.

중국에 맞선 세력이 한반도를 통일한 예가 없다

19세기 말, 청과 일본, 러시아는 한반도를 하이에나처럼 노렸다. 조선에서는 이 세 나라의 의도를 잘 알지도 못한 채 각 나라와 손을 잡는 세력이 등장했다. 청과 손잡으려는 수구파, 일본과 손잡으려는 개화파, 러시아와 손잡으려는 친러파가 나라 안에서 나뉘어 우왕좌왕했다.

그런 와중에 1894년 동학농민운동이 일어났다. 조정은 이를 진압한다는 명분으로 청을 끌어들였고, 이를 계기로 일본마저 한반도 문제에 개입했다. 이듬해 명성황후가 시해되자 신변의 위협을 느낀 고종과 세자가 1년 간 러시아 공사관으로 피신하는 수모를 겪었다. 그러나 나라는 결국 일본에게 먹히고 말았다.

역사를 전공하는 나에게 주변 사람들은 종종 "지금 한반도를 둘러싼 정세가 조선이 청·일·러에 휘둘리다가 일본에게 먹히고 만 19세기 말 상황과 비슷하지 않느냐"는 걱정 어린 질문을 한다. 이런 의문이 드는 이유는 무언가 주변 정세에 대해서 불안감을 갖기 때문이다.

한국은 6·25전쟁 때 자유민주주의를 위해 미국과 손잡고 공산권인 북한·중공과 싸웠다. 일본도 미군의 병참기지로서 6·25 전쟁에 간접적으로 기여했다.

일본은 한국과 함께 자유민주주의라는 가치를 공유했다. 또한 근대화 과정에서 한국은 일본의 자본과 기술의 도움을 받았다. 그런데 현재 일본과의 관계는 1965년 한일협정 이래 최악으로 치달았다. 반대로 우리와 총부리를 겨누던 북한의 후견국인 중국과는 급속히 가까워졌다. 한편 북한은 심심치 않게 미사일을 발사하거나 핵을 이슈로 들이밀며 한국을 협박한다.

미국이 주도하는 미사일방어체제에 대한 한국의 가입 문제를 둘러싸고 우리의 후견국이라고 믿었던 미국은 '배팅 잘하라'고 윽박지르고, 우리의 최대 무역 의존국인 중국은 '선택 잘하라'고 협박한다. 마치 19세기 말 상황과 비슷하다.

한국은 무엇을 선택해야 할까? 현재 한국의 국력은 19세기 말처럼 누군가에게 호락호락 당할 정도로 약하지 않다. 하지만 일관성 없이 우왕좌왕하는 모습은 그때와 똑같다. 그렇다고 답이 없진 않다. 정답은 늘 가까이에 있다.

옛날 소아시아 연안의 고르디온이라는 지역에는 전설이 하나 전해 내려왔다. 이 지역 신전 기둥에 걸린 복잡한 매듭을 푸는 자는 아시아의 지배자가 된다는 전설이다. 그러나 이 매듭이 얼마나 복잡하게 꼬였는지 이것을 푸는 사람은 아무도 없었다. 그런데 B.C. 336년, 20세의 나이로 마케도니아 왕에 즉위한 알렉산드로스대왕이 소아시아를 정복하던 중 그 전설을 듣고 신전에 찾아가 단칼로 매듭을 내쳤다. 그러자 떨어져 나간 매듭이 풀렸다.

사람들은 복잡한 매듭을 풀려고만 했지 칼로 자르는 방법을 생각하지 못했다. 알렉산드로스대왕은 아주 간단한 방법으로 복잡한 매듭을 풀었다. 문제가 복잡할수록 해결은 의외로 간단하다.

그렇다고 해서 외교 문제를 해결할 고정된 답은 없다. 국제 정세는 끊임없이 변하기 때문이다. 당장의 현상만을 가지고는 답을 얻기 어렵지만, 수천 년 역사 속에서 일본이나 중국의 행태를 분석하고, 이를 토대로 각 나라를 상대하는 기본 방법을 배울 수 있다. 답은 역사 속에 있다. 옛 왕들은 역사 공부를 게을리하지 않았다. 이는 과거에 일어난 사례를 통해서 현실의 답을 얻기 위함이다. 이것이 곧 지혜다.

전근대에 지정학적으로나 역사적으로 한반도와 가장 관계가 깊었던 나라는 중국이다. 한국 문화의 핵심을 이루는 유교, 불교, 한자 등이 대부분 중국에서 들어왔다. 한편으로는 중국으로부터 침략도 많이 받았다. 적지 않은 기간에 중국의 조공국으로 지내기도 했다.

역사적으로 보면 한국은 중국과 역사의 궤적을 함께했다. 중국이 이른바 위진남북조시대라는 분열 시대로 들어갔을 때 한반도도 삼국시대라는 분열의 시대를 보냈다. 중국이 수·당에 의해서 통일되자 한반도에서도 당의 도움을 받은 통일신라가 한반도를 통일했다. 중국이 다시 5대10국의 분열 시대로 들어갔을 때 한반도도 후삼국 시대라는 분열의 시대로 들어갔다.

송(宋)이 중국을 통일할 때 한반도는 고려에 의해서 통일됐다. 중국에서 원이 명으로 교체되자 한반도에서도 원을 배경으로 하던 고려가 무너지고 명을 배경으로 하는 조선이 세워졌다.

19세기 말 중국이 서구의 침략을 받았을 때 한반도도 일본의

〈역사 속 한중 관계〉

시대 특징	중국	한국
분열 시대	위진남북조(221~589년)	삼국(3세기~668년)
통일 시대	수(581~618년) 당(618~907년)	통일신라(676~935년)
분열 시대	5대10국(907~979년)	후삼국(901~937년)
통일 시대	송(960~1279년)	고려(918~1392년)
중국의 한반도 침입	몽골족이 송을 무너뜨리고 원(1271~1368년)을 세우면서 고려 침입	
정권 교체	원에서 명(1368~1644년)으로 교체	원을 배경으로 하던 고려에서 명을 배경으로 하는 조선(1392~1910년)으로 교체
중국의 한반도 침입	명에서 청(1616~1912년)으로 교체될 때 조선이 청 왕조를 거부함. 청이 정묘호란(1627년), 병자호란(1636년)으로 조선 침입	
외세 침략 시대	19세기 말 서구가 청 침략	19세기 말 일본이 조선 침략
분열 시대	중공과 대만으로 분열	남과 북으로 분열

침략을 받았다. 현재 중국은 중화인민공화국과 대만 둘로 나뉘어졌다. 한반도 역시 남북으로 나뉘어졌다. 이를 통해 한반도의 역사가 지금까지도 중국의 역사와 그 궤적을 같이한다는 점을 알 수 있다. 다만 한국이 중국의 새로운 왕조를 거부한 경우에는 중국의 침략을 받았다. 송에서 원으로 교체될 때 고려가 원을 오랑캐라며 받아들이기를 거부했다가 원을 세운 몽골의 침략으로 국토가 황폐해졌다. 결국에는 그들의 지배를 받는 수모를 겪어야만 했다.

명에서 청으로 교체될 때는 조선이 청을 오랑캐라며 받아들이기를 거부했다가 정묘호란과 병자호란이라는 두 차례의 침략을 받았다. 이때 인조가 삼전도에서 청 태종에게 무릎을 꿇는 수모를 당했고, 조선은 청에 조공을 바쳐야만 했다. 당시의 치욕스러움은 인조가 세운 '삼전도비'에서 여실히 느껴진다.

오늘날 중국과 대만이 통일하는 것은 시간문제일지 모른다. 중국이 통일되면 한반도의 통일도 기대할 만하다. 그런데 남과 북 중 어떤 세력이 통일의 주축을 담당할까? 여기서 하나 중요한 점은 중국에 맞선 세력이 한반도를 통일한 예가 없다는 사실이다. 우리가 한반도 통일의 주체가 되려면 중국과 우호적인 관계를 맺어야 한다.

나는 1977년, 일본으로 유학을 떠나 도쿄 시부야 근처 고마바에 있는 유학생회관에 여장을 풀었다. 유학생회관은 일본 정부가 관리하는 곳으로, 일본 문부성(교육부)이 초청한 유학생들이 이곳에 머물렀다. 유학생회관에는 당시 60여 개국에서 온 200여 명의 유학생이 머물렀다. 일본에 도착한 문부성 초청 유학생은 보통 1년 정도 유학생회관에 머물다가 다른 숙소를 찾아 나간다.

내가 유학생회관에 처음 발을 들였을 때는 한국 유학생이 10 여 명 머물고 있었다. 한국 유학생은 대부분 대학의 조교수나 조교, 또는 대학원에 재학하다가 온 사람들이었다.

하루는 한국 모 대학교 조교수였다가 일본에 온 유학생이 유학생회관에서 학생들에게 무엇인가 서명을 받았다. 나에게도 서명을 하라고 내밀었는데, 그것은 중국 유학생 입주 반대 서명이었다. 반대 이유를 물었더니 그는 "어떻게 일본이 공산국가의 유학생을 유학생회관에 들일 수 있느냐"고 대답했다. 우리와 같은 자유민주주의 우방인 일본이 어떻게 공산국가의 유학생을 받아들일 수 있느냐는 논리다. 일본에게 중국이 얼마나 중요한 나라인지 그는 잘 인식하지 못했다. 공산국가인 중국은 적대국이고 자유민주주의를 표방하는 일본은 우방이라는 인식만 강할 뿐, 일본이 중국을 얼마나 중요하게 생각하는지는 잘 몰랐다.

당시 일본에서는 중국과 수교를 하면서 중국 사람들에게 이쑤시개 하나씩만 팔아도 10억 개를 판다고 매스컴에서 연일 떠들었다. 일본에게 중국 유학생과 한국 유학생 중에서 어느 한쪽을 선택하라고 한다면 일본은 이념에 관계없이 한국 유학생을 내보내고 중국 유학생을 받아들일 것이다.

당시 한국 유학생들은 중국이 우리에게 얼마나 중요한 나라인지, 이데올로기가 무엇인지, 일본이 어떤 나라인지 잘 몰랐다. 유학생회관의 서명 사건은 우리의 경직된 사고방식을 잘 보여준 사례다.

나는 1985년 일본에서 귀국 후 대학 강단에 서면서부터 "중국에 맞선 세력이 한반도를 통일한 예가 없었으므로 우리가 한반도 통일 주체로 서려면 하루빨리 중국과 우호적인 관계를 맺어야 한다"고 역설했다. 내 주장을 따른 건 아니겠지만, 한국은 1992년 대만과 단교하고 중국과 수교를 맺었다.

대만 장제스 총통은 중국에서 풍찬노숙하며 독립운동을 펼치던 우리 선조들을 물심양면으로 지원했다. 또한 대만은 광복 후 자본주의와 공산주의가 대립하던 동서 냉전체제에서 한국과 함께 아시아의 공산 세력인 중국·북한에 함께 대항하던 맹방이었다. 그런 대만과 하루아침에 단교하고 중국과 수교를 맺는 건 쉬운 일이 아니었다. 대만 사람들이 느낀 배신감이 어떨지는 불 보듯 뻔하다. 현재까지도 대만인들은 한국인에게 대체로 냉랭한 분위기를 풍긴다.

개인과 달리 한 국가의 운명을 책임지는 지도자라면 국가와 국민을 안전한 길로 이끄는 것이 기본 책무다. 우리가 한반도 통일 주체로 서기 위해서는 대만과 단교하고 중국과의 수교가 중요한데, 이를 수행한 것은 역사적인 사건이었다. 노태우 전 대통령은 재임 중에 '물태우'라고 불리는 수모를 겪었지만, 중국과의 수교는 한국 역사에 큰 업적으로 남을 것이다.

근래 중국이 북한의 핵 보유를 반대하면서 북한과 중국의 관계가 소원하다. 중국으로서는 북한의 3대 세습도 못마땅할지 모르겠다. 북중 관계가 벌어지면서 한중 관계는 더 긴밀해졌다. 2018년 기준으로 중국은 한국의 무역 규모 1위 국가이고, 한국은 중국 무역 규모 4위의 국가다. 양국 관계는 이미 떼려야 뗄 수 없는 관계로 발전했다.

2014년 7월에는 시진핑 주석이 취임 후 북한을 제쳐 두고 한국을 먼저 방문하는 이변이 발생했다. 북한은 마치 시진핑 주석에 대해서 시위라도 하듯 방한 직전인 6월 29일 새벽에 사정거리 500km 정도의 단거리 탄도미사일 2발을 동해로 발사했다. 또한 그의 방한 하루 전인 7월 2일 오전 동해상으로 단거리 발사체를 2발이나 쏘았다. 같은 달 9일에도 황해도 지역에서 스커드 계열 탄도미사일 2발을 동해로 발사했다.

현재 북중 관계가 북미 핵 협상 문제를 두고 잠시 밀월 관계를 맺는 듯 보인다. 그러나 '부자 세습', '핵 실험' 등 근본적으로 중국이 동의하지 않는 문제 때문에 북중 관계의 근본적인 걸림돌을 제거하기는 쉽지 않아 보인다.

중국에 맞선 세력이 한반도를 통일한 예가 없는 만큼 이제 북한이 한반도를 통일하는 길은 점점 멀어져 간다. 반면 한국이 한반도를 통일하는 길은 더욱더 가까워졌다.

중국·일본의
한반도 역사 인식과 현실

3장

중국의 **동북공정과 패권 의식**

현재 동아시아에서는 해양으로 진출하려는 대륙 국가 중국과 대륙으로 진출하려는 해양 국가 일본이 한국을 사이에 두고 패권 경쟁을 벌이는 중이다. 패권 경쟁은 한일, 한중, 중일 관계의 역사 분쟁 형태로 분출됐다. 한일 간 역사 문제는 일본이 고대 한반도 남부를 지배했다는 한반도남부경영론을 들고 나오면서 불거졌다. 또 한중 간 역사 문제는 고구려가 중국의 지방정권에 불과하다는 동북공정 때문에 일어났다. 중일 간 역사 문제는 난징 대학살을 다룬다.

일본 측의 한반도남부경영론이나 중국 측의 동북공정이야말로 그들이 갖는 패권 의식의 발로다. 중국 정부가 2002년부터 추진하는 '동북공정'이란 한마디로 중국의 동북 3성(랴오닝성·지린성·헤이룽장성으로 대개 옛 만주 지역에 해당한다)에 대한 역사를 재정비하는 사업이다.

중국은 통일국가가 등장하면 반드시 주변 국가와 관계를 정비했다. 앞서 살펴본 것처럼 한은 중국을 통일한 뒤 한반도에 한사군을 설치했고, 수·당도 중국을 통일한 뒤 고구려 정벌에 나섰다. 원도 중국을 통일한 뒤 고려를 침입했다.

처음부터 친명 정책을 표방한 조선은 명의 침입을 면했지만, 명을 뒤이은 청은 건국 직후 조선을 침략하여 정묘호란, 병자호란을 일으켰다. 인조는 삼전도에서 청 태종에게 무릎을 꿇는 치욕을 당하고 소현세자와 봉림대군을 인질로 보내야 했다.

중공은 19세기 말 열강의 각축장이 되었던 중국을 1949년 통일했다. 그 직후인 1950년 6·25전쟁에 개입하고 같은 해 10월에는 티베트를 침공했다.

중국을 통일한 중공은 먹고사는 문제를 해결하는 데 급급하여 주변 국가들과의 관계를 정립할 여력이 없었다. 그러나 1980년대에 들어서면서 덩샤오핑의 개혁·개방정책으로 어느 정도 경제 발전을 이룩하고 먹고사는 문제를 해결하자, 주변 국가들과의 관계 정립에 나섰다. 현재 중국은 관계 정립의 명분을 역사 속에서 찾는데, 그것이 동북공정이다.

동북공정의 핵심은 한국이 자랑스럽게 생각하는 선조, 즉 만주 벌판을 종횡무진 누볐던 고구려가 중국의 지방정권이라는 것이다. 중국 입장에서 본다면 고구려를 중국의 한 지방정권으로 볼 수 있을지 모른다. 예를 들면 350년에서 500년까지 150년간 고구려는 중국에 50여 차례 조공을 바쳤고, 10여 차례나 중국의 작위를 받았다. 그러니 중국이 고구려는 자국의 지방정권이었다고 주장하는 것이다.

그러나 짚고 넘겨야 할 문제는 중국이 과거에 고구려를 중국의 지방정권이 아닌 동이(동쪽의 이민족)의 역사로 취급했다는 점이다. 중국에서는 왕조가 교체되면 새로 들어서는 왕조가 전 왕조에 대한 역사를 편찬해서 후세에 남겼다. 이렇게 남겨진 중국 역대 왕조의 역사가 '24사'라는 형태로 남아 있다.

이 '24사'에서는 고구려나 한반도를 중국의 지방정권이 아니라 동이의 역사로 분류한다. 그런데 중국은 갑자기 수천 년 동안 견지하던 태도를 180도 바꾸어 동이의 역사로 분류한 고구려를 중국의 지방정권이었다고 주장하고 나섰다.

중국은 왜 갑자기 이런 주장을 들고 나왔을까? 역사적으로 한반도가 중국의 지방정권에 지나지 않았으니 한국은 앞으로도 중국의 말을 잘 들으라는 중국의 메시지나 다름없다. 중국은 현재의 한중 관계를 과거의 역사에 투영해 마음대로 해석하고, 그 내용을 한국이 받아들여야 한다고 요구한다. 중국이 동아시아에 대한 패권 의식을 노골적으로 드러낸 것이다.

어느 날 정치부 기자로 명성을 날리던 후배가 전 국회의장과 저녁 식사를 하며 나눈 이야기를 내게 들려줬다. 옛이야기를 하다가 중국에 관한 주제가 나오자 그분이 부의장 시절의 경험담을 말했다고 한다. 대만을 방문하기로 약속을 잡았는데, 중국대사관 과장으로부터 '대만 방문을 취소해 달라'는 전화를 받은 것이다. 그러면서 그분이 "지금 우리가 이만큼 사는데도 이런데, 과거 우리 조상들이 당했을 수모를 생각하니 등골이 오싹하더군" 하고 말하더란다. 상식적으로 보나 에티켓으로 보나 주재국 대사관 과장이 감히 그 나라의 현직 국회부의장에게 전화를 걸어서 어디를 가라, 가지 말라 한다는 것은 말도 안 되는 소리다. 지금도 중국인들은 마음속으로 한국을 옛날 중국에 조공을 바치던 나라쯤으로 생각하는 건 아닌가 하는 생각이 든다.

중국은 미국과 나란히 G2로 불리지만, 실상 개발도상국이다. 갈 길이 바쁜 중국은 패권 의식을 관철할 때 거칠고 직선적인 표현법을 쓴다. 그렇다면 중국은 한국에 대해서 그만한 힘을 갖긴 할까?

일주일 만에 손든 마늘 파동

마늘 파동을 기억하는가? 우리 농민들이 중국 마늘 수입으로 피해를 본다고 항의하자 한국 정부는 2000년 6월 1일 35%이던 마늘에 대한 관세를 세이프 가드(긴급 수입제한 조치)를 발동해서

315%로 상향 조정했다. 중국은 정확히 일주일 만인 6월 8일 보복 조치로 한국산 휴대전화와 폴리에틸렌(플라스틱 원료)의 수입을 금지했다.

중국 마늘 수입액은 연 100억 원 정도였지만 한국의 휴대전화와 폴리에틸렌 수출액은 6천억 원 정도였다. 다급해진 한국 정부가 협상을 요청했지만 중국 정부는 요지부동이었다. 중국은 20여 일이 지난 6월 29일에야 협상에 응했다.

결국 7월 15일 한국이 마늘 3만 2천 톤을 50% 이하의 관세로 수입하기로 약속하자 중국은 휴대전화와 폴리에틸렌의 수입 금지 조치를 풀었다. 마늘 파동은 한국에 대한 중국의 위력을 실감한 사건이었다.

마늘 파동이 일어난 2000년에는 한국의 대외무역에 있어서 중국이 차지하는 비중이 10% 정도였다. 그런데 2017년도에는 대략 25% 정도를 차지했으며 2018년에는 25%를 넘어섰다. 한국에 미치는 중국의 위력이 훨씬 커졌다는 이야기다. 이제 한국은 중국의 무역 제재에 대항할 만한 카드를 가져야만 한다.

'카프로'는 나일론 원료인 카프로락탐을 생산하는 국내 업체로 매출의 80%를 수출로 벌어들였으며, 국내 점유율도 88%에 달했다. 중국이 나일론 원료를 자급자족하자 2012년에 약 296톤에 달하던 수출량이 2013년에는 32톤, 2014년 8월 말에는 제로를 기록했다. 그 결과 2013년 10월에 공장 셋 중에 하나를 달았고, 이어서 나머지 공장 중 한 곳의 생산량도 줄였다.

중국의 위력은 갈수록 커지는 중이다. 한국은 앞으로 대외무역에서 중국의 비중이 지나치게 커지지 않게 잘 관리해야만 한다. 중국 무역 비중을 마냥 늘렸다가는 2017년 사드 사태처럼 또 호되게 당하고 만다.

중국의 위력은 무역뿐만 아니라 일반 사회에서 일어나는 사건으로도 체감할 수 있다. 2008년 4월 27일, 베이징 올림픽 성화가 올림픽공원 평화의 문에서 오후 2시에 출발했다. 성화의 안전을 고려해 적지 않은 경찰이 거리에서 봉송 행렬을 지켰다. 이때 6,500여 명의 중국인이 성화 봉송을 지켜보려고 중국 국기를 들고 집결했다. 한편에서는 한국 시민 단체 회원 180여 명이 중국의 티베트 무력 진압 사태와 탈북자 강제 북송 문제를 비난하는 시위를 벌였다. 한국 시민 단체의 시위를 본 중국인은 구호를 외치며 강하게 대치했다. 한국 시민 단체 회원이 "인권이 없는 나라에서는 올림픽도 없다"라고 외치자 중국 유학생들이 대형 중국 국기를 휘두르면서 난동을 부렸고, 마침내 큰 충돌이 일어났다. 중국인들은 돌과 미개봉 음료수 캔, 깃대 등을 마구 던졌다. 이 과정에서 한국 시위자들이 부상을 당했다. 심지어 의경까지도 중국인들에게 맞았다. 완전히 중국인 판이었다.

TV로 본 중국인의 난동은 살기가 느껴졌다. 거의 폭동 수준이었다. 남의 나라 수도 한복판에서 일어난 일이라고는 상상도 할 수 없는 일이다. 가슴이 섬뜩해지면서 '중국인들은 아직도 한국을 자기네들 조공국쯤으로 여기나?' 하는 생각이 들었다. 동시에 순간적으로 '경찰은 저들을 구속하지 않고 뭐하는 거야?'라는 생각이 들었다.

대부분의 시민도 나와 같은 분노를 느꼈으리라. 그러나 이튿날 난동을 부렸던 중국인들이 입건됐다는 기사는 어디에도 없었다. 어처구니없게 여기에서도 중국의 힘이 느껴졌다. 언제 또 이런 일이 일어날지 아무도 알 수 없는 일이다.

일본의 한반도남부경영론과 패권 의식

일본의 한반도남부경영론은 과거 주변국과 얽힌 역사를 일본 제국주의 시각으로 해석한 이론이다. 한반도남부경영론의 핵심은 동아시아가 중국을 중심으로 하는 대제국과 일본을 중심으로 하는 소제국으로 이뤄졌으며, 대제국과 소제국이 대립하는 구도라는 것이다.

그 일환으로 일본은 한반도에 대해서는 한강 북쪽의 주인을 부여족으로, 한강 남쪽의 주인을 한족으로 규정하고, 소제국 일본이 일찍부터 한강 남쪽을 지배하면서 대제국 중국에 대항했다는 논리를 전개한다.

일본이 한강 남쪽을 지배했다는 이론이 이른바 임나일본부설이라고 부르는 한반도남부경영론이다. 일본의 한반도남부경영론은 도요토미 히데요시의 소중화관, 제2차 세계대전 후의 대동아공영권, 오늘날의 엔(圓) 경제권으로 이어진다.

일본은 제2차 세계대전 이전에 역사 교과서를 통해 공공연하게 고대에 일본이 한반도 남부를 200여 년간 지배했다는 한반도남부경영론을 가르쳤다. 그러나 제2차 세계대전에서 패배한 직후 일본에서는 역사교육에 대한 반성이 일어났고, 한반도남부경영론이 자취를 감췄다. 그런데 근래 한반도남부경영론이 다시 일본 역사 교과서에 등장하며 한일 간 역사 분쟁을 촉발했다. 단, 일본은 한국과의 마찰을 피하기 위해서 제2차 세계대전 이전처럼 직접적으로 표현하지 않고, '〈광개토왕릉비문〉에 의하면 왜가 한반도에 진출하여 임나를 근거로 신라, 백제와 손잡고 고구려에 대항했다'는 식으로 완곡하게 표현한다. 이 내용은 한반도남부경영론을 상기시킨다. 또 다른 측면으로는 이 이론을 근거로 내세우며 앞으로 중국과의 관계에서 한국은 일본과 함께해야 한다는 속내를 드러내는 것이다. 일본도 중국과 마찬가지로 현재의 시각을 역사에 투영해 과거의 역사를 해석한다. 일본은 이것으로 자기의 정당성을 확보하고, 동아시아에서 패권을 도모하려 한다.

일본은 이미 선진국 대열에 들어섰기 때문인지 중국보다는 세련되고 간접적으로 패권 의식을 관철한다. 그렇다면 과연 일본은 한국을 상대로 패권 의식을 주장할 만한 힘을 가졌을까?

1997년 한국의 IMF 외환위기

1965년, 한일협정 이후 일본은 한국에 대한 세 가지 현안을 해결해야 했다. 어업협정의 개정과 위안부 문제, 그리고 대중문화의 개방이다.

한국 정부는 1952년 '대한민국 인접 해양에 대한 대통령 선언'을 발표하여 일방적으로 수역을 설정했다. 이를 '이승만 라인' 또는 '평화선'이라고 불렀다. 이 수역에는 독도가 포함됐고, 한국 정부는 외국 선박의 불법 어로 행위를 엄격히 단속했다.

이 때문에 일본 측의 불만이 대단했다. 1965년 한일어업협정 체결 당시 한일은 이승만 라인을 기준으로 어업협정을 체결했는데, 이는 한국 측에 상당히 유리하게 작용한다며 일본이 불만을 표현한 것이다. 동해 쪽 일본 어민들은 1965년 한일어업협정이 체결된 뒤 도쿄에 상경해 어업협정을 개정하라고 데모했다.

일본 정부는 김영삼 정부가 들어서고 한국에 어느 정도 민주화가 이뤄지자 줄기차게 1965년 체결된 어업협정의 개정을 요구했다. 일본의 힘을 제대로 인식하지 못한 김영삼 전 대통령은 1995년 11월 장쩌민 당시 중국 국가주석과 회담 후 가진 공동 기자회견에서 "일본의 버르장머리를 고쳐놓겠다"고 일갈했다. 그러자 1996년 1월에 일본은 1965년 체결한 어업협정을 일방적으로 종료시켜 버렸다. 김영삼 전 대통령 발언에 대한 보복이었다.

양국 관계는 냉각되고 새로운 어업협정을 체결해야만 했다. 그런 와중에 1997년 11월, 한국은 금융 위기를 맞아 IMF에 구제금융을 신청했다. 국가가 빚을 갚지 못해 법정 관리를 신청한 꼴이었다.

그리스에서는 2010년 IMF 구제금융을 받으면서 국민이 경제적 어려움을 견디다 못해 경찰공무원까지 파업했다. 그리스의 국가 부도로 인해 수많은 사람이 궁지에 몰린 상황을 생각해 보면 당시 한국도 어떤 사태에 직면했는지 알 수 있다.

당시 강경식 전 경제부총리 자료에 의하면 IMF 외환위기의 가장 큰 원인은 1997년 한국 최대 단기 차입국이었던 일본이 단기 대출 회수를 시작했기 때문이다. 중·단기 대출금 220억 달러 중 130억 달러를 11월 1일부터 회수한 것이다. 이것이 IMF 외환위기의 결정타였다. 일본의 조치 때문에 구제금융을 신청해야 했다는 이야기다.

강 전 경제부총리가 당시 경제 책임자로서 얼마나 속이 탔을지 짐작이 간다. 역사의 죄인이 된 셈이다. 그는 "햇볕 쨍쨍할 때 우산을 빌려 주고 비 올 때 회수한 바다 건너 일본은 먼 이웃이었다"고 한탄했다. 그리고 "필요할 때 친구가 진정한 친구다. 우리는 오늘을 결코 잊지 않겠다"는 협박성 발언도 했으나 일본은 요지부동이었다고 회고했다.

일본은 필요할 때 사용할 덫을 치고 기다리는데, 한국은 일본을 진정한 우방이라고 믿다가 일격을 당했다. 그런데 이번 강제징용 문제로 또 경제 보복이라는 핵폭탄을 맞았다. 빈번한 지진에 대비하는 습관에서 비롯되었을 테지만, 일본은 항상 비상시에 쓸 카드를 준비하는 나라다. 한국은 이 사실을 몰랐던 것이다.

일본은 김영삼 전 대통령의 발언에 대해서 일격으로 보복을 가하고, 이번 강제징용 문제에 대해서는 가히 핵폭탄이라고 할 만한 공격을 가했다. IMF 외환위기는 1998년 12월 18일, 18억 달러를 1차 상환함으로써 수습됐다. 그러나 많은 대가를 치렀다.

일본은 1930년대부터 1945년까지 진행된 아시아 태평양 침략 전쟁에 어린 소녀와 여성들을 강제 연행해 일본군의 성 노예로 만들고 인권을 유린했다. 1990년대부터 시작된 고발, 증언, 법적 배상 요구 활동은 국제사회로 불같이 확대되어 나갔다. 마침내 유엔과 국제노동기구(ILO) 등 국제인권기구도 일본군 위안부 문제를 인도에 반하는 전쟁범죄로 규정하고 일본 정부에게 피해자에 대한 공식 사죄와 법적 배상을 권고하기에 이르렀다.

일본 정부는 국제적으로 확대되는 위안부 문제에 대한 여론으로 딜레마에 빠졌다. 사죄하고 보상을 하자니 일본이 그런 범죄를 저질렀다는 사실을 인정하는 꼴이고, 모르는 체하자니 국제적인 여론이 들끓기 때문이다.

일본은 궁여지책으로 '아시아평화국민기금'이라는 민간단체를 만들어서 보상하겠다는 방안을 내놓았다. 보상은 하되 위안부 문제에 일본 정부가 관여한 것은 아니라며 정부 책임을 피해가려는 꼼수다. 위안부 할머니들이 단호히 거절하고 일본 정부에 의한 공식 사죄와 배상을 요구하자 일본 정부는 이러지도 저러지도 못하는 딜레마에 빠졌다.

강제징용과 위안부 문제 등 일본의 전쟁범죄에 대한 사죄와 배상은 피해자가 당연히 받아야 할 권리인데, 이는 한국의 자존심을 지키는 길이기도 하다. 일본은 1983년경부터 한국에게 대중문화 개방을 요구했는데, 한국은 일본 대중문화가 퇴폐적이고 향락적이며 잔인하다는 이유로 거부했다. 퇴폐적이거나 향락적인 점은 대중문화의 한 특징이다. 또 잔인성으로 말한다면 일본 사무라이 영화보다 미국의 서부 영화가 더 잔인하다. 게다가 당시 일본 대중문화는 비공식 루트로 이미 한국에 들어올 만한 것은 다 들어왔다. 한국이 일본 문화를 거부한 실제 이유는 다시 일본에게 종속되는 게 아닌가 하는 불안감을 떨치지 못했기 때문이다. 국내에 일본 영화가 공공연히 상영되고 일본 노래가 거리에 흘러넘치며, 게다를 신고 훈도시를 찬 일본인이 거리를 활보하게 할 수는 없다는 신념으로 일본에 대한 최후의 자존심을 세운 게 아닌가 생각해 본다. 그러나 일본은 대중문화가 음성적으로 한국에 다 들어갔다 하더라도 정정당당하게 정문으로 입성하고 싶었고, 이로써 공개적으로 35년간의 지배에 대한 면죄부를 받았다고 여기고 싶었을 것이다.

IMF 외환위기에 구제금융을 신청한 후 1998년 2월에 등장한 김대중 정권의 최대 과제는 IMF 외환위기의 극복이었다. 일본 심리를 잘 알던 김대중 전 대통령은 IMF 외환위기가 어떻게 일어났는지 이미 파악했다.

　김대중 전 대통령은 취임 다음 달인 3월, 정부 차원에서 위안부 문제에 대한 보상을 요구하지 않겠다고 선언하고, 그해 9월에는 일본과 신어업협정을 체결했다. 10월에는 일본을 방문해 대중문화 개방을 선언했다. 그리고 같은 해 10월 8일, 김 전 대통령과 오부치 게이조 전 총리는 '21세기 새로운 한일 파트너십을 위한 공동선언'을 발표했다.

　김 전 대통령이 한국에 대한 일본의 3대 현안을 전부 해결해 주자 일본 오부치 게이조 총리는 30억 달러 차관을 한국에 제공하겠다고 발표하여 화답했다. 그리고 한국은 1998년 12월 18일, IMF 자금 18억 달러를 1차 상환함으로써 IMF 관리 체제를 벗어났다. 구제금융을 받은 지 1년 반 만에 빠르게 IMF 외환위기를 탈출한 것이다. 이 사건은 일본이 한국을 어떻게 다루는가를 잘 보여 준다.

　만약 한국이 IMF 외환위기를 제대로 극복하지 못한 채 일본 대중문화를 개방했다면 일본 문화는 한국 사회에서 큰 문제를 일으켰을 것이다. 그러나 1990년대 초부터 일본이 이른바 '잃어버린 10년'이라 일컫는 불경기를 겪은 데 반해 한국은 곧바로 경기를 회복했다. 뒷날 신용카드 대란을 불러왔지만, 금융회사는 신용카드를 큰 제약 없이 발행했고, 소비가 진작됐으며 경기가 회복됐다. 여기에 2002년 월드컵 4강 신화와 IT 산업에 대한 세계적인 인정 등은 국민에게 단결심과 자신감을 심어 줬다.

또한 일본에까지 돌풍을 일으킨 한류에 대한 우월감이 일본 대중문화에 우리 문화가 잠식되는 게 아닐까 불안해하던 감정까지도 날려 버렸다. 당시 일본에서는 '한국 경제는 소망(소비에 희망)이 있다'는 말이 유행했다.

일본 한류열풍 뒤에 숨은 의도

1996년, 나는 일본에 대한 대중의 이해를 돕기 위해, 일본 유학 중에 겪은 에피소드를 엮은 《김현구 교수의 일본 이야기》(창비)를 출간했다. 이 책을 통해 일본인의 특성과 사고방식이 형성된 역사적 배경을 소개했는데, 출간 당시 일본에 대한 높은 관심으로 이 책은 베스트셀러에 올랐다.

이 책에는 한국 유치원에서 중·고등학교에 이르기까지 교과서나 교재가 일본에서 사용하는 것을 모방했으며, 심지어는 영어 교과서까지도 미국이 아니라 일본 교과서를 모방했다는 사실을 다뤘다. 그런 이유로 우리는 부지불식간에 일본인의 사고를 자연스럽게 닮아 가는데, 한국에서 일본의 노래방 문화를 거부감 없이 받아들인 것도 이 때문이라는 내용을 이 책에 실었다.

대학 강의 시간에 만난 학생들에게 이 책에 대한 서평을 쓰라고 했더니 "책에서는 일본에서 생겨난 노래방이 한국에서 유행한 이유가 우리의 사고방식이 일본을 닮아 가기 때문이라고 설명하지만, 한류가 일본을 휩쓰는 것을 보면 반드시 그런 것도 아니다"고 반론을 제기하는 학생이 많았다. 한류가 일본을 휩쓰는 걸 보면, 우리만 일방적으로 일본을 닮아 간다고 말하기 어렵다는 논리다.

어찌 되었건 일본의 노래방이 한국에서 유행하고, 한류가 일본을 휩쓴 건 한국인과 일본인 사이에 서로 통하는 점이 많아서가 아닐까? 일본은 한반도를 35년간 지배하면서 일본과 한국 사이에 감정이 통하는 고속도로를 놓은 건 아닐까? 그러나 아이러니하게도 이번에는 그 고속도로를 이용해서 한류가 일본을 휩쓸었다. 일본이 만든 고속도로를 이용해서 지금부터는 우리가 더 많이 일본으로 수출해야 한다.

그런데 일본에서 한류의 중추적 역할을 한 〈겨울연가〉나 〈대장금〉에 대한 열풍은 기본적으로는 한류의 힘이지만, 다른 측면에서는 일본이 의도적으로 이러한 열풍을 만들어 낸 측면도 없지 않다.

우리나라에서는 한류열풍을 타고 한류연구소, 한류학회 등이 생겼다. 한류의 절정이 2012년 세계를 강타한 싸이의 '강남 스타일'이었다면, 한류에 불을 지핀 것은 일본을 강타한 〈겨울연가〉와 〈대장금〉이었다.

2004년, 러시아를 여행할 때 모스크바 한 호텔 식당에서 우연히 일본 단체 관광객들과 마주쳤다. 일본 단체 관광객은 50대 후반쯤 된 아주머니들이었는데, 대도시에서 온 것 같지는 않았다. 어디서 왔느냐고 물었더니, 아주머니들은 "일본어를 할 줄 아느냐"고 반가워하면서 '후쿠이현 라이온스클럽'에서 단체 관광을 왔다고 했다. 그러고는 대뜸 "〈후유노 소나타〉(〈겨울연가〉의 일본식 제목)를 보았느냐?"고 내게 물었다. "전부 다 본 것은 아니지만 내용은 대충 알고 있다"고 했더니 "아니, 그렇게 재미있는 드라마를 왜 안 보았느냐"고 호들갑을 떨었다.

나는 호기심이 들어서 "어떤 점이 그렇게 재미있느냐?"고 아주머니들에게 물었더니 "일본 드라마에서는 남녀가 몇 마디 주고받으면 곧바로 베드신이 나오는데 〈후유노 소나타〉에서는 그렇지 않고 남녀가 주고받는 이야기가 정말 재밌다. 게다가 일본에서는 남자가 여자를 위해서 눈물을 흘리는 법이 없는데 〈후유노 소나타〉에서 남자가 여자를 위해서 눈물을 흘리는 모습이 무척 감동적이다"라고 대답했다. 그때 그 아주머니의 진심 어린 표정이 지금도 눈에 선하다.

2003년에는 평소 잘 알고 지내던 일본 교수가 한국을 방문했다. 한국을 많이 여행해 본 그에게 어디를 안내할까 고민하다가 "가고 싶은 곳이 있느냐?"고 물었다. 그랬더니 자기 부인이 〈후유노 소나타〉를 촬영한 남이섬에 꼭 가 보고 싶었는데 이번에 당신이 한국에 가면 꼭 남이섬에 가서 사진을 찍어 보여 달라"고 했다면서 남이섬에 가 보고 싶다고 했다.

나도 일본 교수 덕분에 30년 만에 남이섬을 찾았다. 상전벽해라더니 남이섬은 예전과 완전히 다른 모습이었다. 우선 셔틀버스를 타고 한 바퀴 돌면서 〈겨울연가〉를 촬영한 곳에서 기념사 진을 몇 장 찍기로 했다.

그런데 이상하게도 길이 너무나 깨끗했다. 셔틀버스 기사에 게 물으니 "욘사마 팬클럽 회원 아주머니들이 단체로 와서 청소 를 하고 가기 때문에 주변이 깨끗하다"고 대답했다. 일본 아주 머니들의 극성에 깜짝 놀랐다.

또 한번은 2005년에 교환 교수로 일본에 갔을 때 편지를 보낼 일이 있어서 와세다대학교 앞에 있는 우체국에 갔다. 그런데 우 체국 진열장에 배용준 얼굴이 보였다. 자세히 보니 기념우표를 진열해 놓았는데, 배용준 사진이 들어 있는 기념우표는 한 세트 에 5천 엔, 배용준과 최지우 사진이 같이 있는 우표는 3천 엔이 었다.

깜짝 놀라서 우체국 직원에게 "한국 배우의 기념우표를 발행 할 수 있느냐?"고 물었다. 우체국 직원은 "일본에서는 우체국이 우표를 자유롭게 발행한다"고 대답했다. 당시 일본에서 〈후유 노 소나타〉의 인기가 얼마나 대단한지 짐작할 수 있었다. 가히 욘사마 열풍이 불었다고 해도 과언이 아니었다.

한번은 한일 역사공동연구위원회가 2004년에 이키(壹岐)섬에 서 열려 그곳을 방문한 적이 있다. 이 연구회는 한일 역사 분쟁 에 대해 양국 역사학자들이 공동으로 연구하기 위해 설립됐다. 이키섬은 쓰시마와 북큐슈의 후쿠오카 중간에 있는 섬으로 예 로부터 풍요로운 곳이라고 알려졌다. 고등학교 역사 교사의 안

내로 이 섬을 둘러보았는데, 다른 섬과는 달리 산이 없고 섬 전체가 완만한 구릉을 이루어 한눈에 보아도 농업이나 목축이 적합한 곳이라는 생각이 들었다.

아니나 다를까 안내를 맡은 역사 교사는 이 지역이 목축업으로 유명하다고 설명했다. 그러면서 "이 지역에서 송아지를 18개월쯤 키워 놓으면 마쓰사카, 고베 등 유명한 와규 산지에서 50만 엔쯤에 송아지를 사 간다. 그다음 각각 자기들 방식대로 송아지를 18개월쯤 더 키우면 대략 200만 엔에 팔려 나간다"고 설명했다. 그 이야기를 들으면서 '아, 이것이 부가가치 창출이구나' 하는 생각이 들었다. 500만 원에 사다가 1년 반 만에 2천만 원짜리를 만드는 셈이었다.

이키섬에서도 와규가 유명하다는 바람에 저녁으로 와규를 먹기로 했다. 유명하다는 와규 식당에 들어갔더니 50대 중반쯤 되어 보이는 주인아주머니가 반갑게 인사하며 대뜸 〈대장금〉에 나오는 이영애의 열렬한 팬이라고 자기를 소개했다.

일행 중 교수 한 명이 장난기가 발동해 "이영애의 동생이 우리 과에 다닌다"고 하자 그 아주머니가 화들짝 놀라면서 "그러면 서비스를 해야겠다"며 그 비싼 소고기를 듬뿍 더 가져다줬다. 그 교수의 이야기가 사실인지 농담인지는 알 수 없었지만 어쨌든 이영애 씨의 인기 덕분에 대접을 잘 받았다.

그런데 일본인의 한류열풍 현상 뒤에는 또 다른 의도가 의심된다. 일본 TV 방송국이 한국 드라마를 어떤 방식으로 방영했는지 살펴보면 이런 의심을 가질 수밖에 없다. 일본 국영방송 NHK는 〈겨울연가〉를 〈후유노 소나타〉라는 제목으로 2003년 4월부터 2004년 12월까지 축약판을 포함해 4차에 걸쳐서 방영했다. 그리고 TBS와 같은 민영방송에서도 2007년 1월부터 이 드라마를 수차례 방영했다. 〈대장금〉도 마찬가지다. NHK는 〈궁정 여관 장금의 맹세〉라는 제목으로 2004년 10월부터 2008년 2월 사이에 5차에 걸쳐서 이 드라마를 방영했다. TBS에서도 이를 뒤이어 방영했다.

일본 국영방송 NHK가 특정 드라마를 4, 5차씩 방영한 예는 전무후무하다. NHK를 필두로 일본 매스컴이 〈겨울연가〉나 〈대장금〉 등을 되풀이해 방영하며 한류열풍을 일으킨 데에는 무엇인가 의도가 있었음이 분명하다. 일본에 불어닥친 한류열풍으로 한반도가 흥분에 휩싸였을 때 현해탄을 사이에 두고 한일 무역 시장에는 무슨 일이 일어난 걸까?

2005년을 기점으로 우리나라의 대일 '서비스 수지'가 적자로 돌아섰다. 한국은 서비스 상품의 수출과 수입을 보여 주는 서비스 수지를 1998년, 처음 공포했다. 당시 공포한 서비스 수지 중 '여행 수지'는 19억 5천만 달러 흑자였다. 그러나 아이러니하게 욘사마 열풍이 우리의 자존심을 드높이던 2005년에는 여행 수지가 7억 3천만 달러 적자로 돌아섰다. 2001년 일시적으로 흑자 전환했던 '운수 수지'도 2005년 3억 3천만 달러 적자로 전락했다. 일본을 방문하는 한국인 관광객이 해마다 두 자릿수로 급

증했기 때문이다. 1998년, 방일 한국인 관광객은 18% 정도였는데, 2005년에는 20~30대를 중심으로 일본 관광 붐이 일어나면서 58.6%로 급증한 것이다. 한국 젊은 층을 중심으로 한류에 열광하는 일본에 친근감을 갖고, 한 번쯤 일본에 가 보고 싶다는 심리가 발동했기 때문이다.

무역 적자도 대중문화가 개방된 1998년 이후 급증하기 시작했다. 2005년에는 한국 전체 무역수지 흑자가 대일 무역수지 적자와 거의 비슷했다. 급기야 2006년에는 전체 무역수지가 164억 달러 흑자였는데, 대일 무역수지는 253억 달러 적자였다. 대일 무역수지 적자가 전체 무역수지 흑자를 넘어섰다. 한류열풍에 우리가 흥분하던 시기에 소리 없이 여행 수지, 운수 수지가 적자로 전락하고 무역 적자가 대폭 늘어나기 시작했다.

보이지 않는 곳에서는 더 큰 변화가 일어났다. 한국에서 1990년대까지만 해도 일본 노래를 드러내고 듣는다는 것은 상상할 수 없는 일이었다. 일본 영화와 드라마는 수입 금지 품목이었고, 당연히 방영할 수도 없었다. 보따리상을 통해 국내에 들어온 대중음악 CD나 젊은 층을 상대로 한 일본 연예 잡지를 바라보는 시선도 달갑지만은 않았다.

하지만 2000년대에는 시내 한복판에서 공공연하게 일본 가수의 노래가 흘러나왔고, 노골적으로 거부감을 표시하는 사람은 거의 없었다. 급기야 2004년 5월에는 일본 만화가 원작인 한국 영화 〈올드보이〉가 칸영화제에서 심사위원 대상을 수상했고,

국민은 이를 환호했다.

이때부터 일본 음식점과 일본식 술집 이자카야가 급속히 퍼졌다. '기소야', '신주쿠 사보텐', '문다로', '유우아이' 등 음식점 이름도 일본식 이름을 그대로 사용한다. 대학 근처에도 이자카야가 성업 중이다. 메뉴도 일본 이름이 그대로 사용된다. 대도시, 소도시 할 것 없이 일본 음식점과 이자카야가 우후죽순으로 생겼다.

1980년대였다면 아마도 일본식 이름을 붙인 레스토랑이나 이자카야의 확산을 걱정하는 신문 논설, 심지어는 이로 인한 불매 운동이 생겼을지도 모른다. 그러나 지금은 자연스럽게 우리 문화의 일부가 된 느낌이다. 일본에서 분 한류열풍 소식이 일본에 대한 경계심을 날려 버렸다. 일본 문화에 대한 거부감은 거의 사라진 느낌이다.

한국 대학교에 일본 관련 학과가 몇 개인지 조사해 보니, 4년제 대학에 100여 개, 2년제 대학에 40여 개로 150개 정도였다. 한 학과에 정원이 어림잡아 40명쯤이라고 하면 1년에 약 6천 명의 일본 관련 전공 학생이 배출된다. 아마 영문과를 제외하고는 가장 많지 않을까 하는 생각이 든다.

일본 관련 학과가 인기를 얻는 이유는 한류열풍과 무관하지 않다. 일본은 자국에 한류열풍을 일으켜 한국인이 일본에 대한 경계와 거부감을 갖지 않도록 했다. 일본은 한국에서 소리 없이 일본의 위상을 확고하게 다졌다.

그런 일본은 2012년 8월 이명박 전 대통령의 독도 방문 이후로 한류 정리에 앞장섰다. 이 전 대통령의 독도 방문이 한류 정리의 정확한 계기인지는 확실하지 않지만, 그 이후로 한류 소비에서 일본이 차지하던 비율이 감소한 것은 사실이다.

　일본은 한류 시장의 첫 번째 큰손이었다. 2012년에는 방송 콘텐츠 수출액의 62%를 일본이 차지할 정도였다. 그러나 전체 한류 시장에서 일본이 차지하는 비중이 2008년 6.3%에서 2014년 4.5%로 감소했고, K-팝 앨범 판매도 전해에 비해 29% 줄었다.

　한국 드라마에 가장 관심을 보였던 방송국은 민간방송 TBS도쿄였다. TBS도쿄는 2010년부터 오전 10~11시에 한국 드라마 전문 프로그램 '한류 셀렉트'를 통해서 〈시크릿 가든〉, 〈드림하이〉, 〈꽃보다 남자〉 등 한국 드라마를 많이 방영했다.

　그러나 〈시크릿 가든〉을 끝으로 '한류 셀렉트'를 중단한다고 발표했다. NHK도 2014년 3월, 2010년부터 계속 이어 온 한국 드라마 편성을 중단하기로 했다. 두 방송사뿐만 아니라 TV아사히, 니혼TV, 후지TV 등 일본 5대 메이저 방송국에서도 어느 순간부터 한국 드라마를 편성하지 않았다. 후지TV는 2012년 이전 대통령의 독도 방문 이후 한국 드라마 방영을 전면 중단한 적이 있지만, 5대 메이저 방송국이 모두 한국 드라마를 편성하지 않은 것은 2010년 이후 처음 있는 일이다.

　한국문화산업교류재단이 2014년 1~2월에 일본인 400명을 대상으로 실태 조사를 벌여 그해 7월에 발표한 결과를 보면, 한류의 지속 기간을 묻는 질문에 50%가 "한류는 이미 끝났다"고 답했다. 또한 이를 포함한 85%가 "4년 안에 한류가 사라질 것이다"라고 답했다.

2014년에 들어서면서 일본에서는 한류 팬들에 대해 '한심한 사람'으로 취급하는 분위기까지 일었다. 일본에서 한류의 소멸은 반한(反韓) 분위기 확산과 무관하지 않다.

이들이 한류를 의도적으로 정리하는 것은 일찍이 한류열풍에도 의도를 가지고 앞장섰다는 뜻으로 풀이된다. 일본의 한류열풍에 도취된 한국에서 일본은 얻을 것을 다 얻어 갔다. 일본에서의 한류열풍과 정리는 일본이 한국에게서 필요한 것을 어떻게 관철하는가를 잘 보여 준 사례다.

한국은 역사적으로 일본과 깊은 관계를 맺어 왔으므로 싫든 좋든 미래에도 깊은 관계를 맺지 않을 수 없다. 지피지기하면 백전백승이라는 말처럼 한국은 미래에도 깊은 관계를 맺을 일본을 잘 알아야 한다.

[2부]
일본은 어떤 나라인가

한국과
가장 밀접하게
얽힌 나라

4장

역사적으로 가장 관계 깊은 나라

강의 시간에 학생들에게 "역사적으로 한국과 가장 관계가 깊은 나라가 어느 나라라고 생각하는가?"라고 물으면 학생들은 서슴없이 전근대에는 중국, 근현대에는 미국이라고 말한다. 일본을 거론하는 학생은 거의 본 적이 없다.

아마도 전근대에 관계가 가장 깊었던 나라로 중국을 드는 이유는 중국 문화가 우리 생활에 큰 영향을 끼쳤고, 한국 문화의 핵심으로 자리 잡은 유교나 불교, 한자 등이 중국으로부터 들어왔기 때문이 아닌가 생각한다.

근현대에 한국과 관계가 깊은 나라로 미국을 드는 이유는 광복 초기에 한국에서 군정을 실시했고 6·25전쟁 때 한국의 공산화를 막았으며 현재도 미국의 영향에서 크게 벗어나지 못하기 때문이 아닌가 생각한다.

그러나 하나하나 따져 보면 한국과 가장 관계가 깊은 나라는 중국이나 미국보다는 일본이다. 전근대에 중국으로부터 영향을 많이 받은 것은 사실이다. 그러나 주는 관계도 받는 관계 못지않게 중요한 관계다. 물려주는 부모가 있으면, 물려받는 자식도 있다.

한국은 중국으로부터 들여온 한자나 유교, 불교를 일본에 전파했을 뿐만 아니라 건축 기술이나 쇠를 다루는 기술, 그릇을 만드는 기술, 비단을 짜는 기술까지도 전해 주었다.

이런 한국 문화가 일본에 들어가서 일본 고대 문화의 꽃이라고 일컬어지는 아스카 문화를 꽃피웠다. 오늘날에도 '하나미(꽃구경)'와 정원은 일본을 대표하는 문화다. 정원을 가꾸는 기술은 백제가 일본에 전파했다.

일본 정원은 하나의 소우주다. 돌과 물, 나무가 우주의 질서처럼 정교하게 어우러져 아름다움을 드러낸다. 일본 정원의 아름다움은 유럽에까지 알려졌다. 유럽 부호들 중에는 일본식 정원을 정성들여 가꾸는 이들도 있다.

일본에서 가장 오래된 역사 기록인 《일본서기》에는 스이코 천황 20년조(612년) 기록이 있는데, 일본에 정원을 만드는 기술을 전해 준 백제 기술자에 관해 다음과 같은 에피소드가 실렸다.

"백제에서 귀화한 자가 있는데, 그 얼굴과 몸에 반점이 있다. 혹은 백납인 것일까? 그 점이 이상하고 싫어서 바다 가운데 있는 섬에 그를 버리고 오게 하였더니, 그 사람이 '만일 제 피부가 보기 싫다면 흰 점이 있는 말도 키워서는 안 될 것입니다. 또 저에게는 조그만 재주가 있습니다. 산악의 모양을 잘 만듭니다. 이곳에 머무르게 하여 저를 써 주시면 나라에 이로울 것입니다. 어째서 섬에 버리려 하십니까?'라고 말했다. 그 말을 듣고 그를 버릴 수 없었다. 그에게 수미산(불교 세계에서 중심이 되는 산)의 모양과 다리를 남쪽 마당에 만들라고 명령했다. 사람들이 그를 노자공(路子工)이라고 불렀다. 다른 이름으로 시키마로(芝耆摩呂)라고 했다."

한국은 중국 못지않게 일본과 문화를 교류했다. 국가 간의 관계는 긍정적인 관계 못지않게 부정적인 관계도 매우 중요하다. 삼국시대 이후 한국은 중국으로부터 수·당의 침입, 몽골과 청의 침입 등을 받았다. 단 고려와 조선은 몽골과 청을 중국이라고 여기기보다는 오랑캐로 여겼다.

국가 간 부정적인 관계는 일본과도 매우 깊다. 일본으로부터는 중국보다 더 많은 침략을 받았다. 《삼국사기》에 기록된 20여 회에 걸친 왜의 침입, 고려 말에서 조선 초 사이에 일어난 왜구의 노략질, 7년에 걸친 임진왜란과 정유재란, 35년간의 식민지 지배 등 중국과는 비교할 수 없을 만큼 일본으로부터 많은 침략과 고통을 당했다.

일본은 인종·언어 측면에서도 한국과 매우 깊은 관련이 있다. 몇 년 전, 오사카 의과대학 연구팀이 한국인과 일본인의 DNA를 비교한 결과 90% 이상이 일치하며 세계에서 가장 가까운 인종이라는 사실을 밝혔다.

언어 역시 일본어와 한국어는 매우 닮았다. 내가 와세다대학교에 유학할 당시 학교 도서관은 총 5층이었는데, 1~2층은 열람실, 3~5층은 서고였다. 5층 서고에는 논문을 쓰는 대학원생이나 교수를 위한 작은 방이 하나 있었다. 책을 대출할 필요 없이 서고에 있는 책을 가져다가 그곳에서 이용한 다음 메모지만 남겨 두면 사서가 이 책을 3일 동안은 치우지 않고 그 자리에 둔다. 몇 권이고 상관없다. 3일씩 얼마든지 연장할 수 있다. 논문을 쓰는 데 참 편리한 공간이었다. 학교에 가면 1층에서 신문을 보고 서고를 지나면서 필요한 책이 있으면 뽑아 들고 5층으로 올라가서 논문을 썼다. 서고를 지나다 보면 유난히 한국에 관한 책들이 눈에 띈다.

하루는 서고를 쭉 훑어보는데 한국어와 일본어를 비교한 논문집이 보였다. 그 논문집을 뽑아 목차를 보니 교포 학자로 보이는 강 모 교수가 한국어와 일본어를 문법적으로 비교 검토한 논문이 눈에 띄었다. 그는 한국어와 일본어의 가장 중요한 문법 17개를 나열하고, 그중 14개가 일치한다고 설명했다. 한국어와 일본어의 문법이 비슷한 것은 대충 알았지만 자세한 설명을 보니 놀라웠다. 언어의 구조가 이렇게 비슷한 것은 한국과 일본이 같은 집단에서 분리되지 않고서는 불가능하지 않을까?

부정적·긍정적 측면을 떠나 전근대의 문화 교류, 침략, 인종, 언어라는 측면에서 하나하나 따져 본다면, 한국은 중국보다도 일본과 훨씬 깊은 관계를 맺었다. 과거의 깊은 관계는 미래 관계도 깊을 수밖에 없음을 시사한다.

한국은 무역 부분에서도 중국, 일본과 깊은 관계를 맺는다. 한국의 무역 규모는 세계 6위로, 한국 경제에서 무역이 차지하는 비중은 80%가 넘는다. 한국은 세계에서 무역 의존도가 높은 나라 중 하나다. 그런데 2010년 기준으로 한국의 대외무역에서 중국이 차지하는 비중이 21%로 가장 높고 일본은 14%로 2위이며 미국은 6%에 머물렀다.(2010년 이후에는 무역이 정치적인 이유로 변동 폭이 커서 2010년 수치를 제시한다.) 한국 경제에 있어서 큰 비중을 차지하는 나라는 중국이고, 그다음은 일본이다. 그러나 일본이 수치상으로는 중국에 이어 2위이지만, 중요성이라는 측면에서는 중국 못지않다.

한국은 대중무역으로 흑자를 얻지만, 대일무역으로 적자를 본다. 한국이 수출품을 생산하려면 원자재와 부품을 일본에서 수입해야 하는데, 여기에서 적자가 발생한다. 한국이 일본에서 수입하는 품목은 주로 수출품 생산을 위한 부품이나 원자재다. 즉, 한국의 무역 구조는 일본으로부터 일정량의 부품이나 원자재를 수입하지 않으면 수출을 제대로 하지 못하는 구조다.

예를 들면 한국에서 수출품을 많이 생산하는 회사는 삼성전자인데, 삼성전자의 생산 라인을 일본의 미쓰비시가 구축했다. 따라서 삼성전자가 수출품을 생산하려면 지속적으로 기계의 부품을 일본에서 구입하지 않으면 안 된다. 또한 삼성전자는 주력 상품인 반도체와 스마트폰을 생산하는 데 필요한 부품의 일정량을 일본에서 수입해 왔다. 일본은 이번 경제 보복에서 이 점을 공략했다.

〈중앙일보〉는 2014년 8월 20일자에서 한국과 일본과의 관계를 '가마우지'로 표현했다. 가마우지는 어부가 물고기를 잡을 때 사용하는 새다. 어부는 가마우지가 고기를 삼킬 수 없게 목에 줄을 감아 놓았다가 가마우지가 물에 들어가서 물고기를 잡아 오면 그대로 회수한다. 한국이 수출해서 일본만 좋은 일을 시킨다는 의미이다.

스마트폰 액정화면의 핵심 재료는 편광판 보호필름이다. 한국 전자 업체가 생산하는 스마트폰에는 일본 업체 두 곳의 편광판 보호필름을 사용한다. 또한 한국에서는 반도체 재료인 실리콘웨이퍼의 70%를 일본 업체에서 조달하고, 실리콘웨이퍼에 바르는 감광재 90%, 반도체용 차단재 78% 역시 일본 업체에서 사 온다. 단지 반도체 장비의 20%만 국내에서 자체 조달한다.

이뿐만 아니다. 우리가 자랑하는 조선업의 기자재 자급률이 20%라는 〈중앙일보〉의 기사를 보고 놀란 적이 있다. 2006년쯤, 와세다대학교 전 부총장인 야마시로 씨가 한국에 왔다가 나에게 삼성물산에 고문으로 와 있는 H를 소개하고 갔다. H와 함께 식사하던 자리에서 경제 이야기를 나누던 중 나는 한국의 조선업이 일본을 능가하지 않느냐는 말을 자연스럽게 꺼냈다. 그랬더니 H는 "외국에서 한국에 주문을 넣을 때 일본산 부품을 사용해 달라는 조건을 붙인다"고 말했다. 한국이 부품 개발 능력이 없지 않을 텐데 이 점이 의해서 물으니, 그는 "경기가 좋을 때는 수입산이 오히려 싸니 부품을 수입하고, 경기가 어려울 때는 부품 개발에 돈이 들어 개발을 하지 못하기 때문이다"고 대답했다. 당시만 해도 조선업 하면 한국이 최고인 줄 알았는데 기자재 자급률이 20%밖에 안 된다니 놀라지 않을 수 없었다.

한국은 수출을 위해 일본과 끊으려야 끊을 수 없는 관계를 맺고 있다. 1945년, 광복 이후 한국은 표면적으로 미국과 가장 관계 깊은 것처럼 보였지만, 경제 문제에 있어서는 미국보다 일본과 훨씬 더 깊은 관계였다. 19세기 후반부터 20세기 초반, 한국은 근대화의 문턱에서 일제 강점기를 겪었고, 1965년 한일협정 이후에는 주로 일본의 기술과 돈으로 근대화를 이뤘기 때문이다. 현재도 가장 중요한 경제 문제에서 미국보다 일본과 훨씬 중요한 관계를 갖는다. 이쯤 되면 한국 역사 전체로 볼 때 가장 관계 깊은 나라는 일본이라고 해도 지나친 이야기가 아니다.

한국은 역사적으로 일본과 깊은 관계를 맺어 왔으므로 싫든 좋든 미래에도 깊은 관계를 맺지 않을 수 없다. 지피지기하면 백전백승이라는 말처럼 한국은 미래에도 깊은 관계를 맺을 일본을 잘 알아야 한다.

언제 손을 내밀어야 할지 모르는 나라

당은 660년, 백제에 소정방을 보내서 사비성을 함락시키고 의자왕을 장안으로 데려갔다. 무왕의 조카인 복신은 백제부흥운동군을 모으고 즉각 일본에 도움을 요청했다. 일본은 663년, 약 400척의 배에 2만 7천 명의 구원병을 보냈다. 일본이 백제를 도운 이유는 당이 한반도를 장악한다면 일본이 위험해진다고 생각했기 때문이었다. 당시 백제로서는 중국을 견제하기 위해서 당장 손을 내밀 곳이 일본밖에 없었다.

신라는 당의 힘을 빌려 일단 한반도를 통일했다. 그러나 신라는 당이 한반도를 직접 장악하려 한다는 의도를 간파하고 668년 9월, 일본에 김동엄을 보내 도움을 요청했다. 신라는 일본과 663년에 백촌강 싸움 이후 교류를 단절한 상황이었다. 신라가 일본에 도움을 요청한 이유는 고구려 멸망(668년) 뒤 당과의 전쟁(671년)에 대비해 후방을 안정적으로 지키기 위해서였다.

당은 백촌강 싸움에서 일본과 싸웠지만 그 다음 해부터 일본과 교류를 재개했다. 그러나 일본은 당과 교류 중임에도 당이 일본을 침입할까 걱정했다. 이때 김동엄이 일본에 도움을 청했고, 일본은 신라와 손을 잡았다. 일본은 김동엄의 귀국길에 신라 왕과 김유신에게 배 한 척씩을 선물해 화답했다.

그때와 비슷한 상황이 근대사에도 일어났다. 새로운 통일 왕조가 들어서면 주변 국가를 정벌했던 중국은 1949년, 중공이 중국을 통일한 후 티베트와 위구르를 중국으로 편입하고 시짱 자치구, 신장 웨이우얼 자치구라는 이름으로 관리했다. 또한 6·25전쟁을 명분으로 한반도를 침입했다. 연합군의 지배하에 있던 일본은 직접 참전할 수는 없었지만 6·25전쟁 때 미군의 후방기지 역할을 담당했다. 이러한 형세가 우연처럼 보이지는 않는다. 역사는 반복된다.

지금도 중국은 영토를 확장하거나 확보하기 위해 분쟁을 벌인다. 남중국해에서는 베트남·필리핀, 일본과는 센카쿠열도, 한국과는 이어도 문제로 분쟁 중이다. 더구나 중국은 북한을 두고 언제든지 한국과 갈등을 일으킬 소지가 있다.

중국이 2013년 11월, 한국이나 일본과 상의 없이 한국의 이어도 및 일본과 영유권 분쟁 중인 센카쿠열도를 포함한 동중국해 상공에 방공식별구역을 선포했다. 강대국의 횡포다. 중국이 선포한 방공식별구역은 한국의 일부분과 일본의 상당 부분이 겹치는 구역이다.

중국은 서해와 남중국해로 영토 확대 뜻을 밝혔기 때문에 한·중·일 간에 긴장이 고조되고 갈등이 깊어질 것으로 보인다.

그런데 그때까지만 해도 한국은 방공식별구역에 이어도를 포함시키지 않았다. 그래서 같은 해 12월 초, 한국은 이어도를 포함해 방공식별구역을 남쪽으로 400km 확대했다. 여기에는 일본의 방공식별구역과 상당 부분 중첩된다.

만약 일본이 중첩 부분에 대해서 조정하자고 나섰다면, 우리의 방공식별구역인 독도 문제까지 들고 나올 가능성이 컸다. 일본이 독도 문제를 꺼낸다면 이어도를 포함하는 방공식별구역 확대는 불가능했을 것이다. 그러나 일본은 침묵을 지켜 줬다. 독도 문제도 거론하지 않았다. 묵시적으로 중국에 대항해서 한국이 방공식별구역에 이어도를 포함시키는 것을 지지했다. 현재는 위안부나 강제징용, 경제 보복 등의 문제 때문에 극단적으로 대립하지만, 한국과 일본은 중국과의 관계를 두고 손을 잡아야만 할 때도 반드시 있다. 역사적인 맥락에서 본다면 한일 관계가 풀리는 것은 시간문제일 따름이다.

중국은 한국이 혼자서 상대하기는 벅찬 상대다. 중국은 한반도가 국경을 맞대는 유일한 국가다. 어떤 형태로든 분쟁이 일어날 수밖에 없다.

더구나 중국은 개발도상국으로 아직까지는 안정감이 낮은 나라다. 외교 문제를 합리적으로만 대처하기에는 어려움이 있다는 뜻이다. 서해안에서 불법으로 어로 활동을 하는 중국 어선을 두고 중국 정부가 미온적인 태도를 유지하는 걸 보면 알 수 있다. 이런 때에 일본이 우리와 보조를 맞춰 주지 않는다면 한국의 발언권은 힘을 잃을 것이다.

앞으로도 중국과 분쟁이 발생하면 틀림없이 일본의 힘이 필요하다. 일본도 한반도가 중국 영향권에 들어가면 자국이 위험해진다고 생각하기 때문에 이를 좌시하지 않을 것이다. 그런데 중요한 점은 지정학적으로 일본은 언제 또 한국에 대한 영향력 확대에 나설지 모른다는 사실이다. 고립된 섬나라 일본은 언제든 자신의 필요에 따라 돌발 행동을 일삼기 때문이다.

1998년 10월 8일, 김대중 전 대통령과 오부치 전 총리는 '21세기 새로운 한일 파트너십을 위한 공동선언'을 발표했다. 당시 오부치 전 총리는 "금세기의 한일 관계를 돌이켜 보고 과거 식민지 지배로 한국 국민에게 대단한 손해와 고통을 줬다는 역사적 사실을 겸허히 받아들이면서 이를 바탕으로 마음으로 사죄한다"고 했다. 이에 대해 김대중 전 대통령은 "양국이 불행한 역사를 극복하고 화해와 우호 선린에 입각한 미래지향적 관계를 위해 노력하는 것이 시대적 요청이다"고 밝혔다.

사회당 출신의 무라야마 전 총리와는 달리 오부치 전 총리는 일본 정계 주류였다. 정계 주류였던 그가 한국에 대해 발언한 내용은 그만큼 영향력이 컸다. 김대중 전 대통령과 오부치 전 총리의 '21세기 새로운 한일 파트너십을 위한 공동선언'이야말로 미래 한일 관계의 지표로 삼아야 하지 않을까?

가깝고도 먼 나라

한반도 문제 중 북한의 핵무장은 대단히 중요한 문제다. 북한의 핵 문제를 해결하기 위해 남북을 포함해 미국, 중국, 일본, 러시아가 2003년부터 6자 회담을 열었다. 2006년 북한의 1차 핵실험 후 일본은 대북 수입 전면 금지, 만경봉호를 비롯한 북한의 모든 선박 입항 금지 조치를 취했다. 2009년 5월, 2차 핵실험 직후에는 대북 수출 전면 금지 조치를 단행했다. 일본은 미국과의 관계 때문이든 다른 목적이 있든 대북 문제에 있어서는 미국과 더불어 한국에게 가장 보조를 잘 맞추는 국가다.

〈매일경제〉 2015년 6월 16일 기사에 의하면 2000년대 이후 한국과 일본 기업이 제3국에서 협력한 대규모 프로젝트는 현재까지 약 50건에 달한다. 냉각 일로를 걷는 양국 관계에도 불구하고 전 세계를 무대로 활발히 협력했다.

한일산업·기술협력재단이 대형 프로젝트 위주로 최근 10여 년 동안 한일 기업 간 제3국 협력 사례를 종합한 자료에 따르면 총 49건의 사례 중 36건은 인프라 및 자원 개발 분야에서 이뤄졌다. 또한 협력 지역을 대륙별로 살펴보면 중동·아시아 지역에서의 협력이 35건으로 가장 많고, 북·남미 10건, 아프리카 4건, 유럽·기타 3건 등 전 세계를 상대로 활발한 양국 기업 간 협력이 진행됐다.

반면 2014년 8월 13일 산업통상자원부에 따르면 그해 상반기 한일 간 수출과 수입을 합한 교역량은 429억 달러로 2013년 같은 기간보다 9.8% 줄었다. 대일 수출은 5.4% 줄었고, 수입은 12.2%나 감소했다. 같은 해 상반기 교역량은 세계 금융위기 직후인 2009년(319억 달러) 이후 가장 적은 수준이었다. 대외무역에서 일본이 차지하는 비중도 2010년 11%에서 2018년 7.46%

로 축소됐다.

한일 간 인적 교류도 줄었다. 한국을 찾는 일본인 관광객은 2013년 21%나 급감했다. 한국을 방문한 일본 관광객은 2012년 약 350만 명에서 2018년 약 295만 명으로 감소했다. 혐한론이 퍼지면서 한국 방문에 대한 선호가 그만큼 줄어들었기 때문이다.

한일 관계는 2011년 이명박 전 대통령의 독도 방문으로 급속히 악화되기 시작했다. 박근혜 전 대통령은 취임 이후 위안부 문제에 대한 사과를 요구하면서 정상회담을 거부하다가 현실의 벽을 넘지 못하고 2015년 100억 엔을 받고 타협했다. 그러나 2019년 문재인 정부가 강제징용 판결에 대해 현실적인 타협을 거부하고 정공법을 택함으로써 1965년 한일협정 이래 최악의 상황에 빠졌다.

2012년 12월, 아베 총리는 취임 일성으로 "박근혜 대통령과는 잘될 것"이라고 발언해 화제를 모았다. 1965년 한일협정을 성공시킨 인물인 아베의 외조부 기시 노부스케와 박근혜 전 대통령 아버지 박정희 전 대통령을 염두에 둔 발언이라고 짐작할 수 있다.

그러나 아베의 야스쿠니신사 참배와 위안부 문제 등 역사 문제로 양 정상은 취임 이래 한 번도 정상회담을 갖지 못했다. 문재인 정부가 들어선 뒤에는 강제징용 배상 문제로 일본이 경제보복을 단행했고, 한국이 한일 군사정보보호협정을 파기하면서

1965년 한일협정 이래 최악의 상태를 맞이했다.

지금도 야스쿠니신사 참배나 위안부, 강제징용, 독도 문제 등이 일본과 첨예하게 대립하는 이유는 1965년 한일협정 당시 분명히 짚지 않고 적당히 넘겼기 때문이다.

1965년 한일협정 당시 일본은 식민지 통치에 대한 사과를 하지 않았다. 독도 문제는 한일회담이 막바지로 치닫던 1965년 1월 11일, 서울에서 정일권 전 국무총리와 고노 이치로 전 자민당 부총재의 밀사인 우노 소스케 사이에서 맺은 이른바 '독도 밀약'을 통해 한일 양국은 독도 문제에 대해 "해결하지 않는 것을 해결한 것으로 간주한다. 따라서 조약엔 언급하지 않는다"고 결론 내렸다.

그해 6월 체결된 '분쟁 해결에 관한 교환 공문'에서는 "양국 간의 분쟁은 우선 외교상의 경로로 해결하고, 이에 따라 해결할 수 없을 경우에는 양국 정부가 합의 절차에 따라 조정에 의해 해결을 도모한다"고 합의했다. 양국이 서로 '합의 절차'에 따라 문제를 해결한다는 내용이다.

독도 문제도 마찬가지다. 일본은 독도를 자국 땅이라며 한국이 불법 점유한다고 주장한다. 한국이 독도 문제에 합의하지 않는 한 한국이 독도를 영유하는 것에 대해 일본은 인정하거나 변경할 수 없다는 것이다. 독도 문제는 합의할 사안이 아니다. 합의 테이블에 올린다고 하더라도 결코 쉽게 합의될 일이 아니다. 이 사실을 잘 아는 일본은 '합의 절차'라는 구실을 만들어 독도를 자국 땅이라고 주장할 수 있는 방법을 마련해 두었다.

어쨌든 식민지 지배에 대한 사과나 독도 문제에 대한 해결 없이 추진된 1965년 한일협정 때문에 대학가를 중심으로 반대 시위가 불같이 번졌다.

그런데도 박정희 정권은 현실적인 필요성을 내세워 계엄령으로 시위를 진압하고 한일협정을 맺었다.

그런데 50년이 지나서 박 전 대통령의 딸인 박근혜 전 대통령이 일본에 위안부 문제에 대한 사과를 요구하자, 이것이 한일 관계의 이슈로 떠올랐다. 박정희 정권에 의한 한일협정에 문제가 있었음을 박근혜 전 대통령이 인정했다는 의미로 해석되기 때문이다.

그러나 식민지 지배에 대한 사과나 독도 문제 해결 없이 현실적인 필요성 때문에 한일협정을 맺었듯이, 결국 박근혜 전 대통령도 일본과 타협하기에 이르렀다.

그러는 사이 일본은 이미 독도 문제를 교과서에도 싣고 국제적으로도 공론화했으며, 위안부 문제를 단순한 '인신매매'로 규정하고, 야스쿠니신사 참배도 관례화해 버렸다. 일본은 위안부의 국가 관여를 인정했던 고노 담화나 식민지 지배를 사죄한 무라야마 담화를 무력화함으로써 실속을 챙겼다. 반면 한국은 김영삼 전 대통령의 독도 방문 이후로 얻은 것 하나 없이 문제만 커졌다. 결국 일본만 치고 빠지면서 얻을 것 다 얻고 원상으로 돌아가 버린다면 한국은 무슨 꼴이 되겠는가?

그래도 우리에게 유용하고 편리한 나라

일본 통산성 산하에 '아지켄(아시아정치경제연구소)'이라는 곳이 있다. 아지켄의 한국 관계 연구 책임자 중 한 명은 한국에서 유학했던 사람으로, 한국에 대해 연구하는 동안 한국에 애정을 갖게 됐다. 이 연구원은 일본의 한국 유학생이나 방일 연구자들이 도움을 청하면 기꺼이 도와줬다. 88올림픽을 앞두고 일본에 갔다가 이 연구원을 만나 함께 이야기를 나누던 중 "올림픽을 앞두고 한국 관료들이 줄지어 찾아왔다"는 말을 들었다. "왜 한국 관료들이 아지켄을 방문하느냐?"고 묻자 "한국이 올림픽을 유치하긴 했는데 어떻게 준비해야 할지 몰라 올림픽 유치 경험이 있는 일본에 와서 '호텔 방은 몇 개가 필요하며 자원봉사자는 몇 명쯤이 필요한가' 등을 묻는다"고 했다. 그것도 한꺼번에 물어 보면 좋은데 중구난방으로 부처마다 따로 와서 묻는다고 말했다.

"바쁠 텐데 본업을 제쳐 두고 한국 관료들이 부탁한 자료를 조사하느라 힘들겠다"고 했더니 연구원이 씽긋이 웃으면서 "자료가 남지 않느냐" 하고 대답했다. 예를 들면 한국 관계자들이 와서 호텔 방이 몇 개가 필요한지 물으면 반대로 일본 연구원은 현재 한국에는 몇 개가 있는지 물어보고 거기에 따라서 몇 개를 더 준비하면 된다는 식으로 조언을 하면서 한국에 대한 자료를 축적한다는 것이다. 일본은 가만히 앉아서 한국의 정보를 얻고 있었다. 그런 사실도 모르고 일본에 무엇인가 얻으러 가면서 한국 정보를 열심히 제공한 셈이다.

광복 이후 우리나라에서는 미국으로 가장 많은 유학생이 떠났다. 지금 미국 유학생들이 우리 사회를 주름잡는다 해도 과언이 아니다. 아마 한국 정부 당국자들도 미국을 가장 가까운 우방으로 생각할 것이다.

그러나 새로운 일을 시작할 때 정부 관계자나 회사 오너들이 미국에 가서 정보를 얻어 온다거나 미국을 파트너로 여긴다는 말을 들어 본 적이 별로 없다. 미국이 친절히 가르쳐 줄 것 같지도 않다. 우리에게 미국은 제일가는 우방일지 모르지만 미국 입장에서 한국은 바둑판 위의 바둑돌 하나에 지나지 않는다.

반면 일본과는 경제적으로 매우 밀접한 관계이고, 또 인간관계를 중시하는 공통된 문화 덕분에 연결 고리가 쉽게 형성된다. 게다가 한국은 근대화 과정에서 일본을 모델로 삼았다. 그렇기 때문에 일본에서 새로운 문화나 설비를 도입하는 경우 부작용 없이 우리 사회에 잘 들어맞는다. 즉, 우리 사회에 새로운 것을 들여올 때 일본에서 정보를 얻는 게 빠르고 쉽다.

딸아이가 미국 동부에 있는 사립대학에 다닐 때 일본 친구를 많이 사귀었다고 한다. 왜 일본 친구와 친하냐고 물으니 "아무래도 일본 학생들이 생김새도 비슷하고 사고도 비슷한 것 같아요."라고 대답했다. 일본은 한국과 다르면서도 닮은 점이 많다. 그렇기 때문에 좀 더 편안하게 느끼는 것이다.

가장 경계해야 할 나라

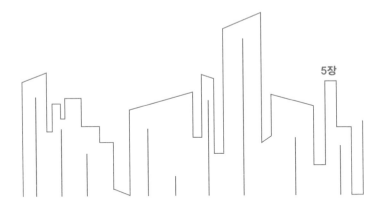

5장

자연환경에서 비롯된 일본의 침략성

만세일계 황국사관이란 유사 이래 현 천황가가 일본을 통치해 왔다는 사관이다. 이에 대해 와세다대학교에서 유학할 때 지도교수였던 미즈노 유 교수는 왕조가 세 번 교체되었다는 '삼왕조교체설'을 주장했다. 미즈노 유 교수는 이즈모(出雲: 동해쪽 시마네현)에 대해 연구했는데, 중앙 중심의 역사에 대해서 지방사와 문헌 중심의 역사학에 민속학을 도입한 것으로 유명하다.

미즈노 교수는 일본의 역사 발전에 있어서 자연환경의 역할을 중시했다. 그는 일본의 침략성이 자연환경에서 비롯됐다고 생각했다. 현재 일본 인구는 1억 2,500만 명인데 일본에서 나는 물자로는 7천만 명밖에 먹고살 수 없다. 나머지 5천만 명분은 밖에서 벌어 와야 하는데 평화적인 방법으로 가능할 때에는 무역이라는 형태를 취하지만, 평화적인 방법으로 불가능할 때에는 힘을 사용할 수밖에 없고 그때에는 가장 가까운 한국이 타깃이 된다. 미즈노 교수는 역사를 공부하는 사람으로서 그런 일이 일어나지 않게 하자는 이야기를 한 적이 있다.

3세기의 사실을 기록한 중국의 역사서인 《삼국지》의 〈위지 왜인전〉에는 일본에 대해 '좋은 땅이 없어서 해물을 먹고 배를 타고 남북으로 장사를 한다'고 설명한다. 좋은 땅이 없어서 식량이 부족했고 부족한 식량을 보충하기 위해서 일찍부터 무역에 눈을 뜬 것이다.

일본은 일찍부터 무역 기술이 발달했다. 에도막부는 1634년 나가사키에 '데지마'라는 인공 섬을 만들었다. 그리고 내항하는 외국 상인들은 데지마에서 막부의 허가를 받은 특허 상인들과만 교역했다.

막부는 특허를 준 상인들을 통해서 가격을 통제하고 무역의 주도권을 장악했다. 명과 조선이 일본과의 교역을 금지했을 땐 쓰시마와 지금의 오키나와인 류큐를 통해서 필요한 물자를 조달했다. 그러나 무역에 의해서도 부족한 자원 문제를 해결할 수 없을 때에는 왜구로 변신했다.

역사적으로 보더라도 《삼국사기》에 보이는 4~5세기 일본의 잦은 침략, 고려 말에서 조선 초에 걸친 왜구의 노략질, 임진왜란(1592~1593년)과 정유재란(1597~1598년), 1910년 한일합병조약 등도 기본적으로 부족한 물자를 얻기 위한 일본의 침략이었다.

전근대에 동아시아에서 문화의 중심은 중국이었다. 한국 입장에서는 문화의 중심 지대인 중국에만 관심을 두었고 문화의 변방 지대인 일본에는 관심을 두지 않았다. 그러나 일본에게 한국은 대륙의 선진 문물뿐만 아니라 식량과 같은 부족한 자원을 보충할 수 있는 가장 편리하고도 중요한 곳이었다. 1436년 쓰시마 도주는 쓰시마를 경상도에 편입해 줄 것을 요청하는 상소를 올리기도 했다. 그만큼 쓰시마로서는 조선이 필요했다는 뜻이다.

고려 말 조선 초에 극성을 부리던 왜구는 그 규모가 100척에서 많게는 500척에 이르렀다. 고려나 조선시대에는 세금을 현물로 받아서 강을 통해 서해안으로 옮긴 뒤 강화도에 쌓아 놓고 사용했다. 왜구는 1360년, 강화도를 습격해 미곡 5만 석을 탈취했다. 1374년에는 350척의 왜구 선단이 마산 일대에 몰려와 고려군 5천 명을 죽였다. 반복되는 왜구의 침입에 고려는 피폐해졌고 결국 멸망하고 만다.

2008년에 나는 대학원생들과 쓰시마를 여행했다. 곳곳이 산으로 둘러싸여 있었고, 제일 넓은 종단도로도 왕복 2차선이 전부였다. 농토라고는 찾아보기 힘드니 부족한 식량을 찾아서 무역을 하거나 무역이 여의치 않을 경우에는 노략질을 할 수밖에 없겠다는 생각이 들었다. 왜 쓰시마가 왜구의 소굴이 되었는지 알 만했다.

쓰시마에서 부산까지는 대략 50km밖에 안 되는데, 규슈까지는 130km에 달한다. 또 국내에서 노략질을 하는 경우에는 바로 신분이 노출될 가능성이 컸을 것이다. 게다가 해안선이 복잡한 만큼 포구도 많은데, 노략질을 하다가 포구로 숨어들면 찾으려야 찾을 길이 없었다. 왜구는 부산 앞바다에 도착해서 기다리다가 저녁에 상륙해 동네 하나를 털어 가면 그보다 더 편한 일이 없었다. 관군이 출동하면 왜는 이미 달아난 뒤였다.

일본의 침략은 자원 부족이라는 자연환경에서 오는 필연적인 현상이었다. 이것을 어떻게 다뤄야 할 것인가는 지금도 중요한 문제이며, 한국 역사에서 영원한 과제다.

왜구를 근절시킨 세종대왕의 지혜

어떤 면에서는 국가적인 침략보다 왜구가 더 골칫거리였다. 조선 태종과 세종은 골칫거리 왜구를 근절한 왕이었다. 세종은 1419년, 왜구의 소굴인 쓰시마를 정벌했는데, 그때는 완전히 물리치지 못했다. 왜구는 죽고 사는 문제로 침략을 일삼았기 때문에 소굴이 불타는 것쯤으로 쉽게 사라지지 않았다.

태종은 쓰시마 도주에게 1408년에서 1418년까지 매년 쌀을 200석에서 400석씩 주며 책임지고 왜구를 막게 했다. 세종은 쓰시마 도주에게 제도적으로 무역을 허용하는 교린정책을 펼쳤다. 쓰시마에 기근이 들면 식량을 보내고, 굶주린 왜구가 식량을 얻기 위해 항복해 오면 죄를 조사해 다스린 것이다. 그렇게 왜구를 근절했다.

2001년 EBS 기획 특집에서 일본에 대한 강의를 5회에 걸쳐서 방영한 적이 있다. 태종, 세종이 쓰시마 도주에게 매년 쌀을 200석에서 400석씩을 주고 기근에는 식량을 보내는 정책을 펼쳐 쓰시마 도주로 하여금 왜구를 막게 하고 결국 왜구를 근절했다는 이야기였다. 나는 이 프로그램에 출연해 "왜구가 한반도에 들어와서 갖은 약탈을 자행하며 국토를 쑥대밭으로 만들어 놓았는데, 조정은 굶어 죽는 우리 백성을 제쳐 놓고 왜구들에게 쌀을 퍼 주었으니 백성의 원성이 얼마나 컸을까 상상할 수 있다"고 말했다. 쥐가 달아날 곳이 없으면 고양이에게 달려든다. 태종과 세종은 왜구를 예뻐해서 쌀을 준 게 아니다. 쥐가 달아날 구멍을 마련해 준 셈이다.

그 프로그램이 방영될 당시 김대중 전 대통령은 햇볕정책을 펴고 있었다. 프로그램에서는 '김대중 전 대통령이 아마도 책을 많이 읽어 태종·세종의 왜구에 대한 정책에서 햇볕정책에 대한 힌트를 얻지 않았을까 생각된다. 햇볕정책은 참 훌륭한 정책이라고 생각한다.'는 설명을 덧붙였다. 당시 김 전 대통령의 햇볕정책에 대해서 보수적인 매스컴에서는 북한에 대한 퍼 주기라고 난리를 치던 때였다.

방송이 끝난 뒤에 나는 "DJ의 햇볕정책을 선전하기 위해서 방송에 나갔느냐"는 항의 전화로 곤욕을 치렀다. 그러나 지금도 북한에 대한 햇볕정책은 참 잘한 정책이라고 생각한다. 북한에게도 달아날 구멍을 마련해 주어야 한다고 생각하기 때문이다. 그렇지 않고 막다른 골목에 다다르면 뒤돌아서 물려고 할지도 모른다. 어떤 불장난을 할지 모른다는 이야기다.

그런데 쓰시마 도주가 아무리 애를 써도 왜구를 근절하진 못했다. 세종은 1426년, 쓰시마 도주 소 사다모리의 요청으로 웅진(진해) 내이포, 부산포, 울산의 염포를 개항하고 일본인 교역을 허락했다. 3포에는 각각 일본 관료를 두어 일본인 60명의 거주를 허락했다. 그러나 그들을 제대로 통제할 수 없게 되자 3포를 폐쇄했다. 일본에 대한 전면적인 교역의 금지는 결국 임진왜란을 불러왔다. 일본의 무역과 침략은 일본의 지리적 문제로 인해 반복되는 영원한 과제다. 태종과 세종은 이 사실을 간파하고 일본을 잘 다룬 왕이었다.

한반도를 국가 방위를 위한 생명선으로 생각하는 일본

663년 여름, 동아시아의 주요 세력이 뒤엉켜 백촌강 싸움이 일어났다. 이때 일본에서는 60세가 넘은 여제 사이메이 천황이 노구를 이끌고 직접 규슈까지 내려와 행궁을 세우고 백제에 지원군 파견을 지휘했다. 그러나 사이메이 천황이 급사하고 만다.

그 아들 텐지 천황은 상복을 입은 채 어머니의 뜻을 받들어 지원군을 파견했다.

보통은 왕이 죽으면 지원군 파견을 중단하는 게 상식이다. 그러나 일본은 사이메이 천황이 서거했는데도 백제 지원군을 파견했다. 일본은 왜 백제에 지원군을 파견했을까?

당시 일본에서는 백촌강 싸움을 전후해서 수도를 외부의 침입이 용이한 바닷가 나니와(현재의 오사카)에서 내륙 아스카로 옮겼다. 그리고 쓰시마에서 아스카에 이르는 길목 도처에 성을 구축하고 수도 아스카에도 새로운 방어 시설을 만들었다.

결국 일본이 백촌강 싸움에 지원군을 보낸 이유는 당이 백제를 멸망시키고 한반도를 장악하면 일본열도까지 쳐들어오지 않을까 하는 두려움 때문이었다. 일본은 백제와 손잡고 당의 세력을 한반도에서 저지하려고 했던 것이다. 실제로 당시 당이 일본에 쳐들어갈 것이라는 소문이 나돌기도 했다. 당은 백제와 고구려를 멸망시킨 뒤 한반도를 직접 지배하려는 야욕을 드러냈다. 당시 일본으로서는 중국이 한반도를 장악하면 일본열도까지도 장악하려 들 것이라고 생각할 수밖에 없었을 것이다.

삼국 통일이 이뤄진 뒤 671년, 당과 신라 사이에 전쟁이 시작되자 당과 신라는 서로 일본을 끌어들이기 위해 일본에 접근했다. 이때 일본은 당이 아니라 신라를 선택했다. 역시 당이 한반도를 장악한다면 일본열도를 넘볼 것이라는 두려움 때문이다.

일본은 역사적으로 다른 나라가 한반도를 장악한다면 일본이

다음 타깃이 된다는 두려움을 갖는다. 일본은 한반도를 일본열도에 대한 방어선으로 생각한다.

1868년, 메이지유신 후 독재권을 확립한 사람은 오쿠보 도시미치였다. 1878년 그가 암살당한 뒤 메이지 정부의 양대 세력을 이룬 인물이 이토 히로부미와 야마가타 아리토모였다. 이토 히로부미는 막부 정권 타도에 앞장섰으며, 야마가타 아리토모는 징병제로 근대적인 군대를 만들었다.

러일전쟁 직전인 1903년 4월 21일, 교토에 있는 '무린암'에서 정우회 총재 이토 히로부미, 군부의 실력자 야마가타 아리토모, 총리대신 가쓰라 타로, 외무대신 고무라 주타로 등이 이른바 '무린암 회의'를 열었다.

당시 러시아는 강경한 남하 정책을 펼치면서 만주뿐만 아니라 북한에도 세력 확대를 꾀했다. 무린암 회의에서는 '만주 문제를 계기로 러시아와 교섭을 시작하여 조선 문제를 해결할 것', '조선 문제는 러시아가 일본의 우월권을 인정하도록 만들고 러시아에 한 발자국도 양보하지 않을 것' 등 일본이 러시아를 상대로 조선에 대한 이권을 주장하는 '대러 방침' 4개조를 결정했다. 일본은 러일전쟁을 불사하면서까지 한반도를 반드시 지켜야만 하는 생명선으로 여겼다.

2003년 7월, 니시하라 하루오 와세다대학교 전 총장이 일본, 중국, 몽골, 한국, 러시아 5개국 5개 대학협의체를 추진하기 위해 고려대학교를 방문했다. 고려대학교 총장 면담 전, 남은 일정

동안 나는 니시하라 전 총장과 함께했는데, 그에게 한국을 소개할 생각으로 통일전망대에 함께 방문했다.

관광 일정 동안 니시하라 전 총장과 대화를 많이 나눴다. 나는 일찍부터 동아시아 공동체론을 주창했고, 니시하라 전 총장도 동아시아 공동체에 대해 관심을 갖는 만큼 동아시아 공동체의 필요성, 한국이나 일본의 역할 등에 대해 의견을 나눴다. 이야기하다 보니 자연스레 한일 간의 협력 필요성에 대해서 논하게 되었다.

그런데 이야기 중에 니시하라 전 총장이 나에게 "김 교수, 1910년 한일합병은 일본으로서는 불가피한 일이었다. 일본으로서는 당시 남하하던 러시아가 한반도를 집어삼킨다면 그다음에는 일본을 넘볼 게 뻔하기 때문에 좌시할 수 없었다. 만약 일본이 한반도를 합병하지 않았다면 러시아가 한반도를 집어삼켰을 테고 러시아가 한반도를 집어삼켰다면 한국은 현재의 북한처럼 되었을 가능성이 크다. 결국은 다 잘되지 않았나?"라고 말했다. 나는 니시하라 전 총장의 말에 그저 웃으며 아무 대답도 하지 않았다. 그랬더니 계속해서 몇 번이나 "김 교수, 어떻게 생각하느냐"고 물었다. 그래서 할 수 없이 "선생님, 길에 물건이 떨어져 있는데 다른 사람이 집어 갈까 걱정되어 집어 갔다고 해서 도둑놈이 아닌 것은 아닙니다"라고 대답을 했다. 선생은 얼굴이 벌게지더니 더는 아무 말도 하지 않았다.

1953년 10월, 한일회담 당시 일본 측 구보타 간이치로 수석대표는 "일본이 진출하지 않았으면 조선은 러시아, 중국에 점령돼 더 비참했을 것"이라는 이른바 구보타 망언을 했다. 시대가 변했지만 많은 일본인들이 비슷한 생각을 한다.

일본이 한반도를 최후의 방어선으로 생각한 데는 14세기에 몽골이 한반도를 기지로 삼고 일본을 침입한 사실이 한몫한다.

학계에서도 이와 비슷한 논리가 통설로 자리 잡았다. 1894년 한반도에서 청과 싸운 청일전쟁이나 1904년 러일전쟁에 대해서도 청이나 러시아가 한반도를 장악하면 일본이 위험해지기 때문에 할 수 없이 일으킨 전쟁이라는 논리다.

오늘날도 일본은 한반도가 중국의 영향권에 들어가는 데 대한 두려움을 갖는다. 한반도를 생명선으로 생각하기 때문이다. 한국은 일본과의 관계에서 역으로 이 점을 잘 활용해야 한다.

2015년 1월 11일, NHK 9시 토론에서 사회자가 제1야당인 민주당 대표 선거에 출마한 3인에게 아베 정권의 집단적 자위권(동맹국이 공격을 받을 경우 선제공격할 수 있는 권한)에 대한 견해를 물었다. 질문의 핵심은 '일본이 직접 공격을 받을 경우에만 발동할 것인가', 아니면 '일본이 위험하다고 생각할 경우에 선제적으로 대응할 것인가'였다.

민주당의 간사장을 지낸 호소노 씨는 43세로 젊은 사람이었다. 그는 젊은 세대에 속하기 때문에 나이 든 세대와는 다른 생각을 가질 줄 알았다. 그러나 그는 오키나와에 대해서는 개별적인 집단적 자위권을 발동해야 하고 한반도는 '일본의 방위 자체'이기 때문에 검토를 통해 개별적으로 대응해야 한다고 말했다. 한국의 의사에 관계없이 선제공격을 할 수 있다는 뜻이다.

당 대표가 된 61세의 오카다 전 부총리 겸 외상도 비슷한 취지의 발언을 했다. 일본에서 한반도를 일본의 생명선으로 생각하는 건 젊은 세대이건 나이 든 세대이건 상관없이 대부분 같은 생각을 갖는다.

영원한 적도, 영원한 친구도 없다

6~7세기 한반도에서 삼국은 서로 통일의 주도권을 장악하기 위해서 치열하게 싸웠다. 한편 밖으로는 일본을 서로 자기편으로 끌어들이기 위해 접근했다. 일본은 백제와 밀접한 관계를 맺었지만 알려진 것과는 달리 백제와만 관계를 맺었던 것은 아니다. 일본은 국익에 따라 백제와 손을 잡다가도 신라나 고구려와도 교류했다. 또한 일본은 내부 권력 투쟁의 결과 신라·당과 3국 연합을 맺기도 했으며, 신라와 당을 상대로 싸우기도 했다. 일본은 이 과정을 통해 국익을 키워 나갔다. 당시 일본이 삼국에 취한 정책을 보면 영원한 적도 영원한 우방도 없다는 말이 실감 난다.

예를 들면 607년에 세운 호류지는 백제의 기술자들이 지은 것으로 알려졌다. 그런데 거의 같은 시기인 602년 신라도 일본에 미륵반가상을 보냈다. 미륵반가상은 현재 일본 국보 제1호로,

교토 코류지에 있다. 신라는 615년에도 불상을 보냈으며, 622년에는 오사카 시텐노지에 보관된 불상·불사리와 코류지에 보관된 대소 깃발 등을 보냈다. 고구려도 601년에는 일본에 승려를, 604년에는 불상을 만드는 데 쓰는 황금 300량을 보냈다. 또한 607년에는 고구려인 담징이 채색법과 먹, 종이를 일본에 전파했다. 삼국은 서로 경쟁하듯 일본에 불교문화를 전수했다. 그 결과 7세기 전반에는 아스카 지역에 49개의 절이 생겨났다. 왜 삼국은 한반도에서 치열하게 다투면서 경쟁적으로 일본에 불교문화를 전수했을까?

백제는 일본과의 기존 우호 관계를 유지하기 위해, 신라와 고구려는 일본이 백제를 도와주는 것을 저지하기 위해 경쟁적으로 불교문화를 전수했다. 일본은 분단된 한반도를 적절히 이용하면서 선진 문물을 최대한 도입했다. 분단된 현재의 한반도에 대해서도 다를 바가 없다.

고이즈미 전 총리는 2002년 9월과 2004년 5월 평양을 두 차례나 방문해 김정일 위원장과 정상회담을 가졌다. 그는 2002년 처음 방문 때 '일본이 북한에 경제 지원을 하는 대신 북한은 미사일 발사 중지 상태를 유지하고, 핵 문제 해결을 위한 국제 합의를 준수한다'는 내용의 북일 평양선언을 이끌어 냈다.

당시는 노무현 전 대통령이 중국, 북한과의 관계를 의욕적으로 추진하던 시기였다. 일본은 한국을 견제할 필요가 생겼다. 일본은 본격적으로 북한과의 관계를 개선하기 위해 그동안 걸림돌이었던 북한의 일본인 납치 문제를 해결하려고 했다. 그러나 미국과 북한과의 문제가 해결되지 않아서 그 이상의 진척이 이뤄지지 않았다.

마침 나는 일본 통산성 산하 아시아정치경제연구소 한국 책임자로 있는 지인을 만났는데, 그는 "일본은 북한과의 관계를 개선하기를 기대한다. 1965년 한국과 수교하면서 유·무상 8억 달러를 제공했듯이 70억 내지 100억 달러를 지불하려고 준비 중이다. 그런데 북미 관계가 풀리지 않아 일본인 납치 문제를 구실로 시일을 끌면서 기회를 엿보고 있다"고 말했다.

그 이야기를 듣는 순간 1965년 한일협정에서 일본이 한국에 유·무상 8억 달러를 제공하고 그 돈으로 한국에 일본 의존도가 높은 경제구조를 만든 게 떠올랐다. 그리고 일본은 엄청난 무역 흑자를 가져갔다. '아, 일본이 북한을 제2의 한국으로 만들려고 하는구나' 하는 생각이 들었다. 미국과 북한과의 관계만 풀리면 언제든지 일본은 북한을 제2의 한국으로 만들 작정이다.

당시 일본은 잃어버린 10년 운운하던 시기로 장기 경제 침체를 겪었다. 경제적으로나 정치적으로 북한과의 관계가 필요한 때였다. 그런데 북미 관계가 풀리지 않자 북한과의 관계를 추진하기 어려워졌다. 대신 납치 문제를 구실로 대북 관계를 유보하려 했던 것이다.

일본은 자국의 이익을 찾아서 언제든 북한과 손잡을 수 있는 나라다. 한국이 일본과 멀어지고 중국과 가까워지면 일본은 언제든지 북한에 접근할 것이다.

2012년 8월, 이명박 전 대통령의 독도 방문을 계기로 냉각되기 시작한 한일 관계가 박근혜 정부 때는 위안부 문제와 아베의 야스쿠니신사 참배 등을 둘러싼 역사 인식 문제로, 그리고 문재인 정부 때는 강제징용 배상 판결과 일본의 백색국가 한국 제외 사건 등으로 1965년 한일협정 이래 최악의 상황에 처했다. 한일 관계가 난관에 봉착하자 일본은 다시 북한에 접근하기 시작했다.

〈매일경제〉 2014년 2월 12일자 기사에 의하면 아베 정권은 2013년 10월 비밀리에 북한과 접촉해 대북 경제 제재의 독자 해제 문제를 논의한 것으로 보인다. 사실로 밝혀질 경우 한·미·일 삼국의 대북 공조를 파기하고 유엔안보리 결의까지 위반하는 것으로 국제사회에 큰 파장을 일으킬 수 있는 문제다.

〈교도통신〉은 2014년 2월 11일 복수의 외교 소식통을 인용해 이지마 이사오 내각관방 참여(총리 자문역)가 지난해 10월 중국 다롄을 비밀리에 방문해 북한 당국자와 접촉하고 현안을 논의한 것으로 보인다고 보도했다. 그러면서 "만약 10월 말 북한과 비밀 접촉이 있었다면 재일본조선인총연합회(조총련) 본부 건물 경매 문제나 일본이 북한에 대한 경제 제재를 독자적으로 해제하는 문제를 의제로 올렸을 것이 확실하다"고 분석했다.

이는 결국 북일 정상회담 성사를 목표로 한 사전 작업으로 풀이된다. 조총련 본부 건물은 지난해 10월 재경매를 거쳐 몽골 법인이 낙찰받았으나, 결국 도쿄지법이 해당 법인의 제출 서류에 신빙성이 부족하다며 매각 불허 결정을 내렸다.

2014년 1월 28일자 〈아사히신문〉에 의하면 북한과 일본 정부의 당국자가 베트남 하노이에서 이틀간 비밀리에 접촉했다고 보도했다. 일본 측은 6자 회담 수석대표인 이하라 준이치가, 북한 측에서는 유성일 외무성 일본과장이 현지에 머물렀던 것으로 전해졌다. 아베 총리의 임기 내에 일본인 납치 문제를 해결하기 위해 만남을 시도했을 것이라는 평가다.

2014년 5월 스웨덴에서 두 나라는 '조일평양선언(2002년 9월 김정일 전 국방위원장과 고이즈미 준이치로 전 총리가 합의한 국교 정상화 등 4개항)'에 따라 불행한 과거를 청산하고 현안을 해결하여 국교 정상화를 실현하기로 합의했다. 북일이 스웨덴에서 만난 이후 스가 요시히데 관방장관은 대북 제재 완화 방침을 밝혔다. 북측이 납북 피해자 재조사에 착수하고 일본은 독자적으로 대북 제재를 완화한다는 내용이다.

평창올림픽으로 남북 관계가 해빙(解氷) 분위기로 접어들고 2018년에 남북정상회담, 북미정상회담이 이뤄지자 일본의 사토 마사히사 외무부대신은 3월 10일 한 방송에 출연해 북일 정상회담 가능성을 내비쳤다. 일본 정부 내에서 "아베 총리가 트럼프 대통령과 연대하면서 김정은 위원장과 대화할 수 있다"고 북일 정상회담에 대한 의지를 드러낸 것이다. 그러나 북한 측의 거부로 이뤄지지는 않았다.

아베 총리는 북한의 일본인 납치 문제 해결 없이는 북일 관계 개선이 어렵다는 태도를 고수했다. 그러나 2019년 5월, 조건 없는 북일 정상회담을 제안하고 싶다고 태도를 바꿨다. 이런 가운데 같은 해 9월 14일 생전에 북일 관계 개선에 힘썼던 가네마루 신 전 자민당 부총재의 차남인 가네마루 신고 씨가 방문단 60여 명을 이끌고 평양에 도착했다. 그는 베이징 공항에서 기자들에게 "북일 간 현안 해결에는 국교 정상화가 가장 빠른 길"이라며 "전제 조건 없이 김정은 위원장을 만나겠다고 한 아베 총리 제안에 대한 북한 측 평가를 듣고 싶다"고 말했다.

아베 총리는 대규모 방북단의 평양 체류 일정에 맞춰 16일 도쿄에서 열린 납북 피해자 가족 주체 집회에 참석해 "조건 없이 북한 김정은 위원장과 직접 마주 앉겠다"고 말했다. 그리고 9월 24일 뉴욕에서 진행된 유엔총회 연설에서 "조건을 달지 않고 김 위원장과 직접 마주 볼 뜻이 있다"고 말했다. 이렇듯 일본은 한국과의 관계가 소원해지면 언제든지 북한에 접근한다.

일본을 북한 쪽에 서게 하는 것은 현명한 선택이 아니다. 2002년과 2004년 고이즈미 전 총리 방북 사태가 재연되는 것이다. 일본이 북한을 지렛대로 한국에 압력을 가하고 있다. 남북 관계에서도 일본은 항상 한국 편은 아니다.

미국은 한국에게 정치·외교적인 측면에서 가장 영향력 있는 국가다. 한국의 전시 군사작전권을 미국이 가졌다는 사실 하나만으로도 미국이 한국에게 어떤 나라인지 짐작할 수 있다. 그런데 한국과 일본이 충돌한다면 미국은 어떤 태도를 취할까?

노벨문학상을 받은 작가 펄벅은 '역사적으로 미국은 한국을 두 번 배신했다'고 지적한 적이 있다. 먼저, 1882년 조미수호통상조약에서 열강이 조선을 부당하게 억압할 때 돕겠다고 해 놓고 일본이 을사조약을 강요할 때 외면했다.

또 한 번은 1905년 7월, 미국의 필리핀 지배와 일본의 대한제국 지배를 맞바꾼 가쓰라·태프트 밀약을 맺고 1910년 한일합병조약 때 방조했다. 1951년 샌프란시스코강화조약(대일강화조약) 때도 미국은 막판에 일본 측 요구를 받아들여 독도를 반환할 섬 목록에서 제외했다.

역사적으로 한일이 다툴 때 미국이 최종적으로 어느 편을 들었는지는 자명하다. 동서 냉전체제 속에서 1950년 한국이 미국의 방위권 밖에 있다는 이른바 애치슨 성명도 미국이 최종적으로 생각하는 보루가 일본임을 잘 보여 준다.

미일 양국은 아베 총리가 미국을 방문했던 2015년 5월에 외교·국방장관 회의를 열고 방위협력지침(가이드라인)을 18년 만에 개정하는 데 최종 합의했다. 미일은 자위대를 일본 주변에서만 활동하도록 제한한 '주변 사태'라는 규정을 삭제했다. 이로써 자위대는 지리적 제한 없이 전 세계를 무대로 미국과 함께 활동한다. 일본은 여전히 직접 공격적 전투에 나설 수는 없으나 세계 어디서나 미국을 후방 지원할 수 있다. 일본의 위상은 제2차 세계대전이 끝나고 70년 만에 패전국의 지위에서 사실상 미군과 함께 전쟁에 참여하는 동반자로 전환됐다.

같은 역사의 과정을 밟는 나라

6장

일본과 한국의 진보 정치가 가는 길

일본에서는 절대주의 정권인 군국주의 세력이 제2차 세계대전에서 패배했다. 그들을 비판하던 사회당은 1947년 5월 정권을 장악했다. 전쟁을 주도한 세력이 몰락한 만큼 당연한 결과다. 그러나 내각책임제인 일본에서 사회당은 단순 과반수에 이르지 못해 일부 보수 세력을 끌어들여 정권을 장악했다.

그들은 선거에서 두 가지 캐치프레이즈를 내걸었다. 하나는 노동자들에 대한 임금 인상이었고, 다른 하나는 일본의 군국주의와 대외 침략의 배후인 재벌의 해체였다.

그러나 막상 사회당이 집권하자 선거 때와는 다른 두 가지 중요한 정책을 선언했다. 하나는 임금 동결이었고 다른 하나는 재벌 인정이었다. 물가는 전쟁 전보다 65배가 올랐는데, 임금은 27배 오른 금액으로 상정된 것이다. 당시 일본 경제는 붕괴 상태였다. 이런 마당에 재벌까지 해체한다면 경제 회생이 불가능하다고 판단하여 사회당이 집권한 가타야마 내각은 재벌을 인정하고 말았다. 내각은 근로자들에게 인내를 강요하고 임금 동결을 선언했다.

사회당을 지지하던 진보 세력은 배신감을 느꼈다. 임금 동결이나 재벌 인정 등은 사회당의 정책이 아니라 보수당의 정책이 아닌가? 사회당은 9개월 만인 다음해 2월에 붕괴됐다. 내각책임제였기 때문에 가능한 일이다.

그 뒤 일본에서는 '사회당이 아닌 야당이 있었다면 벌써 정권 교체가 이루어졌으리라'는 자조적인 말이 유행했다. 사회당은 믿을 수 없는 정당이라는 의미다. 자민당이 지금까지 집권할 수 있는 이유이기도 하다. 이렇게 일본에 야당 부재 현상이 나타났다.

봉건주의와 자본주의의 중간에 위치하는 독재 권력을 절대주의라고 한다면 한국에서는 박정희 정권에서 노태우 정권까지 약 30년간의 군사정권이 여기에 해당된다. 이 군사정권을 비판한 쪽이 민주화 세력이다.

김영삼 전 대통령은 3당 합당으로 군사정권 세력과 힘을 합쳤다. 군사정권을 반대하던 민주화 세력으로서 처음 정권을 장악한 것은 김대중 정권이다. 그런데 우연의 일치인지 김대중 전 대통령도 일본 사회당처럼 보수 세력인 김종필의 자민련을 끌어들여서 겨우 정권을 장악할 수 있었다.

　김대중 전 대통령도 햇볕정책을 펼쳐 퍼 주기라는 비판을 받으며 풍전등화처럼 보였다. 아마도 임기 5년이 보장된 대통령제가 아니고 일본처럼 내각제였다면 정권은 9개월 만에 끝났을지도 모른다. 노무현 대통령에 대한 탄핵안 제출처럼 말이다.

　그러나 김대중 전 대통령은 일본 사회당처럼 죽을 쑤지는 않았다. IMF 외환위기를 잘 극복했고, 2002년 월드컵 4강으로 국민의 사기가 충천했다. 한국 IT산업이 세계를 선도했으며 신용카드 활성화로 경기가 살아났다.

　2001년, 나는 객원교수로 나고야대학교에서 연구했다. 나고야 시민네트워크 주체로 한국 외국인학교에서 강연할 기회가 있었다. 나는 강연에서 '한국과 일본이 같은 역사의 길을 걸으며, 한국이 일본이 갔던 길을 걸어 왔다. 그러나 한국은 IMF 외환위기를 잘 수습했고, 경기도 좋아졌으며, 한국 IT산업이 세계를 선도하기 때문에 한국의 진보 정권이 일본 사회당과는 다르다. 김대중 정권의 정책은 다음 대통령이 계승할 것이다. 그런데 김대중 대통령이 호남 사람이기 때문에 비호남에서 계승자를 찾을 것이고 노무현 씨를 입각시킨 것으로 보아 그가 후계자로서 당선될 가능성이 크다'는 내용을 설명했다.

　당시에는 아직 노무현이 부각되지도 않은 상황이었다. 2002

년 12월 대통령 선거 개표가 끝날 즈음 나고야 시민네트워크 회장으로부터 축하한다는 전화가 왔다. "김 교수님 말대로 되었다"는 인사였다. 그래서 나는 "노무현이 당선된다는 이야기를 했지, 지지한다고 이야기한 게 아니다"며 전화를 끊었다.

그렇게 노무현 전 대통령에 의해서 진보 세력이 연장되었지만 결국 이명박 정권과 박근혜 정권이 연속으로 들어섰다. 그러나 최순실의 국정농단이라는 생각지도 못한 사건으로 촛불혁명이 일어나 진보 정권이 다시 들어섰다. 다음 정권이 일본이 간 길을 가느냐, 그렇지 않으면 독자적인 길을 가느냐의 갈림길이 되리라고 본다. 다음 단계에서 한국이 일본이 간 길을 그대로 갈지는 알 수 없지만, 어쨌든 다음 정권이 분수령이다.

재벌이 지배하는 사회

제2차 세계대전 직전, 일본에서는 10대 재벌이 일본 내 총생산물의 90%를 생산했다. 이런 이유 때문에 미군정은 재벌이 일본의 침략 전쟁의 배후라고 여겼다. 일본은 경제를 지탱하는 재벌에게 그들의 시장을 만들어 주기 위해 식민지를 확대했고, 제2차 세계대전에 이르렀다는 것이 미군정의 판단이다. 종전 후 미군정은 일본에서 민주화의 상징으로서 재벌을 해체하려고 했다. 그러나 집권 사회당은 파탄 상태인 경제를 그나마 재벌이 지탱하는데, 이를 해체한다면 경제가 살아날 수 없다고 생각했다. 그래서 재벌을 인정한 것이다. 현재 일본에서는 중소기업의 사장만 존재하고 재벌은 없다.

한국에서도 2012년도 기준으로 10대 재벌의 생산이 76%에 달했다. 이 정도면 국가 정책을 재벌에게 맞추지 않을 수 없다. 2015년 7월, 국민연금은 미국계 헤지펀드 엘리엇매니지먼트가 반대한 제일모직과 삼성물산의 합병을 찬성했다. 그런데 합병 후 두 회사의 주가가 크게 떨어지면서 8월 말 국민연금은 약 7천억 원의 손해를 보았다.

패전 직전의 일본처럼 한국도 국가 정책을 재벌에 맞춘 것은 아닐까? 정치로 움직이던 한국 사회가 2000년대에 들어서면서 완전히 재벌이 움직이는 사회로 변하는 듯하다. 1985년 2월, 10위권이던 국제그룹이 정권에 밉보여 하루아침에 공중분해 된 사실을 상기해 보면 격세지감이 느껴진다.

이명박 정부가 법인세를 25%에서 22%로 낮춘 부자 감세는 지금까지도 인구에 회자된다. 2009년, 이건희 회장의 탈세 혐의로 검찰은 금고 7년에 벌금 3,500억 원을 구형했다. 최종 판결은 징역 3년 집행유예 5년, 벌금 1,100억 원의 유죄 판결이었는데, 이 회장은 집행유예로 실형을 면했다. 그해 말에는 평창 동계올림픽 유치 성공을 위해서라는 명분을 내세워 국제올림픽위원인 이 회장에 대한 특별사면이 이뤄졌다.

진보를 표방하던 노무현 전 대통령도 이건희 회장의 처남이자 〈중앙일보〉 회장인 홍석현 씨를 2005년 주미대사로 임명했고 유엔사무총장으로 추진하려 했다. 또 2005년, 노회찬 의원은 이학수 삼성그룹 비서실장과 홍석현 〈중앙일보〉 사장과의 1997년 대화 내용에 추석 떡값을 받은 것으로 등장하는 이른바 떡값 검사의 실명을 폭로했다. 그런데 대화 내용을 폭로한 노회찬 의원은 2013년 대법원에서 통신보호법 위반으로 의원직을 상실하고 뇌물을 주고받았다는 삼성그룹과 떡값 검사들은 모두 무혐의 처리됐다. 이것이 소위 '떡값 검사 사건'이다.

박근혜 전 대통령이 경제민주화를 내걸고 대통령에 당선되었지만 당선된 뒤에는 경제 활성화에 무게를 두고 경제민주화라는 말은 거의 사라졌다. 박 대통령의 경제민주화 정책 트레이드마크였던 김종인도 탈당했다. 재벌의 힘을 실감케 한다.

10대 재벌의 현금성 자산은 2011년 약 112조, 2012년 약 124조, 2018년에는 1년 새 27조 원이 증가하여 사상 최대의 248조 원인 것으로 발표되었다. 이들이 돈을 풀지 않고 쌓아 두니 시중에 돈이 돌지 않고 경기가 침체된다는 여론이 많았다.

2014년 최경환 경제부총리는 재벌의 과도한 보유 현금에 대해서 세금을 부과할 뜻을 밝혔다. 그러나 재계의 반대에 부딪혀 계획이 흐지부지되었다. 재벌 개혁을 주장하던 문재인 대통령도 2018년 7월 인도 국빈 방문 시 재판 중인 이재용 삼성부회장의 영접을 받으며 삼성전자 준공식에 참석하여 논란이 일었다. 일본은 제2차 세계대전의 패배로 재벌 문제를 해결했지만 한국은 이 문제를 어떻게 해결할까?

2000년대 초 삼성 사장단에게 특강 요청을 받았다. 나는 1990년대 중반 삼성연수원에서 임원들에게 '일본인의 직업의식과 경제력'을 주제로 강연한 적이 있다. 쉬는 시간에 임원 한 명이 인사를 청하면서 자기도 고려대학교 경영대학을 나왔다고 했다. 인사를 나누고 보니 동기생이었다. 당시 삼성화재 부사장인 L 씨였다.

1996년, 나는 삼성연수원에서 강의하던 내용을 묶어서《김현구 교수의 일본 이야기》를 출판했는데, 삼성화재 사장이 된 L 씨에게 추천사를 부탁했다. 그런데 자기는 이제 막 사장이 되었으니, 회장의 추천사를 받아 주겠다고 사양했다. 나는 "당신 같은 샐러리맨 신화를 만든 사람의 추천사를 받고 싶다"며 반강제로 추천사를 받았다. 삼성 사장단에 특강하게 된 계기는 당시에는 이미 삼성 부회장이 된 L 씨와의 그런 인연 때문이다. 그리고 삼성에 도움이 되는 이야기를 해야겠다는 생각에서 특강 주제를 '재벌의 장래'로 정했다.

당시 후배 한 명이 일본 근대사를 전공하고 LG경제연구소에서 연구원으로 일했다. 연구소에서 경제학을 전공한 사람들만 데려다 놓으니 연구 내용이 다 비슷했던 모양이다. 그래서 역사를 전공한 후배에게 재벌의 역사를 연구 테마로 맡겼다고 했다. 연구해 보니, 한 기업이 여러 분야를 독점하는 선단식 재벌은 한국, 전쟁 전의 일본, 인도에만 있더란다. 서구에서는 화학 분야는 '듀퐁', 자동차 분야는 '포드' 등 해당 기업이 주로 한 종목에 집중해 사업을 펼친다.

그러나 일본이나 한국에서는 정부 주도로 산업화를 이루다 보니 종잣돈이 있는 재벌에게 산업을 맡길 수밖에 없는 구조였다. 자동차 산업을 일으키기 위해 재벌에게 특혜를 주면서 자동차 산업을 맡기고, 또 조선업을 일으키기 위해 역시 종잣돈을 가진 재벌에게 특혜를 주었다. 이 때문에 한국에서는 재벌 기업이 여러 분야를 독점하게 되었다는 것이다. 결국 한국의 재벌은 후발국으로서 선발국을 따라잡기 위한 효율성 때문에 생겨났다.

그런데 오늘날 기업은 세계를 무대로 삼는 글로벌 기업으로 변모했다. 전 세계에서 기업이 서로 경쟁하면서 한국의 선단식 기업에서도 한두 분야만 경쟁에서 우위를 점했다. 나머지 분야는 경쟁에서 자꾸 뒤처지면서 선단식 경영이 이제는 한국 경제 발전에 걸림돌이 되었다.

IMF 외환위기 이후 소비 진작을 위해 정부가 신용카드 발급 문턱을 낮췄다. 카드 연체 비율이 높아져 2000년대 초 당시 상당수의 카드사가 적자에 시달렸다. 결국 시장 점유율 1위 카드사였던 LG카드는 부도 위기를 맞아 산업은행에 넘겨졌다. 그러나 삼성카드는 그룹이 약 7천억 원을 지원해 살아남았다.

1995년 출범한 삼성자동차는 1997년 IMF 외환위기를 겪으며 1999년 6월, 부도 처리됐다. 이건희 회장은 2조 8천억 원 상당의 보유 주식을 출연하기로 했고, 결국 2000년 9월, 프랑스의 르

노자동차에 인수됐다.

이런 사실을 기반으로 나는 삼성 사장단 특강 내용을 구성했다. '삼성전자는 글로벌 기업인데, 카드나 자동차 등 계열사 문제의 방파제 역할만 하다가는 결국 어려워질 수 있다. 경제 성장의 효율성 때문에 선단식 재벌이 생겨났지만, 오늘날은 효율성이라는 측면에서 선단식 경영을 재고해야 한다'는 내용을 전달하고 강연을 마쳤다.

질의 시간에 당시 부회장이었던 Y 씨가 "세계는 지금 그런 방향(선단식 경영)으로 나아가고 있습니다"라고 반론을 제기했다. 그래서 나는 "여기에 논쟁을 하러 온 게 아닙니다. 역사적으로 보면 그렇다는 것입니다"라고 말을 맺었다.

선단식 재벌의 문제점은 경영이나 이윤보다는 황제가 되고 싶어 하는 데 문제가 있다. 제2차 세계대전 이전의 일본 재벌도 황제가 되고 싶어 했다. 잘나갈 때는 어떤 충고도 귀에 들어오지 않는 법이다. 그러나 깨달았을 때는 늦는다.

일본을 모델로 삼은 한국의 근대화

한국이 근현대에 미국의 영향을 많이 받은 것은 부정할 수 없는 사실이다. 먼저 오늘날 한국을 주도하는 많은 사람이 미국에서 유학했다는 것도 부정할 수 없는 사실이다. 미국은 광복 직후 한국 정치에 개입했고, 6·25전쟁 때 한국을 지켰다. 유엔군이라는 이름으로 한국군의 전시 군사작전권까지 가졌다. 이런 영향으로 한국 사회 전반에 대한 미국의 영향력을 부정할 사람은 아무도 없다.

그런데 미국의 영향력이 눈에 잘 드러나는 데 반해 일본의 영향력은 구석구석에 스며들어서 잘 느끼지 못하는 듯하다. 한국은 근대화 초입에서 35년 동안 일본의 통치를 받았다. 그리고 광복 후 본격적으로 근대화를 추진한 박정희 전 대통령은 일본의 사범학교와 사관학교를 졸업했다. 게다가 일본의 '메이지유신'을 연상시키는 '10월 유신'을 선포한 데서 알 수 있듯이 일본을 근대화의 모델로 삼았다. 우리의 제도나 시스템이 일제 강점기의 연장선상에 있는 게 결코 우연이 아니다.

호적이야말로 우리 사회가 돌아가는 시스템의 바탕이라고 할 수 있다. 호적제도는 일본이 메이지유신 후 인민을 파악하기 위해 도입한 제도다. 영주들이 통치하던 지방분권제를 폐지하고 중앙집권제로 전환한 메이지 정부는 모든 인민을 호주 ○○○의 처, 호주 ○○○의 장남, 호주 ○○○의 손자 등 모든 것을 호주 중심으로 파악했다. 호주제는 권위주의적이고 가부장적인 제도다.

호주제는 사회 구성원을 파악하고 관리하는 데 편리하다. 호주제를 바탕으로 연령별로 인구를 파악할 수 있고 이에 맞춰 병역은 어디까지 면제해 주고 노동력은 얼마까지 동원할 수 있으며 학교는 몇 개를 지어야 하는지 등의 계획을 세울 수 있다. 일본은 인민을 관리하는 데 필수불가결한 제도로 호주제를 사용했다.

그런 호주제를 일본은 제2차 세계대전 패배 후에 없앴다. 일본은 종전 후 제국주의 잔재를 정리하면서 호주제를 폐지했다. 이런 호주제를 한국에서는 2008년에야 폐지했다.

언어나 용어는 그 사회를 비추는 거울이다. 반상회, 부녀회, 교련 등 우리가 최근까지 사용하던 용어들은 일제가 사용하던 용어다.

2014년 이한섭 교수가 펴낸 《일본어에서 온 우리말 사전》(고려대학교출판부)을 보면 우리말 가운데 일본어에서 비롯된 어휘가 약 4천 개 가까이 된다고 한다. '대통령', '헌법', '검사', '판사', '경찰관', '과학', '철학', '물리', '도서관', '박물관', '승강기', '연애', '모험' 등 헤아리기조차 힘들 정도로 우리말에는 일본어에서 온 게 많다.

그동안 정화 운동을 하며 일본어임이 분명한 어휘는 대부분 퇴출했지만 일본어에서 비롯된 어휘의 80% 이상인 한자어는 거의 그대로 남아 있다. 언어는 인간을 규제한다. 보이지 않지만 우리 사회가 얼마나 일본화되었는지를 잘 보여 주는 증거다.

1965년 한일협정 이후에는 경제적인 측면에서 일본의 영향을 받을 수밖에 없었다. 한국 경제에서 무역이 차지하는 비중이 80% 이상인데, 2010년 통계에 의하면 한국의 대일 무역은 11%

인데 반해 대미 무역은 6%밖에 안 된다. 한국 경제에서 일본의 비중이 미국을 크게 앞지른다.

내가 일본에서 유학하던 1970년대에 일본에 막 도착한 후배 한 명이 "한일합병 때에는 단발령 같은 문화 이질감 때문에 저항이라도 했었는데, 도쿄에 와 보니 한국이 하도 일본화되어서 다른 나라에 왔다는 실감이 나지 않는다"고 한 말이 떠오른다.

1980년대 초 와세다대학교에서 한국 건축사를 전공하던 후배가 학위 논문 제출을 앞두고, 건축학회에서 수원 화성 건설에 참여한 노동자 조직에 대한 논문을 발표했다. 당시 일본 건축학계에서는 학위 논문을 제출하기에 앞서 먼저 학회에서 논문을 발표했다.

자기 연구 성과를 발표하고 질문을 받는데 맨 뒤에 앉아서 말없이 발표를 경청하던 한 노인이 손을 들더니 "왜 한국 건축사에 대해서 발표를 하는데 한국 건축 용어를 놔두고 일본 건축 용어를 사용하느냐"고 질문을 하더란다.

전혀 예상치 못한 질문을 받아 당황해서 어떤 용어가 그러냐고 물었더니, 그 노인이 발표에 사용한 용어를 쭉 나열하고, 여기에 해당하는 한국 용어를 알려 주더란다.

그런데 그 노인이 알려 준 한국 용어는 들어 본 적이 없는 용어들이어서 발표자는 쥐구멍에라도 들어가고 싶은 심정이었다고 말했다. 알고 보니 그 노인은 일제 강점기에 조선총독부에 와서 건축 기사로 일했던 사람인데, 한국 건축 용어를 오랫동안 조사했다고 한다.

우리가 사용하는 건축 현장의 용어는 대부분 일본 용어다. 우리말이 있다는 사실조차 모른 채 일본 용어를 우리 것으로 알고 사용한다. 비단 건축 분야만의 일은 아닐 것이다.

2014년 6월 M 총리 후보자 사퇴 문제로 찬반론이 뜨겁던 TV의 한 토론에서 C 일보의 젊은 기자 한 명이 사퇴 반대를 주장하면서 "죽도록 교수의 '따까리'만 했다"는 말을 했는데, 이 말을 듣고 깜짝 놀랐다. 아마 본인은 자신이 쓴 말이 일본어인 걸 전혀 느끼지 못했을 것이다. 매스컴에서도 일제 청산을 외치지만 부지불식간에 TV 토론에서도 일본 용어가 튀어나오는 게 우리 현실이다.

일본의 안 좋은 점을 닮아 가는 한국

일본에서는 2013년에 60세 이상의 비율이 60%로 세계에서 가장 높았고, 2018년 70세 이상 고령자 비율이 사상 처음으로 20%를 넘어섰다. 또 100세 이상 고령자가 2018년 9월, 약 7만 명으로 사상 최다를 기록했다.

일본은 고령화가 급격하게 일어났다. 이런 고령화는 엔고로 인한 산업의 공동화, 디플레이션으로 인한 경기 침체 등과 함께 일본 경제의 동력을 떨어뜨리는 주범이었다.

내가 2005년 와세다대학교에 교환교수로 갔을 때의 일이다. 학교에서 유학생을 담당하는 외사과 과장이었다가 부총장까지 역임하고 은퇴한 지인을 인사차 방문했다. 그와 함께 지난 시절 이야기를 하다가 연금만으로 생활에 불편이 없는가 물었다. 그랬더니 그는 곤란한 일이 생겼다고 말했다.

와세다대학교는 학생 4만 명에 교수 2천 명으로 규모 면에서는 일본에서 세 번째로 큰 대학이다. 교직원 규모가 크다 보니 한국에서 이야기하는 소위 사학연금 이외에 교직원들이 자체적으로 교직원연금을 만들어 운영해 왔다고 한다.

그런데 과거 대학교가 양적 성장을 거듭하던 시기에는 퇴직하는 교직원은 적고, 신입 교직원은 상대적으로 많아서 연금 운영이 흑자였다. 그러나 대학의 양적 성장이 정체되고 오히려 구조 조정을 거치면서 퇴직하는 교직원 수는 많은데 신입 교직원 수는 상대적으로 줄어 교직원연금의 기금이 바닥나 버렸다고 한다.

그 결과 연금을 열심히 부었는데도 근래에 퇴직하는 교직원은 연금을 받지 못하는 상황에 이르렀다. 자기는 다행히 그 돈을 받았지만 현재 재직중인 교직원들은 후에 받지 못하니 안타깝기 그지없다는 이야기였다.

교직원 조합에서는 학교를 상대로 소송을 제기했다고 한다. 그러나 교직원연금은 학교와는 무관하게 교직원들이 자체적으로 만들어서 운영했기 때문에 학교와는 직접적인 관계가 없다는 이유로 교직원 조합이 패소했단다. 거기에다가 학교 재정이 파탄 상태였다.

2007년, 세계적인 금융 불안 속에서 많은 대학교가 투자금을 잃었다. 일본의 여러 대학교가 약간의 차이는 있지만 학내 유보금을 투자했다가 '리먼 브러더스 사태'로 큰 손실을 보았다. 리먼 브러더스 사태는 2008년 미국 리먼 브러더스 투자 은행이 파산하면서 세계 금융위기가 불어 닥친 사건을 말한다.

와세다대학교는 입학 전형료가 3만 5천 엔이다. 1980년대까지는 대개 20만 명의 수험생이 몰렸다. 입학 전형료로만 대략 700억 원이 들어왔다. 2000년대에 들어와서는 수험생이 10만 명을 조금 넘는다. 오쿠시마 총장은 계속 떨어지는 수험생 수를 자기가 12만 명 선에서 저지시켰다고 자랑 아닌 자랑을 했다. 대학 운영이 얼마나 어려웠는지 와세다대학교 부도설이 나돌 정도였다.

와세다대학교는 중소 증권회사를 운영하는 와세다대학교 동문을 재무이사로 영입했다. 그가 학교 운영 상황을 살펴보더니 "일반 회사였으면 벌써 파산이다"고 하더란다. 무조건 경비의 3분의 1을 삭감했다. 그리고 정년이 70세인 교수들은 65세가 되면 봉급의 3분의 1을, 정년이 65세인 직원들은 60세가 되면 봉급의 3분의 1을 감봉했다. 직원들은 이를 받아들였는데, 교수회의에서는 거부했다. 그러나 오쿠시마 총장은 이를 독단으로 시행했다. 사실은 봉급 3분의 1을 삭감했지만 60세가 되면 국민연금이 나오기 때문에 가계 운영에는 큰 타격을 입지 않았다고 한다. 어쨌든 교직원연금은 파탄 났고, 호소할 곳도 없었다.

이런 사태가 도처에서 발생하자 일본에서는 국민연금도 부어봤자 못 받는 게 아닌가 하는 불안이 팽배했다. 젊은 층을 중심으로 국민연금을 납부하지 않는 사태가 발생했다. 고령화로 연금을 받을 사람은 기하급수적으로 늘어나는데 납부할 사람은 급격히 줄어들기 때문이다.

일본의 국가 부채는 2014년 1천조 엔을 넘었다. 젊은 층은 국민연금을 부어도 나중에 받을 수 없을 거라고 생각한다. 정부에서는 정부가 책임을 질 테니 국민연금을 납부하라고 캠페인을 벌였다. 그러나 각료들이나 고이즈미 전 총리까지도 국민연금을 미납한 사실이 알려져 2000년도 초 일본열도가 떠들썩했다. 2005년 5월까지 연금 미납 각료만 해도 이시바 시게루 방위청 장관, 나카가와 쇼이치 경제산업상, 아소 다로 총무상 등 7명이나 포함됐다.

더욱이 후에 총리가 된 후쿠다 야스오 관방장관은 연금 미납 사실을 처음에는 어물쩍 넘기려다가 국민연금을 내지 않았다는 것을 인정하고 결국 사임했다.

더욱 가관인 것은 각료들의 미가입을 강도 높게 비난하던 제1야당의 당수로 후일 총리가 된 간 나오토도 연금 소관 부처인 후생대신을 역임하던 시절 국민연금에 미가입한 사실이 밝혀져 사임했다.

그 밖에도 민주당 전 대표 하토야마 유키오, 하시모토 류타로 전 총리, 자민당과 연정을 구성한 공명당의 간자키 다케노리, 한때 국민적 인기를 한 몸에 받았던 도이 다카코 전 사민당 당수도 도마 위에 올랐다.

국민연금의 의무 가입이 실시된 1986년 이래 100명 가까운 의원이 공식, 비공식으로 미납을 인정했다. 누구보다도 솔선수범해야 할 정치인들이자 후일 총리가 된 여러 각료들이 이 모양이니, 새 연금법이 일반 국민에게 씨가 먹히겠느냐는 냉소적인 여론이 날로 팽배했다. 일본 국민이 정부가 제시하는 미래를 불신할 만하다.

최근 한국의 65세 이상 노인 인구가 급격히 증가했다. 한국은 세계에서 가장 빠르게 고령화 국가로 전환되는 가운데 2050년에는 세계 최고령 국가가 될 것으로 예측된다. 한국의 65세 이상 인구는 2015년에는 12.9%로 추계되고 서울에서는 이미 100만 명을 돌파했다. 한국에서도 국민연금을 부을 사람은 줄어드는데 받을 사람은 급격히 늘었다.

고려대학교에서도 사학연금 이외에도 교직원 퇴직금 제도가 운영됐다. 그러나 감당하기 어렵다는 판단하에 1990년대에 각자에게 정산한 뒤 없앴다. 선제적 대응으로 와세다대학교와 같은 파탄은 면한 셈이다.

한국은 처음 국민연금이나 건강보험을 계획할 때 일본을 모델로 했다. 한국에서도 이제는 국민연금에 대해 불안하게 생각하는 국민이 적지 않다. 공무원연금 개혁을 시작했지만 군인연금, 사학연금 등 개혁해야 할 문제가 첩첩산중이다.

일본은 1980년대 초부터 이미 국가 부채 문제가 발생했다. 1990년대부터는 1년 예산의 약 30% 이상을 부채 원리금 상환에 사용한다. 부족한 예산은 다시 국채를 발행해 메우는 악순환을 되풀이한다.

그나마 다행인 것은 대부분의 국채는 일본 내 여러 회사가 사내에 유보하는 자금으로 소화하므로 그리스처럼 외국에게 빚을 지지는 않는다. 아소 부총리는 "국가 부채는 안 갚아 버리면 되는 것 아닌가"라고 말하기도 한다. 부채에 대한 불감증과 방만한 예산, 공기업의 부실 투자 등이 계속 불어나는 국가 부채의 원인이다.

1980년대 초 NHK에서 국가 부채 관련 특집을 방영했다. 홋카이도에서 2천억 엔을 들여서 도로를 놓았는데 고작 하루에 자동차가 몇 대밖에 지나가지 않는다고 한다. 사람이 별로 찾아오지 않는 지역에 공기관이 수익 사업을 한답시고 호텔 등을 지었지만 적자 투성이다. 예산 낭비가 아닐 수 없다.

우리가 IMF 외환위기를 맞은 1997년 이전부터 일본에서도 경기가 급속히 나빠졌다. 그 이전에는 해마다 흑자가 계속되자 1980년대 후반부터 일본 국민은 주식과 부동산, 고미술품을 사들이기 시작했다. 국민은 빚을 얻어서 아파트를 샀다. 가계 부채 비율이 140%에 이르렀다.

1990년 일본 부동산은 2경 엔으로 이미 조 단위를 넘어 섰다. 일본을 팔면 미국을 4번 살 수 있다고 할 만큼 부동산에 거품이 생겨났다. 닛케이지수는 3만 9천 선을 돌파했다. 1990년대 초부터 거품이 꺼지면서 80% 가까이 빠졌고 닛케이지수는 8천 선을 찍었다. 124개 금융기관이 파산하며 일본은 기나긴 경기 침체의 늪에 빠졌다.

1985년, 고려대학교에서 강의 시간에 '한국이 일본의 좋은 점은 안 닮고 나쁜 점만 닮는 게 문제'라면서 국채 문제와 공기업의 부채를 거론했다. 한국도 정부 부채에 비금융 공기업 부채를 합한 공공 부문 부채가 2014년 이미 1천조 원을 돌파했다. 2012년 통계로 중앙과 지방정부의 채무 이자가 1년에 22조 원 정도다.

그리고 2019년 9월 4일 정부가 국회에 제출한 '2019~2023년 국가채무관리계획'에 의하면 올해 국가 채무 740조 8천억 원 중 정부가 갚아야 할 적자성 채무가 426조 5천억 원으로 이자 지출이 약 16조 원이다. 또한 2023년에는 국가 채무 1,061조 3천억 원 중 적자성 채무가 710조 9천억 원으로 이자 지출이 약 20조 1,500억 원으로 예상된다. 여기에 9월 기준 공기업 부채가 500조에 육박한다.

국채를 발행하면 국민은 당장 세금을 내는 게 아니기 때문에 이를 체감하지 못한다. 국민이 국채에 별로 관심이 없는 것도 그런 이유에서다. 그러는 사이 국채는 기하급수적으로 증가할 가능성이 크고, 국민이 이를 체감할 때는 이미 늦었다.

한국전력공사나 한국철도공사 등 비금융 공기업 부채는 400조 원을 돌파해 GDP 대비 28.5%를 차지한다. 국민연금이나 사학연금 등이 호텔 운영과 같은 수익 사업을 하지만 일본의 전철을 밟는 건 아닌지 걱정이다.

한국에서는 아파트 값 상승이 2006년 정점을 찍은 후 하락하기 시작해서 40%쯤 날아갔다. 하우스푸어가 198만 가구에 이른다. 또한 2015년 가계 부채가 1,100조 원을 넘었고, 2019년 4월 기준으로는 1,341조 원을 넘었다.

이런 상태에서 소비가 늘어나지 않고, 소비가 늘어나지 않으니 기업이 위축된다. 기업이 위축되니 취업이 안 되고, 취업이 안 되니 다시 소비가 위축되는 악순환이 계속된다. 일본의 잃어버린 10년, 20년이 우리에게 다가오는 것은 아닌지 불안이 엄습한다. 일본을 닮아선 안 되고, 타산지석으로 삼아야 한다.

2015년 2월 12일자 〈매일경제〉 기사에 의하면 경북 구미시 신장리를 관통하는 2.8km 4차선 디지털산업지구 진입로는 2014년 6월 완공됐지만 산업지구 사업이 무산되면서 무용지물이 됐고, 도로가 관통하는 신장리 주민 500여 명이 쓰는 마을 진입로와 농로로 전락했다고 한다.

2011~2014년에 189억의 국비와 나머지는 구미시 부담으로 383억 2,200만 원에 건설된 이 진입로는 2008년 5월 디지털산업지구 개발 계획이 승인만 된 상태에서 건설을 시작했는데,

2014년 7월 사업 시행자인 수자원공사가 돌연 디지털산업지구 개발 사업을 추진할 수 없다는 결론을 내린 것이다. 더욱이 진입로 북쪽 770m에 2010년에 완공된 4차선 도로가 이미 존재하고 있어 겹치기 도로였다.

또 한 곳, 17번 국도가 둘로 갈리는 전남 곡성군 외곽 장성교 차로에서 서울 방향 왼쪽으로는 2차선, 오른쪽으로 4차선 도로가 뻗어 남원까지 12km를 달린 뒤 다시 합쳐지는데, 2차선은 구도로이고 4차선은 통행량 증가를 예상해 완공한 신도로라고 한다.

그런데 취재팀이 한 시간 동안 교통량을 측정해 본 결과 신·구도를 합쳐 분당 6대, 시간당 360대가 통과하더란다. 신도로는 2011년 국토부가 구도로 통행량이 급증할 것이라는 막연한 예측으로 1,211억 원을 투입해서 건설했다.

자동차로 여행을 해 보면 도로가 너무도 많이 중복된다는 생각을 지울 수가 없다. 각 지자체나 공공건물이 과도하게 크고 호화롭다는 보도도 잇따른다. 지금은 국채로 흥청망청 쓰지만, 곧 우리도 국가 예산의 수십 퍼센트를 국채의 원리금을 갚는 데 써야 할 시대가 올지도 모른다.

2011년 3월 후쿠시마 원전 사고는 이미 예견된 사건이었다. 일본은 전력 회사가 한국처럼 국유가 아니라 주식회사다. 후쿠시마 원자력발전소를 소유한 '도쿄전력'은 일본 전력의 30%를 조달하는 큰 회사다.

도쿄전력은 2002년에 원전 관련 검사 기록을 변조한 사실이 발각되어 후쿠시마 원전을 비롯해 가동 중이던 17기 모두를 중단하고 회장, 사장, 부사장 등이 전부 옷을 벗는 사건이 발생했다. 1977년도부터 2002년까지 크고 작은 200건이 넘는 사건·사고를 은폐한 사실이 밝혀졌기 때문이다. 심지어는 핵분열 연쇄 반응이 이뤄지는 원자로 노심에 금이 간 사실마저 허위로 보고해 당시 국제 뉴스거리가 된 바 있다. 2007년에도 대량 은폐 사실이 적발되어 사회적으로 논란이 일었다.

2011년 3월 후쿠시마 원전의 원자로에 바닷물을 주입하기로 결정한 후 당시 간 나오토 총리는 바닷물 주입에 대해서 우려를 표명했다. 그러자 도쿄전력의 기술고문(부사장 대우) 다케쿠로 이치로는 요시다 발전소장에게 바닷물을 넣지 말라고 지시했다. 그러나 요시다 발전소장은 그 말을 무시하고 계속 바닷물을 주입한 사실이 밝혀지기도 했다.

아베 총리가 2013년 9월 7일 국제올림픽위원회 총회에서 2020년 하계올림픽을 따내기 위해서 "후쿠시마 제1원전의 오염수 상황을 통제했다"는 발언을 했다. 그러나 후쿠시마 나미에쵸 의회는 '현재 상황은 원전에서 하루 300톤의 방사능 오염수가 유출되는 심각한 사태'라고 지적하는 의견서를 만장일치로 채택함으로써 아베 총리의 발언에 항의했다. 정부와 도쿄전력에 대해 분노를 금할 수 없다고 덧붙이기도 했다.

도쿄전력도 아베 총리에게 "후쿠시마 원전의 오염수 유출을 통제하지 못한다"면서 정면으로 반박했다. 총리, 도쿄전력도 모두 거짓말을 했다.

2012년 7월 연초에 잦은 고장을 일으켰던 고리 원전에서 원전 간부와 협력업체 대표 간의 납품 비리 사실이 드러나 한수원 직원이 구속되고 내사를 받던 한 직원이 목숨을 끊어 온 나라가 떠들썩했다.

그 결과 16일 한수원 본사 처장급 2명, 직원 22명과 납품 업체 대표 7명, 브로커 2명 등 모두 31명이 구속 기소됐고 16명은 불구속 기소됐다. 이 중에는 본사의 1급 최고위 간부와 감사실, 고리 원전, 영광 원전 등의 주요 간부들이 포함됐는데, 이들이 챙긴 뇌물이 22억 원이 넘었다.

불량 부품으로 교체된 원전의 잦은 사고가 언제 후쿠시마와 같은 원전 재앙으로 이어질지 모른다. 더욱 심각한 것은 고리 원전은 2007년 이미 한 차례 10년 연장을 결정했는데 또다시 10년을 연장하려 했다는 것이다. 결국 여론에 밀려 2017년 폐기하기로 결정됐다. 후쿠시마 원전 사고와 피해 현장을 보고서도 불량 부품으로 채워진 고리 원전 1호기를 재가동하려는 의식 구조가 문제다.

우리가 잘 모르는 일본

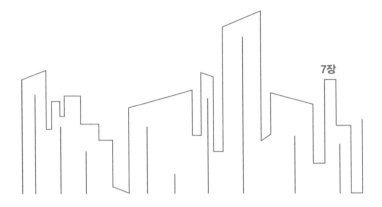

7장

지피지기하면 백전백승

전근대에는 동아시아 문화의 중심이 중국이었다. 일본은 문화의 변방 지대였다. 지정학적으로 중국과 일본열도 사이에 있는 한국은 중국 쪽에만 관심을 두었지 일본열도에 대해서는 무관심했다. 게다가 일본의 통칭인 '왜(倭)'라는 단어는 왜소하다는 의미가 담겼는데, 그 때문에 부지불식간에 우리 마음속에 일본을 작게 보는 생각이 자리 잡았다.

왜구에 시달렸던 조선은 쓰시마 정벌이 일단락된 뒤 1419년, 사신에 대한 답례인 회례사로 무로마치막부에 송희경을 파견했다. 송희경의 통역을 맡은 통사 윤보인은 막부가 조선과 명의 연합군이 습격해 온다는 보고를 받고 경계한다는 점, 막부는 국가의 창고가 없고 다만 부자로 재정을 지탱한다는 점, 국왕의 명령은 수도 근처에만 미칠 뿐이고 토지는 모두 여러 호족이 나누어 가진다는 점 등을 보고했다.

이 보고를 근거로 조선은 무로마치막부의 장군을 일본 국왕이라고 부르면서도 통교의 대표로 인정하려 하지 않았다. 조선과 전혀 다른 일본의 정치 구조를 이해하지 못한 탓이다.

임진왜란이 발발하기 2년 전인 1590년 5월 1일, 통신사 정사 황윤길과 부사 김성일은 부산을 출발해 어렵게 오사카성에 도착해 도요토미 히데요시를 만났다. 그리고 다음 해 1월 28일, 부산에 도착했다.

일본에 다녀왔던 황윤길은 일본의 침략 가능성을 경고한 반면, 김성일은 이를 부정했다. 당시 일본은 약 100년에 걸쳐 100여 개의 소국가로 분열되어 싸우다가 통일된 직후로 많은 실전 경험을 가졌을 뿐만 아니라 조총을 사용했다. 그리고 통합된 영주들의 불만을 해소할 탈출구가 필요했다.

이런 사실을 간파하지 못하고 갑론을박하다가 준비를 소홀히 한 조선은 1592년, 임진왜란에서 힘도 제대로 써 보지 못했다. 일본에 관한 정보가 없었고, 직접 다녀와서도 제대로 판단하지 못했다는 이야기다.

임진왜란 후 유성룡이 남긴《징비록》에 의하면 임진왜란이 일어나자 삼도 도순변사인 신립은 배수진을 치고 북상해 오는 일본군과 충주에서 대결했다. 신립이 8천 병사를 이끌고 출전하기에 앞서, 유성룡이 신립에게 과거에 일본군은 짧은 무기만 가졌으나 지금은 조총을 사용하니 만만히 볼 상대가 아니라고 알려 줬다. 그러자 신립이 "아, 그 조총이란 게 쏠 때마다 맞는답니까?"라고 맞받아쳤다고 한다. 일본군은 임진왜란 전에 이미 100년간 크고 작은 전쟁을 치르며 전국시대를 보냈다. 신립의 말은 일본군이 거칠 대로 거친 백전의 용사라는 사실을 전혀 모르고 한 소리다. 지피지기하면 백전백승이라는 말을 빌리지 않더라도 이미 승부는 끝났다.

2000년대 초에도 한국과 일본은 역사 문제로 첨예하게 대립했다. 당시는 김대중 전 대통령과 오부치 전 총리의 '21세기 새로운 한일 파트너십을 위한 공동 선언'으로 비교적 한일 관계가 순항하던 때라 한일역사공동연구위원회를 발족시켜서 쟁점이 되는 역사 문제를 해결해 나가기로 했다.

그 첫 회의가 2002년 5월 워커힐 호텔에서 열렸다. 한일역사공동연구위원회는 양측에서 각각 고대사 3인, 중세사 3인, 근현대사 4인과 위원장 1인을 포함해서 모두 22명으로 구성됐다. 첫 회의에서는 먼저 회의에 필요한 규칙을 논의할 소위원회를 구성했고, 그곳에서 행정적인 절차나 연락을 담당하기로 했다.

먼저 소위원회의 명칭을 정하기로 논의했다. 한국 측 대표가 '운영위원회'로 하자고 제안했다. 내가 '그게 아닌데'라고 생각하는데 아니나 다를까 일본 측 대표가 "여기 위원들은 전부 동등한 자격인데 그분들만 운영위원이라고 한다면 한 단계 높은 것으로 들릴 수 있기 때문에 바람직하지 않다"고 거절했다.

좀 눈치를 보았으면 좋았을 텐데 한국 대표가 이번에는 '간사회의'로 하자고 바꾸어서 제안했다. '아뿔싸!' 하는 생각이 드는 순간 역시나 일본 측 대표가 또 "일본에서는 간사라는 말은 정치인들이 주로 사용하기 때문에 학자들은 좋아하지 않습니다"라고 다시 반대했다.

두 번이나 제안을 거절당하자 머쓱해진 한국 측 대표가 "그러면 일본 측에서 말씀해 보시지요"라고 했다. 기다렸다는 듯이 일본 측 대표가 "연락위원으로 하는 것이 어떻겠습니까?"라고 하니까 한국 대표도 "좋습니다" 하며 동의하고 말았다.

'연락위원'은 일본에서 흔히 쓰는 용어로 우리는 대학교에서 학과의 대표를 학과장이라고 하지만, 다 같은 교수인데 학과장이라고 한다면 다른 교수들보다 높게 보일 가능성이 있다고 해서 학과장도 일본에서는 연락위원이라고 부른다.

한국 측 대표도 거절할 명분이 마땅히 없었다. 일본 측은 가만히 앉아서 손도 안 대고 코를 풀었다. 일본인은 한국인을 잘 아는데, 한국인은 일본인을 잘 모르는 결과다.

공동위원은 각각 11명이었다. 한국은 11명의 한일역사공동연구위원회를 뒷받침하기 위해서 8명으로 구성된 사무국을 새로 만들었다. 그러나 일본 학계를 잘 아는 사람은 하나도 없었다.

이때 일본 측에서는 일한교류협회에 의뢰해 두 사람을 소개

받아 일을 맡겼다. 한 사람은 와세다대학교를 졸업하고 고려대학교 사학과에서 유학했던 사람으로 나도 잘 아는 사람이었다. 다른 한 사람은 홋카이도대학을 졸업하고 서울대학교에서 유학한 학생이었다. 일본인은 단 두 사람이었지만 한국 측 위원들의 성향까지도 잘 파악하는 사람들이었다.

일본을 우습게 아는 나라는 한국밖에 없다는 이야기가 있다. 이것은 한국이 일본을 잘 모른다는 의미다. 일본을 모르면서 일본을 이길 수는 없다.

생각보다 큰 나라

건축물은 국력의 상징이다. 그만한 인력과 물자를 동원할 힘을 지녀야 하기 때문이다. 일본 나라현에 있는 사찰 도다이지는 8세기 중반에 세워졌다. 이 사찰은 불에 타 소실됐다가 현재는 원래 모습의 3분의 1 크기로 다시 지어졌다. 단일 목조건물로는 세계 최대 중의 하나로 꼽힌다. 그런데 도다이지 정문인 남문은 한국 최대 목조건물의 하나인 화엄사 각황전에 못지않은 규모다.

4~5세기 무렵 일본에 독특한 구조를 띤 전방후원분 수백 기가 형성됐다. 전방후원분은 앞쪽은 사각형이고 뒤쪽은 원형 모양인 고분이다. 가장 크고 대표적인 전방후원분은 오사카에 있는 인덕능(仁德陵), 즉 '오오야마고분'이다. 그 길이가 486m, 후

원부 지름이 249m, 전방부 폭이 305m에 이른다. 신라의 오릉이나 백제의 석총들과는 비교가 안 되는 큰 규모다.

1584년에 완공된 오사카성은 서울 도성과 비교할 때 큰 차이가 있다. 2018년 말 기준 일본 인구는 1억 2,664만 명으로 남북을 합친 7천 646만(남한 5,145만, 북한 2,501만) 명의 약 1.65배이다. 또한 인구수 순위는 세계 11위다. 땅덩어리도 일본은 약 37만㎢로 22만㎢인 한국의 약 1.7배다. 그런데 땅만이 아니라 영해를 보면 훨씬 더 넓다.

경제력이라는 측면에서 한국과 비교해 보면 2018년 GDP가 한국은 1조 7천억 달러인데 일본은 세계 3위로 약 5조 달러이고, 1인당 GDP는 한국이 약 3만 3천 달러인데 일본은 약 3만 9천 달러이다. 또한 2018년 기준 일본의 대외순자산은 약 3조 달러로 27년째 세계 최대 채권국이다. 1965년, 일본이 한국에게 유·무상 8억 달러를 제공해 일본의 기계를 한국에 팔고 2018년까지 대략 6천억 달러의 누적 무역 흑자를 달성한 사실을 상기해 보면 3조 달러의 대외순자산이 어떤 역할을 하는지 짐작할 만하다.

증시 시가총액도 2017년 말 기준 한국이 약 1조 8천억 달러인데 비해 일본은 약 6조 2천억 달러다. 2018년 기준 외환 거래 규모와 공적개발원조(ODA) 규모 격차는 더 커서 한국은 대략 일본의 8분의 1 수준이다.

2018년 세계시장 1위 품목을 한국이 77종 보유한 것에 비해,

일본은 171종을 보유하며, 포춘 500대 기업은 한국이 16개, 일본이 52개다. 냉철하게 보면 일본은 결코 왜소한 나라가 아니다.

일본 집권 세력의 한반도 인식

현재 동북아에서는 때 아닌 패권 경쟁이 벌어졌다. 그 패권 경쟁은 역사 분쟁이라는 형태를 띤다. 중일 간에는 난징 대학살과 센카쿠열도 문제, 한중 간에는 동북공정과 이어도 문제, 한일 간에는 한반도남부경영론, 식민지근대화론과 독도 문제를 둘러싸고 3국이 첨예하게 대립한다.

그런데 일본 아베 정권의 군사 대국화 정책이 야스쿠니신사 참배, 위안부 문제 등으로 표출되면서 한일 관계가 1965년 한일 협정 이래 최악의 상태에 빠졌다. 아베 총리의 역사 인식이나 행보는 기본적으로 일제 식민지 지배가 한국의 근대화에 기여했다는 이른바 식민지근대화론을 배경으로 한다.

아베로 대표되는 현 일본 주도 세력의 역사 인식은 두 가지 측면에 뿌리를 둔다. 하나는 왜곡된 역사 인식이고, 다른 하나는 그들의 성장 배경이다. 그들은 한반도에 대해 어떤 역사상을 가졌을까?

1868년 메이지유신 이후 일본은 제국주의적 시각을 고대사에 투영해 역사관을 정비했다. 한일 관계도 거기에 맞춰 정비했다.

718년에 편찬된 일본의《양로령》이라는 법령집에 보면 당시 주변 국가 관계에 대한 일본의 시각을 엿볼 수 있다. 일본은 중국을 인국(鄰國), 즉 이웃나라로 규정해 놓고, 한반도의 고구려·신라·백제 3국은 번국(藩國), 즉 속국 또는 조공국으로 규정해 놓았다.

그렇다면 한반도 삼국을 속국 또는 조공국이라고 인식한 이유는 무엇일까? 720년에 편찬된 일본 역사서《일본서기》에는 일본이 4세기 중반에서 6세기 중반까지 200여 년간 임나(가야)를 근거지로 한반도 남부를 지배했다고 기록됐다. 또한《일본서기》에는 상당한 분량을 할애해 일본이 한반도를 지배한 과정과 경영 방법, 지배를 종결하기까지에 대해 상세하게 서술됐다.

일본 역사학계에서는 고대에 일본이 한반도 남부를 지배했다는《일본서기》의 내용을 정리하여 '임나일본부설', 즉 '한반도 남부경영론'을 제시하고 이를 1910년 한일합병조약의 역사적 명분으로 삼았다. 1945년 패전 후 일본은 과거 역사교육이 잘못되었다는 반성에서 한반도남부경영론 내용을 한동안 언급하지 않았다. 그러나 한반도남부경영론이 근래 다시 일본 역사 교과서에 등장함으로써 한일 간 역사 분쟁을 촉발했다. 한반도남부경영론은 현재 일본 고대사의 출발점이나 다름없다. 일본 학계는 663년 일어난 백촌강 싸움을 당을 중심으로 하는 대제국과 한반도 남부를 지배하던 소제국 일본이 싸운 고대 제국주의 전쟁이라고 정의한다. 백촌강 싸움의 고대 제국주의 전쟁설은 일본이 한반도 남부를 약 200년간 지배했다는 한반도남부경영론을 전제로 한다.

이러한 사고가 《양로령》에 삼국을 번국으로 규정하기에 이르렀다(한반도남부경영론에 대한 반론은 김현구, 《임나일본부설은 허구인가》(2010), 창비 참조). 이런 일본 세계관을 잘 드러내는 것이 《수서》〈왜국전〉에 나온다. 수 양제에게 보낸 일본의 서신에 "해 뜨는 곳의 천자가 해 지는 곳의 천자에게 국서를 보내노라"라는 내용이 나온다.

이와 같은 세계관이 전국시대를 통일한 도요토미 히데요시에게 계승되어 류큐(1588년), 인도 고아의 포르투갈 총독(1591년), 마닐라의 스페인 총독, 대만(1593년)에 서한을 보내서 조공을 바칠 것을 촉구하고, 쓰시마의 소(宗) 씨를 통하여 조선에게 복속할 것과 명을 정복하는 길을 안내할 것을 요구(1587년)하는 데에 이르렀다.

도요토미 히데요시는 1592년 조선을 침략할 때 삼한을 정벌했다는 신공황후를 거론함으로써 고대 한반도 남부 지배를 조선 침략의 명분으로 삼았음을 드러냈다.

일본은 1910년 한일합병조약을 앞두고 그 역사적 명분을 고대 한반도 남부에 대한 지배에서 찾았다. 과거 일본이 지배하던 한반도를 다시 병합하는 것은 당연하다는 논리였다. 그리고 제2차 세계대전으로 치달으면서 내건 논리가 고대 한반도 남부 지배와 도요토미 히데요시의 소중화사상을 발전시킨 '대동아공영권'이다. 또한 근래 일본이 내건 '엔 경제권'도 여기에서 크게 벗어나지 않는다.

연합국은 1945년 일본을 항복시킨 뒤에 전범들을 구속하고 재판을 시작했다. 그러나 미국은 자본주의와 공산주의가 대립하는 동서 냉전체제가 형성되자 아시아의 공산화를 저지하기 위해 일본을 아시아의 반공 보루로 설정하면서 1947년부터 1952년 5월까지 반공 세력인 전범들을 석방했다. 1868년 메이지유신부터 1945년 제2차 세계대전에서 패배할 때까지 반공 자본주의를 추구한 주체가 전범들이었기 때문이다. 그 결과 미국의 면죄부를 받은 전범들이 다시 일본의 정치·경제·사회·문화 각 분야의 주도 세력으로 재등장했다.

현 아베 총리의 외조부 기시 노부스케는 A급 전범이다. 그는 제2차 세계대전 이전에 대신을 거쳐 종전 후에도 총리를 두 번 역임했다. 또한 아베 총리의 외종조부 사토 에이사쿠도 종전 후 총리를 세 번 역임했다. 현 부총리이자 전 총리인 아소 다로의 외조부 요시다 시게루는 전쟁 전에 주영 대사로 있다가 종전 후에 총리를 다섯 번 역임했고, 장인인 스즈키 젠코도 총리를 역임했다. 후쿠다 전 총리도 아버지가 수상을 역임했다.

고이즈미 전 총리의 조부는 중의원 의장을 역임했으며 아버지는 체신부 대신을 지냈다. 민주당의 하토야마 수상도 그 조부 하토야마 이치로가 총리를 세 번 역임했고, 1992년 신당을 창당하여 자민당 장기 집권을 무너뜨린 호소카와 모리히토 전 총리의 외조부 고노에 후미마로도 제2차 세계대전 직전까지 총리를 세 번이나 역임했다.

일본이 한국에게 식민지 지배의 불법성과 위안부 문제 등에 대해 진정 어린 사과를 하지 않는 이유는 이런 역사적 배경 때문이다. 이러한 배경을 모르는 사람들은 일본이 사과하지 않는 진짜 이유를 모른다. 앞서 살펴보았듯이 일본은 주변 국가를 침략한 세력이 다시 정권을 장악했고, 그 자손들이 일본을 주도한다. 그래서 주변 국가들이 사과를 요구하면 마지못해서 사과를 하는 척하지만 진정 어린 사과를 하지 않는다. 주변국에 대한 침략을 반성하고 사과만 하는 자학사관이 아니라 영광스러운 역사로 가르치자는 자유주의사관이 힘을 얻는 것도 여기에 원인이 있다.

1965년 한일협정은 아시아의 공산화를 저지하려던 미국이 한반도의 반공 세력과 일본의 반공 세력을 결합시킨 협정이다. 한일협정의 일본 쪽 주역이 아베 총리의 외조부이자 A급 전범인 기시 노부스케다.

한국은 1965년 한일협정으로 일본의 자본과 기술을 들여다가 본격적으로 근대화를 시작했다. 언론에서는 한국에 기술과 자본을 제공하는 데 앞장섰던 일본 정치인들을 친한파라고 불렀다.

아베의 외조부 기시는 물론 외무대신을 역임했던 아버지 아베 신타로도 친한파로 불리던 대표적인 인물이다. 전범들은

1965년 한일협정으로 한국으로부터도 면죄부를 받은 셈이다. 한반도를 침략한 전범들의 자손들은 친한파가 되고 한반도 침략을 비판했던 사회주의자들은 기피 대상이 된 대일 관계의 모순은 이렇게 생겨났다.

박근혜 전 대통령이 2014년 1월 14일 "현재 일본 지도자들이 무라야마 담화(1995년 8월 15일 사회당의 무라야마 도미이치 총리가 식민지 지배에 대해서 '통절한 반성'을 표명한 담화문)를 계승한다는 것을 명확하게 할 것"을 아베 정권에게 요구했다. 그러면서도 박 전 대통령은 위안부 피해 할머니들을 만나기 위해서 내한한 무라야마 전 총리를 사회당 출신이라는 이유만으로 만나 주지도 않았다. 이러한 사실이 한국의 대일 관계 모순을 잘 보여 준다.

일본의 저력을 보여 주는 것들

독도 문제는 한일 간의 가장 첨예한 문제다. 일본이 군사 대국화 정책을 포기하지 않는 이상 근본적인 한일 관계의 모순을 해결하기는 어렵다. 1965년 한일협정과 2015년 한일 위안부 문제 합의에서도 일본은 식민지 지배의 불법성, 위안부 문제 등을 어물쩍 넘겼다.

2006년 6월 교육부와 해군이 독도에 대해 연구하거나 교육하는 사람들을 초청해 1박 2일 독도를 둘러보는 행사를 열었다.

마침 내게도 연락이 왔다. 한일 관계사를 강의하면서 독도 문제를 다루기는 했지만 실제 가 본 적이 없던 터라 좋은 기회라 생각해 따라나섰다.

첫날, 서울에서 버스를 타고 진해 해군 통제부에 들러 통제부 참모장으로부터 독도에 관한 브리핑을 들었다. 그다음 1박을 위해 부산 숙소로 옮겼고, 그곳에서 국제법을 전공한 부산대학교 P 교수의 '국제 분쟁 대상인 섬들'에 대한 강의를 들었다.

강의의 요지는 세계의 국제 분쟁에 놓인 섬들 중에서 분쟁이 해결된 곳이 있는데, 이러한 섬의 소유는 어느 한 나라가 차지하지만, 양국이 100% 함께 이용한다는 내용이었다. 워낙 첨예하게 대립하는 문제라서 그렇게 하지 않으면 분쟁이 해결되지 않는다는 이야기다.

P 교수의 강의 도중에 모 대학교 K 교수가 긴급 발언권을 요청했다. 아직 강의가 끝나지 않았고, 질의응답 시간이 따로 있었지만 막무가내로 손을 들었다. P 교수가 할 수 없이 발언권을 주자 K 교수는 손으로 넥타이를 두어 번 좌우로 비틀면서 "나 지금 좀 흥분했는데 국제법적으로 독도가 우리 땅이라는 이야기를 해 주어야지, 그런 식으로 이야기를 하면 학생들에게 뭘 가르치라는 말이냐"며 속사포처럼 쏘아붙였다. 장내가 갑자기 조용해졌다.

머쓱해진 P 교수는 "나는 그저 해결된 사례를 말씀드린 것뿐이다"라며 당황해했다. K 교수의 발언과 그의 태도를 보니 다른 의견을 전혀 듣지 않는 저런 교수에게서 교육을 받은 학생들의 장래가 걱정스러웠다. 맹목적인 민족주의자밖에 될 수 없다.

일본 지도자는 독도가 한국령이라는 것을 알아도 겉으로는 인정하지 않는다. 독도가 한국령이라고 공언했다가는 후세에 두고두고 독도를 팔아먹은 사람으로 매도되기 때문이다.

러시아가 1867년, 알래스카를 미국에 팔아 지금까지도 비판받는다는 사실을 상기해 보면 쉽게 이해된다. 러시아 역대 지도자들이 쿠릴열도가 일본 영토가 분명한데도 반환하지 않는 이유가 이와 같다. 이런 첨예한 문제를 두고 일본에서는 독도가 한국 땅이라고 밝히는 논문을 쓴 학자들이 적지 않다.

한일 관계사를 강의하다 보니 전공은 아니지만 독도 문제를 피해갈 수가 없다. 그러나 전공도 아닌 독도 문제를 깊이 있게 이야기할 수도 없어서 요코하마에 소재한 가나가와대학교의 가지무라 히데키 교수가 1970년대에 쓴《조선사》의 독도에 관한 부분을 소개한다.

가지무라 교수는 한국사를 전공한 일본의 대표적인 진보 사학자다. 그는 이미 1970년대에 독도를 '누가 먼저 인지했는가?', '누가 먼저 이용했는가?', '국제법적으로 누가 먼저 선언했는가?'라는 세 가지 측면에서 검토한 뒤에 모든 면에서 독도는 한국 땅이라는 결론을 내렸다.

가지무라 교수는 독도 문제를 절대 국제사법재판소에 가져가지 말라고 한국에 당부했다. 약소국이 국제사법재판소에서 이긴 전례가 없다는 이유 때문이다. 가지무라 교수의 독도 연구 자료는 한국에서 이뤄지는 독도 연구에서도 참고한다. 일본이 여러 가지로 문제가 많은 나라지만 이런 인물 덕분에 여기까지 올 수 있었던 게 아닐까?

2013년 5월 21일, '다케시마(독도)를 반대하는 일본 역사학자들의 모임'의 구보이 노리오 전 모모야마학원대 교수와 구로다 요시히로 전 쇼인여대 교수, 사카모토 유이치 전 규슈국제대 교수 등은 부산시청에서 기자회견을 열고, 1700년대 후반 일본 에도막부가 독도와 울릉도가 조선 땅이라고 표기한 지도를 공개했다. 이들은 "최근 일본 정부가 독도를 자국령이라며 역사 문제가 아닌 영토 문제로 끌고 가는 것은 명백한 잘못"이라고 주장했다.

아무리 민주화되었다고는 하지만 우익들이 극단적인 행동도 서슴지 않는 일본에서 독도가 한국 땅이라고 발언하는 건 쉬운 일이 아니다. 그런데도 사실을 말하기 위해 나서는 이들을 보며 아직 일본이 살아 있음을 느낀다.

위안부 문제는 현재 한일 간의 최대 현안이다. 2014년 〈아사히신문〉이 과거 요시다 증언에 기반을 둔 기사를 철회함으로써 일본 사회가 떠들썩했다. 요시다 증언은 태평양전쟁 말기 제주도에서 여성들을 위안부로 강제 연행했다는 요시다 세이지의 증언을 가리킨다. 〈아사히신문〉은 요시다 세이지의 증언을 토대로 1980~1990년대에 여러 차례 제주도 여성 위안부 문제를 기사로 다뤘다. 그러나 해당 증언을 뒷받침할 만한 증거를 찾지 못한 것이다.

〈아사히신문〉은 2014년에 과거에 그릇되게 작성한 기사를 취소한다고 밝혔다. 이에 따라 아베 정권과 일본 보수 언론은 위안부 강제 연행을 부정하는 입장을 강화했다. 이시바 시게루 자민당 간사장은 〈아사히신문〉이 일부 기사를 취소한 데 대해 "신문사 관계자를 국회에 소환할 수도 있다"고 했으며, 〈산케이신문〉과 〈요미우리신문〉도 "잘못된 기사로 인해 한국 내 반일 여론이 심해지고 일본에 대한 잘못된 인식을 심어 줬다"고 공격했다.

그런데 역사연구회 중 일본 최고 권위를 자랑하는 '일본 역사학연구회'는 2014년 10월 15일 "요시다 증언의 진위와 관계없이 일본군의 관여로 강제 연행된 '위안부'가 존재한 것은 분명하다"는 성명서를 발표했다. 또한 "요시다 증언 내용은 1990년대 단계에서 이미 역사 연구자들 사이에 모순이 지적됐다. 일본군이 관여한 '위안부' 강제 연행의 사례에 대해서는 요시다 증언 이외의 사료에 기반을 둔 연구가 폭넓게 진행되어 왔다"고 소개했다.

2015년 5월 25일, 일본의 16개 역사 연구 및 교육 단체는 위안부에 대해 '강제 연행이 사실인지', '위안부를 성 노예로 볼 것인지', '일본 정부에 법적 책임이 있는지' 등을 두고 일본 정부와 다른 성명서를 발표했다. 그들은 "자신의 의사에 반해 동원된 것까지 포함해 강제 동원 문제를 이해해야 한다", "위안부가 된 여성들이 성 노예로서 말로 다 할 수 없는 폭행을 받았다"고 밝혔다. 이로써 평소 위안부 문제와 같은 과거사 문제는 "역사가들에게 맡겨야 한다"고 입버릇처럼 말해 온 아베 총리를 정면으로 비판했다. 이 호소문을 국제적으로 알리기 위해 일본어 성명문 외에 영문 성명문도 동시에 공개했다. 이번 성명에는 1만 3,800명의 역사 학자가 참여했다고 한다.

2019년 8월 4일, 도쿄에서는 35도가 넘는 폭염에도 300여 명이 강제징용 문제로 한국을 백색국가에서 제외하는 정책, 한국을 적대시하는 정책을 중단하라는 시위를 벌였다. 또한 같은 날, '아이치트리엔날레'에서 소녀상의 전시를 중단하자 시인, 수필가, 소설가 등 1천여 명이 가입한 펜클럽이 항의 성명을 발표했다. 아직 일본에 정의가 살아 숨 쉰다는 느낌이 든다.

2014년 노벨 물리학상은 청색 발광다이오드(LED)를 발명해 인류의 '램프혁명'에 공헌한 아카사키 이사무 일본 메이지대 교수를 포함한 일본계 과학자 3명이 받았다. LED의 밝기는 백열등이나 형광등보다 적게는 열 배 크게는 수십 배 더 밝다. 내구성 면에서도 백열전등이 1천 시간, 형광등이 1만 시간이라면 LED는 10만 시간에 이른다. LED는 이미 디스플레이, 신호등, 스마트폰 등 일상생활에 널리 쓰인다.

일본은 1949년 유가와 히데키가 양자론으로 물리학에서 노벨상을 받은 이래 2019년까지 28명의 노벨상 수상자(일본계 포함)

를 배출했다. 21세기 들어와서 자연과학 분야 노벨상을 수상한 일본계는 미국에 이어 2위다.

2002년 노벨 화학상을 수상한 다나카 고이치 일본 시마츠사 엔지니어는 회사에서 이사직을 제안했으나 연구를 계속하겠다는 이유로 거절했다. 노벨상은 어떤 면에서는 그 나라의 학문적 수준과 힘을 나타낸다.

일본의 국비 유학은 세계에서 가장 좋은 조건 중 하나다. 지금은 액수가 약간 줄었지만 생활비에다가 등록금까지 최대 7년까지 지급된다. 이런 국비 유학생을 2010년까지 연인원 대략 6만 5천 명 정도 배출했다. 그들이 귀국해서 공무원이나 회사원으로 취업하면 기계나 물품을 구입할 때 성능 좋고 손에 익은 일본 제품을 구입할 것은 물어보나 마나다.

1997년 일본에 갔더니 유학 당시에 유학생 문제를 담당하던 계장이 인사부장이 되어 있었다. 옛날 유학 시절 이야기를 하다가 "김 선생님이 유학할 때 같이 유학하던 학생 중 지금 일본에 대사로 온 사람이 네 사람이나 된다"며 그들이 가끔 초대해 주는데 참 보람을 느낀다면서 뿌듯해했다.

한 모임에서 와세다대학교의 유학 선배를 만났다. 유학할 때 주로 어디서 술을 마셨냐고 내게 묻기에 "다카다노바바에서 마셨다"고 하자 선배는 "우리가 유학할 때에는 주로 가구라자카에서 마셨다"고 말했다. "그곳은 주로 고급 요정이 많은 곳인데 유학생이 어떻게 그런 곳에서 마실 수 있느냐"고 물었더니, 웃으면서 "당시 와세다대학교에 온 한국 유학생이라고 하면 귀국 후에 '대신'이라도 한자리할 사람이라고 생각해서 외상으로 술을 주었다"고 한다.

나도 고려대학교 재직 시 하루빨리 재계와 손잡고 아프리카나 동남아시아, 중앙아시아, 중동 등의 유학생을 데려다가 가르쳐야 한다고 주장했다. 그들이 귀국해서 자리를 잡으면 한국 기업이 진출하는 데 초석이 되기 때문이다. 유럽 학생들은 유학하고 돌아가도 취직을 걱정해야 할 처지지만 아프리카나 동남아시아, 중앙아시아, 중동 학생들은 유학하고 돌아가면 장관이라도 될 학생들이었다. 또 제2의 이건희가 되어 학교에 건물이라도 한 채 지어 줄지 누가 아느냐고 역설하곤 했다.

일본인들은 책을 많이 읽기로 유명하다. 복잡한 전철에서 상대방과 눈을 마주치는 것이 거북해 책을 읽는 사람이 많은데, 이런 이유로 일본 서점에서는 전철 안에서 읽기 편한 문고판이 많이 팔린다.

교수들도 연구서를 낸 다음에는 독자들이 읽기 쉽게 문고판을 낸다. 문고판을 내면 교수에게는 경제적 도움이 된다. 또한 독자들의 지적 수준을 높이는 데도 기여한다. 일본인이 책을 많이 읽는다는 것은 그만큼 일본의 자산이 늘어난다는 이야기다.

2005년, 일본에서 발행된 책은 6만여 종이었다. 6만여 종의 저자들은 나름대로 해당 분야의 전문가라고 할 수 있다. 6만여 종의 책을 쓰는 전문가들이야말로 일본이 가진 힘의 원천이 아니겠는가?

나는 퇴직한 뒤에 연구실을 얻어서 책도 쓰고 친구도 만난다. 출근하다가 전철 안에서 우연히 대학교 후배를 만났는데 사무실이 내 연구실 앞 빌딩에 있다고 했다. 무엇을 하느냐고 물었더니 스테인리스를 제조하는 기업에서 근무하다가 퇴직한 뒤 지금은 철강 도매업을 한단다.

나는 일본에서 유학하고 고려대학교에 재직하다가 퇴직했다는 이야기를 했더니 대번에 "일본은 대단한 나라입니다"라고 했다. 무엇이 대단한 나라냐고 했더니 전철이나 버스 손잡이 등에 쓰이는 스테인리스가 보통은 번쩍이는데, 일본에서는 우윳빛을 띠는 스테인리스강을 30년 전에 이미 만들어 사용한단다. 한국에서는 아직도 그걸 못 만들었다고 덧붙였다.

또 한번은 몇 년 전 오퍼상을 하는 후배에게서 전화가 왔다. 주로 이란에 자동차 부품을 수출해 크게 성공한 후배다. 웬일로 전화를 했느냐고 물었더니 "시골에 사는 동생이 일본에서 방울토마토 종자를 수입하려고 하는데, 일본에서 종자를 사서 국내로 보내 주는 아르바이트를 할 만한 유학생을 소개해 달라"는 용건이었다. "돈만 많이 준다면야 아르바이트를 할 제자는 있지만, 한국에도 방울토마토가 있는데 왜 종자를 일본에서 수입하려고 하느냐"고 물었더니 "한국 방울토마토 종자도 일본에서 들여오는데, 일본에서 재배되는 방울토마토보다 맛이 떨어지기 때문에 일본에서 재배되는 방울토마토 종자를 들여오려고 한다. 일본에서 재배하는 방울토마토 종자는 한국에다 팔지 않기 때문에 종자상을 돌아다니면서 조금씩 사 모아 한국으로 부치게 할 작정"이라고 했다.

"한국 방울토마토도 일본 종자를 쓰는데, 일본에서 따로 종자를 받으려는 이유가 뭐냐"고 물었더니 "말은 토양에 따라서 한국에 맞는 것과 일본에 맞는 것을 다르게 개발했다고 한다. 그런데 일본에서 재배하는 방울토마토는 맛이 다르고, 그 종자를 충분히 한국에서도 재배할 수 있을 것으로 보인다."고 말했다.

방울토마토 종자를 한국에서 개발하지 못하고 일본에서 들여온다는 것도 놀라운 사실이었지만, 일본 재배용과 한국 재배용을 따로 개발했다는 것도 놀라운 사실이었다. 그런데 며칠 지나서 "일본에서 종자를 사 모아서 보내도 통관이 안 된다고 하니 없던 일로 해 달라"는 연락을 받았다. 그렇게 헛웃음이 나왔던 적도 있었다.

마포 서강팔경빌딩 5층에 '두루미'라는 일식집이 있다. 주인이 일본에서 오랫동안 노하우를 익힌 뒤에 일식과 한식을 혼합한 일식 요리를 만드는 음식점인데, 주인 인심이 후해서 양은 한국식으로 푸짐하고, 질은 일본 본바닥에 못지않다.

게다가 서빙하는 종업원들도 한국에 와서 유학하는 일본 학생들이어서 식당에 들어서면 일본 느낌이 물씬 풍긴다. 내가 그 식당에 갔을 때 식당 주인은 내가 일본에서 유학했다는 인연으로 일본 요리와 한국 요리의 특징이라든가 앞으로의 포부를 이야기해 주었다. 그러면서 "한국에서는 일본 요리의 미묘한 맛을 내기가 쉽지 않기 때문에 앞으로는 '두루미'만의 요리를 만들 작정"이란다. 왜 일본 요리의 미묘한 맛을 내기가 어렵냐고 물었더니 "예를 들면 일본에서는 가지만 해도 튀김 용도라든가 굽는 용도, 무치는 용도 등에 맞춰서 각각 50종 이상을 개발해 사용하기 때문에 한국 가지로는 일본 가지 요리의 미묘한 맛을 내기가 힘들다"고 대답했다. 용도에 따른 가지 종류가 50종 이상이나 개발됐다는 데 놀라지 않을 수 없었다.

2014년 9월 9일 〈니혼게이자이신문〉에 의하면 아베 총리는 6일 방글라데시 수도 다카에서 셰이크 하시나 총리와 정상회담을 열었다. 방글라데시는 이듬해 9월로 예정된 유엔안보리 비상임이사국 선거에서 아시아·태평양 지역 의석을 놓고 일본과 경합을 벌여 왔는데, 방글라데시가 일본에게 대규모 경제 지원을 약속받고 출마를 포기하기로 했다고 한다. 5개 상임이사국 외에 2년 임기의 10개 비상임이사국으로 구성된 유엔안보리는 국제 안보 현안에 대해 영향력을 행사하는 자리다. 일본은 방글라데시 출마 포기 대가로 향후 4~5년에 걸쳐 6천억 엔에 달하는 대규모 경제 지원에 나서기로 했다. 이에 따라 일본은 방글라데시 수도 다카에서 항만도시를 연결하는 인프라스트럭처와 산업 단지, 경제특구 조성에 나서기로 했으며, 연내에 원자력 전문가 회의를 열고 원자력발전소 건설을 협의해 나간다고 밝혔다. 일본의 저력을 여기에서도 실감한다.

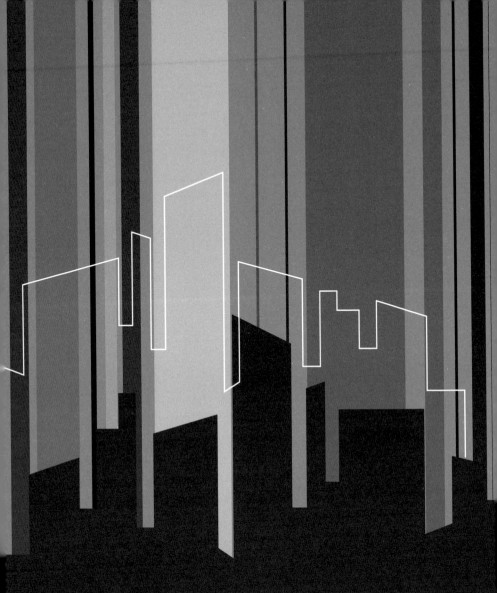

세계 최첨단 무기는 '돈 덩어리'다. 세계 3위라는 경제력이 아니었다면 일본은 최첨단 무기로 무장할 수 없었을 것이다. 일본이 '무기 수출 금지 3원칙'까지 풀고 본격적으로 무기를 수출한다면 일본은 기술력을 바탕으로 경제 성장을 이룰 뿐 아니라 전 세계 무기 수준을 한 단계 올려놓을 것이다.

[3부]

일본은 어디로 가는가

역사의
교훈을 잊다

8장

일본에서 **야당이 몰락한 이유**

    1868년 메이지유신은 봉건주의 사회를 서구의 자본주의 사회로 바꾼 혁명이었다. 메이지유신 세력이 1945년 제2차 세계대전에서 패하기 전까지 기본적으로 추구한 것은 서구의 자본주의였다. 일본은 이 과정에서 후발 자본주의 국가에서 나타나는 파시즘을 드러냈다.

    파시즘의 특징 중 하나는 반공산주의다. 메이지유신 세력의 반대편에서 노동자, 농민을 대변한 세력은 사회당과 공산당이었다. 1945년 패전으로 메이지유신 세력은 전범이 되었다. 당연히 그들을 비판하던 사회당이 전후에 정권을 장악했다.

1947년 4월에 치러진 선거에서 사회당은 143석을 차지하여 제1당이 되었다. 보수당인 자유당이 131석, 민주당이 121석을 차지했다. 사회당은 정책 협의를 통해 보수당인 민주당을 끌어들여 가타야마 테츠 내각을 성립했다.

사회당은 당시 선거에서 두 가지 중요한 공약을 내걸었다. 하나는 재벌의 해체였고, 다른 하나는 노동자들에 대한 임금 인상이었다. 재벌을 해체하려는 이유는 경제의 양적 팽창을 요구하는 재벌들의 논리를 좇다 보니 계속해서 전쟁을 벌이고, 결국에는 패전해 국민이 살기 어려워졌기 때문이다. 일본은 1894년 청일전쟁, 1904년 러일전쟁, 1914년 제1차 세계대전, 1931년 만주사변, 1937년 중일전쟁을 거쳐 마침내 1941년 12월 진주만을 습격하며 시작된 태평양전쟁으로 제2차 세계대전에 이르렀고, 결국 패전했다. 사회당이 노동자 임금을 인상하려고 한 이유는 메이지유신 주도 세력이자 전범을 비판하던 사회당을 노동자와 농민들이 지지해 줬기 때문이다.

그러나 사회당은 정권을 장악하자 재벌을 인정하고 임금을 동결했다. 이후 사회당은 일본에서 수권 정당으로서의 신뢰를 잃었다. 1955년부터 사회당은 제1야당이 되었지만, 정권 경쟁을 포기한 야당의 위치로 전락한 채 1993년까지 자민당이 정권을 장악하는 이른바 '1955년 체제'가 등장했다. 전범들이 다시 정권을 장악하고 장기 집권을 시작한 것이다. 오늘날 전범을 합사한 야스쿠니신사를 참배하고 '존숭의 염'을 표하는 아베 정권은 이미 1955년에 잉태되었다고 해도 과언이 아니다. 전쟁을 반대하고 반성하는 진보 세력이 무너졌기 때문이다.

고인 물은 썩기 마련이다. 사회당이 정체성을 잃은 뒤 장기 집권에 들어간 자민당 정권은 1973년, 현직 총리 다나카 가쿠에이가 록히드 사건으로 구속되면서 정점을 찍었다. 록히드 사건은 미국 군수 업체 '록히드'가 일본에 뇌물을 준 사건이다.

부패한 자민당 정권은 1990년대 초 분열했고, 개혁을 기치로 자민당을 뛰쳐나온 세력이 1992년 일본신당을 결성했다. 일본신당은 1993년 7월에서 1994년 7월까지 연립내각을 구성했다. 그렇게 1955년 체제 이후 최초로 비자민당 총리가 탄생했다.

이어서 사회당의 무라야마 도미이치를 거쳐서 1996년 자민당의 개혁 세력과 온건 사회당 세력이 창당한 민주당이 2007년 참의원 다수당이 되었고 2009년 9월에는 중의원의 다수당이 되었다.

그러나 민주당 정권은 하토야마 유키오(2009년 9월~2010년 6월), 칸 나오토(2010년 6월~2011년 8월), 노다 요시히코(2011년 8월~2012년 12월)를 거쳐 2012년 12월, 10년 만에 다시 자민당에 정권을 넘겨줬다.

민주당은 2013년 참의원 선거에서 참패해 106석이던 의석이 17석이 되었다. 민주당의 참패로 사회당에 이어 보수와 개혁이 동거하던 민주당 정권도 존재감을 잃었다. 사회당이 본질을 잃어 자민당과 다를 바 없이 된 것처럼 민주당도 같은 길을 밟았다. 2019년 제1여당인 입헌민주당도 마찬가지다. 자민당 개혁 세력과 야당인 민주당이 주축이 되어 만든 입헌민주당은 중의원 의석수 285:55, 참의원 의석수 113:32로 자민당의 독주라고 할 수 있다.

입헌민주당은 중요 정책에서 자민당과 다를 게 없다. 우선 자민당은 전범을 합사한 야스쿠니신사 참배로 군국주의 회귀를 상징적으로 보여 준다. 자민당은 실질적으로 일본과 밀접한 관계를 맺는 국가가 적으로부터 공격받을 경우 대응할 수 있는 집단 자위권, 즉 해외파병을 주장한다. 입헌민주당은 자민당 의원들과 함께 야스쿠니신사를 참배하고 집단 자위권을 찬성한다.

일본 진보성의 바로미터는 원전 재가동의 여부다. 제2차 세계대전의 패전국인 독일은 군국주의의 싹도 보이지 않을 뿐만 아니라 원전 제로의 나라다. 그러나 일본은 세계 유일의 피폭 국가로, 2011년 인류 역사상 가장 비참한 원전 사고를 겪었지만 아무런 반성 없이 원전을 재가동했다.

심지어 2014년 도쿄 도지사 선거에서 자민당 출신의 고이즈미 전 총리가, 일본신당을 만들어 자민당 장기 집권을 무너뜨렸던 반원전 기치의 호소카와 전 총리를 지지했지만, 결국 일본에서는 원전 재가동이 결정됐다. 입헌민주당도 원전 재가동에 동조하고 나섰다.

일본인들은 소비세 인상 문제에 매우 민감한 반응을 보인다. 그런데 2012년 5%이던 소비세를 8%, 10% 단계적으로 인상하는 문제에도 입헌민주당은 증세하기로 자민당과 마음을 같이했다. 주요 정책에서 자민당과 차이점이 없다. 자민당의 2중대라는 말이 나올 법하다.

옳고 그름을 떠나 일본에서 정체성을 굳건히 지키는 정당은 공산당이다. 현실과 괴리된 정책 때문에 군소 정당을 벗어나지 못하지만 확실한 정체성 때문에 나름의 지분을 지킨다. 그러나 수적인 면에서 다른 정당의 10%에도 못 미치기 때문에 유의미한 정당이라고 할 수 없다. 그런데 1980년대에 한 기자가 당시 공산당 당수인 후하에게 공산당이 집권하면 어떤 정책을 펼치겠느냐고 질문한 적이 있다. 후하는 웃으면서 "나도 관료들이 시키는 대로 할 수밖에 없다"고 대답했다. 정체성이 분명한 공산당조차도 자민당과 다를 게 없다.

서구에서는 진보 정당과 보수 정당이 교대로 정권을 잡는데 왜 일본에서는 진보적인 사회당이 몰락하고 보수와 개혁이 결합한 입헌민주당마저 유명무실해졌을까? 자민당과의 차별성, 즉 정체성이 없기 때문이다. 일본에는 실질적인 야당이 없다고 해도 과언이 아니다. 자민당이 군국주의 회귀에 브레이크 없이 질주할 수 있는 이유도 여기에 있다.

2015년 3월, 역사학자이면서 국회의원인 K 의원과 저녁을 함께했다. K 의원은 요즘 야당 대표 인기가 오르는 중이라고 자랑하면서 한껏 기분이 좋은 눈치였다. 나는 그에게 일본에 왜 야당이 없어졌는지 아느냐고 물었더니, 무슨 소리를 하느냐는 듯이 눈을 크게 뜨고 나를 빤히 쳐다봤다. 나는 일본에서 사회당이 몰락하고 민주당이 유명무실해졌으며, 일본이 왜 실질적으로 야당이 없는 국가가 됐는지, 자민당이 브레이크 없이 폭주할 수 있는지 등을 설명해 줬다. 그러면서 "국민이 쉽게 이해할 수 있는, 여당과 구분되는 야당의 정체성이 얼른 떠오르지 않는다"고 말하자, K 의원은 "아, 집토끼를 지키라는 말이군요"라고 말했다.

최근 들어서 지역 구도 때문에 보수와 개혁이 동거하는 민주당에서는 2016년 초에 보수계가 국민의당으로 떨어져 나갔고, 민주당은 촛불혁명으로 집권함으로써 정체성을 지켰다. 한국에서 진보정당의 장래가 궁금해진다.

세상 어디에도 없는 헌법 해석 변경

1945년, 점령군으로 일본에 상륙한 미국은 일본 헌법 제정에 관여했다. 이에 따라 일본은 두 번 다시 전쟁을 일으킬 수 없도록 일본 헌법 제9조에 "전쟁의 영원한 포기를 규정하고 어떠한 군사력도 갖지 않는다"는 내용을 삽입했다.

그러나 제2차 세계대전 후 자본주의와 공산주의가 대립하는 동서 냉전체제가 형성되고 중국이 공산화됐다. 또한 한반도마저 공산화될 위기에 놓이자 1950년 7월, 일본에서는 경찰예비대와 해상경비대가 세워졌다.

일본은 1952년, 경찰예비대를 보안대로, 해상경비대를 경비대로 전환하고 1954년 7월 자위대법을 제정했다. 이로써 오늘날 실질적으로 세계 4위로 일컬어지는 일본 자위대가 태어났다. 스스로를 방위하기 위한 목적이기 때문에 군대가 아니라 '자위대'라는 이름을 쓴다.

헌법 해석 변경은 이해할 수 없는 논리다. 일본은 군대를 둘 수 없고 전쟁을 포기한다는 헌법 9조의 해석을 바꿔 가면서 실질적으로 미국, 러시아, 중국에 이은 세계 4위의 군대를 유지한다. 일본 헌법 9조는 이미 힘을 잃었다.

1991년 11월, 일본은 유엔평화유지활동(PKO) 협력 법안을 국회 소위에서 통과시켜 유엔평화유지군이라는 이름으로 이듬해 최초로 캄보디아에 해외파병을 단행했다. 이어서 동티모르, 아이티, 이라크, 남수단 등 2012년 1월까지 8회에 걸쳐서 파병했다. 일본은 파병이 아니라 평화를 유지하기 위해 사람을 보냈다고 말한다. 해외파병의 길을 텄으니 앞으로는 점차 파병을 확대해 나아갈 것이다. 2019년 10월 18일 〈아사히신문〉에 의하면 아베 총리는 미국 정부가 요청한 '호르무즈 호위 연합' 참가를 두고 이란과의 관계를 고려해 호위 연합 참가는 어렵지만 대신 자위대 독자 파견에 대해 구체적인 검토에 들어간 것으로 보인다고 보도했다. 미국의 요청을 받은 대부분의 국가가 아직 연합체 참여를 결정하지 못한 가운데 일본이 과감하게 참여를 결정한다면 다른 나라에도 부담이 될 수밖에 없을 것이다. 일본은 다른 나라보다 오히려 해외파병에 적극적이다.

아베 정권은 한 걸음 더 나가서 미군과 일본 자위대의 역할 분담을 규정한 '미일방위협력지침'인 전수방위(자위)에 '동맹국이 공격을 받는 경우 선제공격을 가할 수 있다'는 집단적 자위권 행사를 반영하려고 개정을 시도하고 있다.

2014년 2월 11일 미국을 방문한 기시다 후미오 일본 외무상과 척 헤이글 미국 국방장관과의 회담에서 헤이글 장관이 일본의 집단적 자위권 행사를 미일방위협력지침에 반영하겠다는 의도를 내비쳤다. 따라서 아베 정권은 집단 자위권의 행사를 허용하는 방향으로 헌법 해석을 변경하려 하는 것이다. 일본은 선제공격의 구체적인 예로 북한을 거론한다. 한반도에 선제공격을 가할 수 있는 길을 만들려는 것이다.

일본은 군대를 둘 수 없다고 헌법에 규정하지만 헌법 해석 변경이라는 괴상한 논리로 세계 4위의 자위대를 보유한다. 해외파병까지 하며, 외국에 대한 선제공격을 염두에 둔 나라가 일본이다.

피폭도, 원전 사고도 잊은 일본

미국은 제2차 세계대전이 막바지에 달한 1945년 8월 6일, 당시 일본군 제2사령부가 있던 통신 센터이자 병참기지인 히로시마에, 9일에는 조선업의 중심지 나가사키에 원자폭탄을 투하했다. 인류 사상 최초로 전쟁에서 원자폭탄이 일반 시민을 학살하는 데 쓰였다.

2~4개월 만에 히로시마에서는 9만~16만 6천 명, 나가사키에서는 6만~8만 명 정도가 사망했으며 최단기에 가장 많은 시민이 죽었다. 일본은 15일 연합군에 무조건 항복했으며, 태평양전쟁과 제2차 세계대전은 종전을 고했다. 그 고통은 2세, 3세까지 이어졌다. 일본은 인류 사상 최대의 재앙을 겪었다.

지금도 일본 TV는 8월 15일이면 어김없이 원폭 피해에 대한 특집 프로그램을 방영한다. 2014년 8월 17일에 방영한 〈원폭의 참상〉이라는 NHK 프로그램에서는 히로시마 출신 여배우가 진행을 맡았다. 그리고 당시 피폭된 사람들을 만나 인터뷰를 진행했다. 인터뷰 내용은 전부 비참한 상황에 대한 이야기뿐이다.

90세의 노인은 딸이 피폭 5~6일 후에 죽었는데 함께 죽지 못한 게 한이라며 비통함을 감추지 못했다. 84세의 노인은 당시 16세 병사로서 피폭자들을 돕기 위해 현장에 들어갔는데 그때 죽어가는 사람들의 표정이 잊히지 않는다고 말했다. 그는 부끄러워서 지금까지 아무 말도 안 했지만 자신만 살아남았다는 죄책감에 시달렸다며, 현재는 피폭에 대한 기록이라도 남기려고 자료를 정리하는 중이라고 전했다. 죽어가는 사람들의 표정, 모습 등을 하나하나 기록하고 정리하는 그의 모습이 화면에 비쳤다. 피폭으로 얼굴 피부가 한 꺼풀 완전히 벗겨진 92세 노인은 젊을 때 선을 봤지만 퇴짜를 맞고, 자신을 받아 주는 직장이 없었다고 전했다. 현재는 원폭 피해를 호소하는 강연을 하러 다닌다고 말했다.

여배우는 울먹이며 이야기를 이끌어 갔다. 그런데 방송에서는 '왜 이런 일이 일어났는가?'라는 이야기나 '다시는 이런 일이 일어나게 해서는 안 된다'는 내용은 없었다. 자신이 입은 피해만 이야기했지 원인과 역사에 대한 반성은 어디에서도 찾아볼 수 없었다.

1986년, 우크라이나 체르노빌에서는 20세기 최악의 원전 사고가 발생했다. 방사능 누출로 인한 당시 사망자는 31명이었지만, 피폭 후유증으로 5년간 7천여 명이 사망했고, 70만 명이 치료를 받았다. 그 영향으로 유럽은 물론 일부 아시아까지 방사능이 퍼져 전 세계적으로 큰 문제를 일으켰다.

무서운 것은 일정 수준 이상의 방사능 피폭량을 넘기면 인체가 치명적인 해를 입는다는 점이다. 경미한 경우에는 백혈구 감소, 심하면 소화기 장애, 중추신경 장애 및 뇌부종으로 사망, 기형아를 유발한다고 한다.

2011년 3월 11일 도호쿠 지방 부근 바다 해저에서 규모 8.9의 지진이 발생했다. 그리고 그 후 쓰나미가 몰아쳤다. 20m가 넘는 대형 해일은 태평양 쪽 연안에 위치한 여러 지역을 강타했다. 건물, 차, 배 등이 역류하는 바닷물에 휩쓸리면서 큰 피해가 발생했다. 쓰나미로 인해 사망자 1만 5,884명, 행방불명 2,633명, 부상자 6,148명이라는 엄청난 피해가 발생했다.

쓰나미가 몰아쳤던 후쿠시마현 후타바쵸에는 후쿠시마 원전이 있었다. 원전에는 제1원전 1~6호기와, 제2원전 1~4호기로 총 10기의 원자로가 있었다. 지진 발생 당시 제1원전 4~6호기는 보수 중이었고, 1~3호기와 제2원전 1~4호기는 가동 중이었으나, 쓰나미가 발생하자 원전은 모두 자동으로 중단됐다.

지진 발생 다음 날 3월 12일, 제1원전 1호기에서 수소 폭발이 일어났고 14일에는 3호기가 15일에는 2호기와 4호기가 수소 폭발을 일으키며 다량의 방사성 물질이 외부로 누출됐다. 또한 폭발과 함께 배출된 방사능 물질 때문에 후쿠시마 인근 바다가 심각하게 오염됐다.

2013년 10월 15일, KBS 1TV 〈시사기획 창〉은 현재 후쿠시마 인근에서 자연 방사능 기준치의 10배에 달하는 방사능이 검출된다는 내용을 방송했다. 원전 사고 발생 지점 10km부터 통제됐으며 검문을 통해 통행할 수 있다는 사실도 전했다. 원전이 자리한 인근 마을은 짐승들만 오가는 죽음의 도시처럼 보였다.

방사능에 심각하게 오염된 토양이 100km 이상 떨어진 곳에서도 발견됐다. 후쿠시마 원전에서 250km 떨어진 도쿄만에서도 심각한 방사선이 검출됐다. 문제는 2세, 3세 등 다음 세대에 어떤 피해가 발생할지 알 수가 없다는 점이다.

2014년 8월 26일, NHK에서는 와타나베라는 한 부인의 이야기가 방송됐다. 가설 주택에서 사는 이 부인이 집으로 돌아가고 싶어서 우울증에 걸렸다는 내용이었다. 후쿠시마 원전을 운영한 '도쿄전력'에 사죄를 요구해도 아무런 대답이 없다고 한다. 9천만 엔 배상을 청구하는 소송 중에 부인이 자살하고 말았다. 하지만 도쿄전력에서는 '유서가 없으니 원전 폭발과 관련 없는 자살'이라며 인정할 수 없다고 주장했다.

2014년 8월 10일, NHK에서 방영한 〈원전 재가동 결정에 관한 토론회〉에 의하면 일본에서 원전 재가동을 반대하는 사람은 58%, 찬성하는 사람은 36%다. 하지만 원자력위원회는 원전을 재가동하기로 결정했다. 누구를 위한 재가동일까?

2014년 8월에 평소 잘 알고 지내던 일본인 K 교수가 심포지엄 참석차 한국을 방문했다. K 교수는 일본인답지 않게 자기 이야기를 거침없이 토로하는 사람이다. K 교수가 방한했다는 소식에 가깝게 지내던 일본사 전공 교수들이 함께 모여 식사를 했다. 그 자리에서 나는 K 교수에게 "일본은 세계에서 유일하게 원자폭탄이 투하됐고, 원전이 폭파해 방사능이 유출되는 피해를 입었는데, 어째서 호소카와 전 총리는 '원전 제로'를 내걸고도 선거에서 떨어졌는가?"라고 물었다.

그랬더니 그는 "도쿄 사람들은 후쿠시마와 떨어져 있어서 원전 사고 피해를 별로 체감하지 못한다. 또 핵폭탄을 만들기 위해서 원전을 재가동해야 한다는 관료들의 생각도 선거에 영향을 줬다"고 말끝을 흐렸다.

1970년대에 미국은 원전에서 나오는 폐기물을 재처리해 핵폭탄 원료인 플루토늄을 추출할 수 있도록 일본에 허가를 내줬다. 일본 원전에서 나오는 플루토늄 양이 막대하다는 것은 잘 알려진 사실이다.

후쿠이현 쓰루가만에 위치한 고속증식로 몬주는 플루토늄을 배출한다는 면에서 '꿈의 원자로'로 불리지만 기술적 난제가 많아 현재 가동 중단된 상태다. 또한 주변국들이 '핵무장 대비용'이라는 의심의 눈초리를 거두지 않는 곳이다.

이 시설에 투입된 돈은 1조 엔이 넘는다. 미국과 영국은 물론 원전 대국 프랑스도 고속증식로 개발에서 손을 뗀 상태다. 그러나 후쿠시마 원전 사고까지 겪은 일본만은 개발에 집착했다.

1980년대 초, 파키스탄이 핵실험을 진행해 세계가 떠들썩했는데 그 기술을 제공한 나라로 일본이 지목됐다. 일본에서는 12개 회사가 원폭 기술을 보유한다. 그중 파키스탄과 거래한 3개 회사 중 하나가 핵 기술을 지원한 것으로 알려졌다. 일본은 핵폭탄을 만들 수 있는 만반의 준비를 해 놓았다.

히로시마 원폭 현장에서 진료를 한 의사 히다 순타로 씨는 30여 년간 3천여 명의 피폭 환자를 진료해 왔다. 그는 2013년 3월 17일, 보건의료단체연합이 주최한 보건의료진 포럼 참석차 한국에 왔다가 〈한겨레〉의 인터뷰에 응했다. 그는 인터뷰에서 "후손들과 새로 태어날 그 모든 새로운 생명을 위해 원자력발전을 멈추고 지구상의 모든 핵무기를 없애야 합니다. 원자력발전은 방사능을 기본으로 하기 때문에 한번 폭발하면 핵무기보다 더 큰 피해를 줍니다"라고 호소했다.

2011년 3월 11일, 방사능 유출 사고를 일으킨 후쿠시마 제1원전 등에서 35년 동안 원전 설계 건설 관리를 담당한 원전 기술자 오구라 시로 씨는《전 원전 기술자가 전하고 싶은 진짜 무서움》(2014)이라는 책을 냈다. 그는 "나이 일흔을 넘긴 내가 앞으로 또 책을 쓸 수는 없을 것이다. 이 책을 유언이라고 생각하고 썼다"고 전했다. 그는 엔지니어로서 후쿠시마 참사에 대한 죄책감을 갖는다며 "오랫동안 원전의 건설과 보수, 점검 업무를 담당했던 사람만이 알 수 있는 사실을 기록해 속죄의 마음을 담았다"고 밝혔다.

책 내용에 의하면 원전은 기술자 혼자서는 전체를 이해할 수 없을 정도로 복잡한 시스템으로 이뤄졌다. 원전 전체의 시스템을 이해할 수 있는 원전 기술자는 이 세상에 단 한 명도 없다고 해도 과언이 아니라고 한다. 복잡한 기계일수록 일어날 수 있는 사고의 유형이 무수히 많고, 모든 사고에 대응할 만한 매뉴얼을 만드는 것은 불가능하다고 한다. 또한 오구라 씨는 후쿠시마 원전에서 왜 사고가 일어났는지 아무도 이유를 확실히 밝히지 않았으며, 아무도 책임지지 않았고, 정부와 전력회사가 왜 원전 재가동을 서두르는지 이해할 수 없다고 적었다. 작가이자 원전 기술자인 그는 원전의 폐쇄를 호소하는 기술자·과학자의 모임을 열기도 했다.

우리나라 언론에서도 일본 정부는 아무 일 없다는 듯이 2020

년 도쿄 올림픽을 개최하고, 전력회사는 원전 재가동을 신청했으며, 원전 제조사들은 해외로 제품을 수출한다고 꼬집는다.

일본은 세계 유일의 피폭국이고 원전 폭발 사고를 경험했지만 원전을 재가동하고 핵폭탄 제조 기술을 개발했다. 일본은 전쟁도, 피폭도, 원전 사고도 잊었다. 그리고 되풀이하지 말라는 역사의 교훈도 잊었다. 일본은 누구를 위해 이 길을 가는가?

진실을 가르치지 않는다

앞서 〈아사히신문〉의 요시다 증언에 대한 내용을 소개했다. 1980~1990년대에 〈아사히신문〉은 제주도에서 다수 여성을 강제 연행했다고 증언한 요시다 세이지의 주장에 기반한 기사를 여러 번 게재했다. 이에 대해 2014년 8월 5일, 〈아사히신문〉은 신문 2개 지면을 할애해 1980~1990년대의 위안부에 대한 기사를 취소한다고 밝혔다. 요시다 세이지의 증언에 신빙성이 없다는 주장이 일었기 때문이다. 그러나 〈아사히신문〉은 "위안부 문제의 본질은 인간의 존엄성을 박탈한 것"이라고 지적함으로써 위안부 문제에 대한 책임을 부정하려는 일본 우익 세력을 향해 경종을 울렸다. 또한 "전쟁 중에 일본 병사들의 성 상대가 되도록 강요당한 여성들이 있다는 사실을 지울 수는 없다. 위안부로서 자유를 빼앗기고 여성으로서의 존엄을 짓밟힌 게 문제의 본질"이라고 지적했다. "여성들은 본인의 의사에 반해서 강제적으로 위안부가 됐다"고 강조했다.

2014년 8월 6일, 나비 필레이 유엔인권최고대표도 성명서를 통해 "일본이 전쟁 중 성 노예 문제에 대해 포괄적이고 공평하며 영구적인 해결책을 마련하는 데 실패했다"고 지적하면서 "위안부로 알려진 피해자의 인권이 제2차 세계대전이 끝나고 수십 년이 지난 지금도 여전히 유린당했다"고 밝혔다. 그는 2010년 일본을 방문하는 동안 일본 정부에 전시 성 노예 피해자들에 대해서 효과적으로 보상할 것을 요청했다. 또한 "정의가 실현되는 대신에 여성들은 일본의 공인들로부터 무시와 비하하는 발언을 듣는다"며 일본 정부를 직접적으로 비판했다.

2014년 8월 5일, 미 국무성 젠 사키 대변인도 정례 브리핑에서 "과거 여러 차례 언급했듯이 일본군이 1930년대와 1940년대 성을 목적으로 여성 인신매매에 관여한 것은 개탄스러운 일이며 명백히 중대한 인권 위반"이라고 지적했다.

유엔과 미국, 그리고 일본의 대표적 언론인 〈아사히신문〉의 비판에도 일본 정치인들과 극우 신문사는 일본의 잘못을 인정하지 않았다. 오히려 일본의 위상을 떨어뜨린다며 〈아사히신문〉을 나무라는 모습까지 보였다.

그러나 요시다 세이지의 증언이 잘못되었다고 해서 위안부 문제가 사라지는 것은 아니다. 진실을 말하는 증거와 증인이 버젓이 있기 때문이다. 손으로 하늘을 가리는 행위로 일본은 무엇을 얻을 수 있을까?

2014년 8월 8일, 〈KBS파노라마〉 '난징 대학살' 편에서는 난징 대학살을 연구하는 초등학교 교사 마쓰오카 다마키 씨가 나왔다. 그는 학생들에게 옳은 역사를 교육하기 위해 난징 대학살을 연구한다고 밝혔다. 그는 자신의 집 입구부터 엘리베이터 내부까지 CCTV를 설치했다. 혹시 모를 테러나 자료의 도난이 두려워서라고 한다. 그만큼 난징 대학살 연구는 위험한 작업이라는 뜻이다. 그는 300여 명의 관계자들을 만나 증언을 듣고 난징 대학살을 다큐멘터리로 만들었다. 한 증언자는 1,200명을 강가로 데리고 가서 기총소사(비로 쓸어 내듯이 비행기에서 기관총을 발사하는 방법)로 살해했는데, 강이 분홍빛이 되었다고 증언했다. 강가에서 기총소사로 살해하면 시체를 묻을 필요가 없고 깨끗이 청소가 되기 때문이란다. 이 증언은 살아남은 난징 시민의 증언과도 일치했다.

또한 난징 대학살에서는 100인 목 베기 시합이 열렸고, 그것을 당시 기사에서는 영웅적 행위라고 썼다. 그러나 일본 교과서에는 1937년 12월, 난징을 함락했다고만 서술하고, 난징에서 살해된 사람의 숫자에 대해서는 논란이 많다는 내용만을 주석으로 달았을 뿐이다. 마쓰오카 씨는 "솔직한 인정과 사과가 아시아에서 신뢰를 되찾는 길이다"라고 역설했다. 일본이 진실을 가르치길 거부하는 이유는 무엇일까? 그 결과가 어떻게 될지 궁금하다.

21세기 패러다임과 맞지 않는 일본

9장

20세기는 일본의 세기

19세기 말 서구에 의해 강제로 개방된 일본은 서구에게 당한 것을 아시아에서 되찾으려 했다. 일본은 1874년에 대만으로 군대를 출병했으며, 1876년에는 강화도조약을 체결했다. 또 1879년, 일본은 류큐를 일본으로 편입해 오키나와현으로 삼았다.

1897년 산업혁명을 이룬 일본은 더 넓은 시장을 찾아서 대륙으로 진출했다. 1895년에는 청일전쟁에서 승리하고, 1905년에는 러일전쟁에서 승리해 동아시아의 대표 주자로 올라섰다.

일본은 1914년 제1차 세계대전에서는 연합국 요청으로 출병해 승전국이 되었으며, 1931년에는 만주사변을 일으키고 1937

년에는 마침내 중국을 침략했다. 일본은 1941년 태평양전쟁을 일으켜 제2차 세계대전에 참여하면서 바다를 포함해 세계 역사상 최대의 제국을 건설했다.

만약 일본이 제2차 세계대전에서 패배하지 않았다면 20세기를 침략의 역사가 아니라 세계 사상 최대의 제국을 건설한 자랑스러운 역사로 서술했을 것이다. 아마도 시간이 지나면 20세기를 사상 최대의 제국을 건설했던 자랑스러운 역사로 기술할지도 모른다. 아베야말로 바로 그런 역사관을 가진 대표적인 인물이다. 2013년 국회에서 아베는 "침략의 정의는 정해지지 않았다"고 말한 바 있다. 이는 한국에 대한 식민지 지배가 정당하다는 논리와 맞닿는다.

제2차 세계대전에서 패배한 일본은 연합국의 지배를 받다가 1951년 샌프란시스코강화조약에 의해 독립했다. 전후 일본은 연합국이 만들어 준 이른바 '군대를 두지 않고, 전쟁을 하지 않는다'는 현재의 '평화헌법'을 바탕으로 미국의 안보 우산 속에서 경제 발전에만 매진했다.

1957년, 일본은 최고 경제 수준에 도달했다. 여기에는 6·25전쟁이 한몫했다. 전쟁에 군수 물자를 대며 경제가 살아난 것이다. 1964년에는 아시아 최초로 도쿄 올림픽을 개최했고, 동시에 올림픽 개최를 기념해 세계 최초로 고속 전철 신칸센을 개통했다.

1968년에는 마침내 미국에 이어 GDP 세계 2위 국가가 되었다. 1970~1990년대 일본 경제 발전은 세계적인 선망의 대상이 되어 이른바 '일본적인 경영'이라는 말이 세계를 풍미했다. 20세기는 동양의 섬나라 일본의 세기였다고 해도 과언이 아니다.

20세기 일본이 승승장구한 데는 일본 문화가 20세기의 패러다임과 맞아떨어진 것에 한 원인이 있었다. 18세기 서구에서 시작된 산업혁명은 오랫동안 농업 사회에 머물던 인류 사회를 산업 사회로 전환시켰다.

당시 대부분의 농업 국가는 산업화를 거부하고 농업을 고수했다. '농자천하지대본'이라는 말처럼 어떤 경우에도 식량이 필요하므로 농업은 필수불가결하다는 생각이 강했다. 그러나 시간이 지나면서 농업 사회는 몰락하고 제조업이 사회를 주도했다.

시골에서 농업을 고수하던 사람들은 제대로 교육받지 못하고 근대화 과정에서 탈락하고 말았다. 반면 도시에서 산업화, 근대화에 동참한 사람들은 산업 사회의 주인공이 됐다. 그나마 한국은 1970년대 이후 본격적인 산업화를 이루면서 늦게나마 시대의 흐름에서 탈락하지 않고 성공한 케이스다.

일본은 1868년, 메이지유신을 통해서 재빨리 산업 사회로 전환했다. 1897년에는 산업혁명에 성공했으며, 1904년 러일전쟁을 통해서 중공업이 성장했고, 제1차 세계대전을 통해서 독점자본주의 단계에 돌입했다. 그리고 1932년에는 자본을 수출하기 위해서 외국을 침략하는 제국주의 단계에 들어섰다. 일본의 빠른 산업화는 제조업에 딱 맞는 일본의 전통문화가 한몫했다.

일본 제조업이 세계를 휩쓴 까닭

일본은 고대에 유력한 호족들이 속민을 거느리고 조정에서 맡은 일을 세습했다. 이를 '우지가바네(氏姓)제 사회'라고 하는데, 우지(氏)는 혈연을 의미하고, 가바네(姓)는 조정의 담당 직분을 의미한다. 예를 들면 재정은 소가(蘇我) 성씨가, 제사는 나카토미(中臣) 성씨가, 군사는 모노노베(物部) 성씨가, 형벌은 오토모(大伴) 성씨가 세습했다. 꼭 아들이 아니더라도 담당 직분과 함께 모든 것을 물려받을 수 있었다. 아들이 없는 경우에는 사위가 이어받고, 딸도 없으면 양자를 들여서 세습했다. 일본에서는 가업이 몇 대를 이어 세습된다. 우지가바네 제도는 7세기 말에 제도적으로 없어졌다. 그러나 세습 문화는 사무라이가 지배하던 막부 시대에 이어 현재까지도 이어진다.

사실 여부는 차치하고 《일본서기》에 의하면 일본에서는 B.C. 660년에 초대 진무 천황이 등극한 이래 현재까지 126대 동안 '만세일계'로 천황직이 한 집에서 세습됐다고 전한다.

역사적으로도 26대 게이타이 천황(재위 507~531년)부터 현재까지 현 천황가가 1500년 이상 천황직을 세습한 것은 틀림없는 사실이다. 세계 역사상 유례없는 일이다. 대신 직분도 7세기 말에서 메이지유신까지 약 1200년 동안 후지와라 성씨만이 오를 수 있었다. 현재의 총리직도 돌아가면서 세습한다고 할 수 있다. 현재도 여당 의원의 40% 이상이 세습 의원이다.

1970~1980년대 일본 경제는 세계를 휩쓸 듯한 기세였다. 당시에는 '일본적 경영'이 화두였고, 그 핵심 중 하나가 일본의 종신고용제도였다. 종신고용이야말로 직업 세습의 산물이다. 제조업에서는 직업을 세습하면 그만큼 노하우가 축적된다.

직업 세습은 자신이 만든 제품에 대해서 책임을 진다는 의미를 포함한다. 오늘날에는 애프터 서비스를 잘한다는 뜻이다. 애프터 서비스야말로 일본적인 경영의 핵심이고 일본 상품이 세계를 석권한 하나의 요인이라고 할 수 있다.

미국에서는 고장난 자동차를 수리하려면 일주일 이상을 기다려야 한다. 그러나 일본에서는 애프터 서비스센터에 연락만 하면 수리해서 가져다주기까지 한다. 이러니 일본 자동차가 미국 시장을 석권할 수밖에 없다. 요즘은 한국 자동차도 성능이 좋고 애프터 서비스가 우수해 일본 자동차 회사 뺨칠 정도다. 현대자동차가 해외에서 쭉쭉 뻗어 나가는 이유 중 하나다.

일본에서는 701년에 《대보령》이라는 법령이 만들어졌다. 그 대강이 718년에 만들어진 《양로령》이라는 이름으로 현재까지도 전해진다. 당의 율령을 거의 그대로 복사한 법령이다. 당의 율령은 처벌과 행정 명령에 대한 법전이다. 따라서 일본의 현실에 맞지 않는 것도 많지만, 사회에 필요한 거의 모든 내용을 율령에서 다룬다. 이러한 율령을 기반으로 하는 국가가 7세기 후반에서 12세기 후반까지 약 500년간 계속됐다.

사무라이가 중심이 된 막부 시대에는 율령이 유명무실했다.

그러나 조정에서는 그대로 명맥을 유지하다가 1868년에 메이지유신이 단행된 뒤 1894년에 제국헌법이 만들어질 때까지 율령이 전면적으로 부활했다.

모든 것을 규정한 율령은 사회를 규격화한다. 나라나 교토의 조방제(도시를 바둑판처럼 규격화한 것)나, 국분사제(전국을 66개의 국으로 나누고, 조정에서 관리하는 사찰인 '승사'와 '니사'를 각 국에 둠) 등은 좋은 예라고 할 수 있다.

일본적인 경영에서 핵심 중의 하나가 규격화다. 예를 들면 일본 술 사케를 만들 때 술 빚는 장인은 모든 과정을 기록한다. 재료의 비율에 따라 맛이 어떻게 달라지는지를 낱낱이 기록하고 그것을 바탕으로 사케를 만들기 때문에 항상 같은 맛과 품질을 유지한다. 이른바 규격화. 이것이 일본 상품의 신뢰성을 높이는 데 결정적인 역할을 했다.

1980년대까지 미국 기술을 100으로 하고 한국 기술을 0으로 할 때 일본이 43, 독일이 37이었다. 미국의 43% 정도밖에 안 되는 기술을 가지고 일본은 미국에 매년 500억 달러 전후의 무역 흑자를 냈다.

빈틈없고 노련하던 일본 사회였지만

일본 유학을 마치고 귀국한 지 12년 만인 1997년, 연구차 와세다대학교를 다시 방문했다. 일본에 갈 때는 언제나 숙소가 문제다. 월세도 비싸거니와 대개 월세의 1개월분에 해당하는 소개비, 주인에게 고맙다고 주는 사례비(레이킹) 1~2개월분, 보증금(시키킹) 1개월분 등이 필요할 뿐만 아니라 생활용품을 구입하는데 드는 돈도 만만치 않다.

그런데 와세다대학교 외국인 교수 숙사에 묵으면 월세도 쌀뿐만 아니라 소개비나 사례비, 보증금 등을 내지 않아도 된다. 생활에 필요한 집기도 모두 갖춰져서 와세다대학교를 방문하는 외국인 교수들은 이 숙소에 서로 들어가려고 경쟁한다.

마침 내가 유학할 때 유학생 담당 계장이었던 지인이 인사부장이 되었다. 그에게 전화를 걸어 이번에 연구차 와세다대학교를 방문하는데 숙사를 좀 부탁한다고 말했더니, "김 선생님이 아시다시피 와세다대학교에는 외국인 교수를 위한 방이 부족하다. 현재 숙사는 37개인데 1년에 54개 대학교에서 교환교수가 온다. 그러니 고려대학교에서 파견하는 교환교수 자격이 아니라면 곤란하다"는 설명을 들었다.

일본을 '코네(커넥션의 일본어식 약어) 사회'라고 일컫는다. 무슨 일이든 합리성보다는 인간관계가 중요하다는 이야기이다. 오랜 인연이 있는 친구가 인사부장으로 있는데 설마 방 하나 배려해주지 않겠는가 싶어서 일단 알았다고 하고 전화를 끊었다. 믿는 데가 있어서 방을 더는 알아보지 않고 신경도 전혀 쓰지 않았다. 일본으로 건너가기 직전 외국인 교수를 담당하는 외사과장에게 연락이 왔다. 숙사가 마련됐으니 걱정하지 말라는 내용이었다. '그러면 그렇지' 하면서 회심의 미소를 지었다.

일본에 도착해 먼저 외사과장에게 도착을 알리고 점심을 함께하기로 약속했다. 약속한 장소에 갔더니 외사과장이 야마시로 씨의 퇴직을 기념해 출판된《대학국제교류 일의 시작(大學國際交流事始)》이라는 책에 인사부장이 김 선생님에 관한 글을 썼는데 읽어 봤느냐고 물었다.

야마시로 씨는 내가 유학할 때 유학생 일을 담당하던 외사과장이었는데 뒤에 사무직 부총장까지 올랐던 사람으로 외국과의 교류에 큰 업적을 남겼다. 지인들이 그의 퇴직을 기념해서 와세다대학교와 외국 대학교와의 교류에 관한 책을 출판한 모양이었다. 그런데 유학생 일을 담당하는 외사과장이었던 야마시로 씨를 기념하는 책이었으므로 그 밑에서 계장으로 일했던 인사부장도 글을 썼다고 한다.

"아, 그런 책을 출판했느냐"고 되물었더니 "김 선생님에 관한 글을 복사해 왔다"고 하면서 내게 건네주었다. 내용을 보니 '어느 날 서울의 고려대학교 김현구 교수가 내게 전화를 해 연구차 와세다대학교에 가는데 와세다대학교의 외국인 숙사를 좀 이용하게 해 달라고 했다. 김 교수는 와세다대학교에서 유학할 때 전설적으로 공부를 열심히 한 사람이다. 그런데 와세다대학교에 방이 부족해 숙사를 제공할 수 없다고 대답했다. 이런 분에게 숙사를 제공할 수 없어서 가슴이 아팠다. 와세다대학교가 하루빨리 숙사를 늘려서 이런 분들에게 숙사를 제공하지 않으면 안 된 다'는 요지였다.

그 글을 읽으면서 과연 와세다대학교의 인사부장답다는 생각에 감탄이 절로 나왔다. 인사부장이 부하인 담당 과장에게 숙사를 부탁한 게 아니었다. 그는 나에 대해서 쓴 이야기를 담당 과장이 읽고 알아서 문제를 해결하게 했다. 당시 일본 사회를 보면 어디를 가나 이런 노련함이 보였다.

한번은 1997년, 일본에 도착해서 신주쿠 구청에 외국인 등록을 하러 갔다. 장기 체류를 목적으로 일본에 간 외국인은 먼저 구청에서 '외국인 등록'을 해야 했다. 순서를 기다려서 담당 직원에게 나의 본적, 주소, 가족 관계 등 인적 사항을 기록한 신청서를 제출했다.

그 신청서를 한참 들여다보던 직원이 나를 부르더니 내가 쓴 본적지의 주소가 틀렸다고 한다. 그 주소 중에 '齊原面(제원면)'의 '齊(제)'자를 가리키면서 '齊'가 아니라 '濟(제)'자가 아니냐고 물으며 가지고 있던 책을 내밀었다.

'아차!' 하는 생각이 들면서 무슨 책인가 하고 들여다보았더니 한국의 시·도·읍·면·리를 한자와 한글을 병용해서 기록한 책이었다. 그 책의 '錦山郡 濟原面 龍化里(금산군 제원면 용화리)'라는 곳에 밑줄을 그어서 나에게 확인을 부탁했다. 일본 행정의 치밀함에 감탄을 금치 못했다. 그들의 치밀함에 두려움이 느껴질 정도였다.

시대를 못 따라가는 일본 전통문화

2003년, 하루는 와세다대학교 총장을 역임한 니시하라 하루오 선생과 일본의 미래에 대해서 함께 이야기한 적이 있다. 그는 민법을 연구하기는 했지만 《21세기의 아시아와 일본》(2002)이라는 대담집을 냈고, '동아시아 공동체'를 역설하고 국사관대학 이사장으로서 '21세기 아시아학부'를 설립하기도 했다. 나도 일찍부터 동아시아 공동체를 생각하던 터라 의기투합해 이야기를 나눴다. 나는 그에게 "20세기는 제조업 사회였는데 일본이 20세기의 주인공이 된 데는 일본 문화가 제조업에 딱 맞았기 때문이라고 생각합니다. 그러나 21세기는 정보화 사회로 스피드와 창조력을 바탕으로 하는데, 일본은 어떤 돌파구를 준비하나요?" 하고 질문했다.

이에 니시하라 전 총장은 "일본은 제조업에 강하고, 제조업은 어느 시대에나 필요하기 때문에 일본은 제조업을 나노와 결합해 발전시킬 것이다"고 자신에 찬 어조로 대답했다.

니시하라 전 총장의 말을 들으면서 문득 농업 사회가 산업 사회로 넘어가는 시점이 생각났다. 농업 국가들은 '농업은 어느 시대에나 필요한 것'이라면서 산업 사회로의 전환을 거부하다가 근대화의 대열에서 탈락하고 어려움을 겪었다.

그리고 러일전쟁 때 일본군 육군사령관 노기 마레스케도 생각났다. 그는 시대에 맞지 않게 여순 203고지 공격에서 기관총

포대를 향해 사무라이 정신을 강조하며 자신의 두 아들을 포함한 1만 5천 명의 청년 군인을 투입해 무조건 돌격시켰다. 그중 1만 4천여 명의 사상자가 나오는 등 막대한 희생을 입었던 사건이 뇌리를 스쳤다. 노기는 메이지 천황이 죽자 군주를 따라서 자결하고 사후에는 신으로 추대되어 '노기신사'까지 만들어진 것으로 잘 알려진 인물이다. 그는 진정한 사무라이일지는 몰라도 시대의 흐름에 무지한 인물이다. 일본인들은 일본의 제조업이 21세기 패러다임에 맞지 않는다는 사실을 간과한 것은 아닐까?

일본 대학교수들은 대부분 명함에 휴대전화 번호를 넣지 않는다. 아무에게나 알리고 싶지 않다는 뜻이다.

나는 도쿄 K 대학교의 T 교수와 가깝게 지낸다. 그는 2013년 당시 소속 대학의 입학센터 소장(한국으로 말하면 입학처장)이었다. 일본에도 현재는 수시입학제도가 생겨서 대학에서 가장 바쁜 보직 중 하나가 입학센터 소장이다.

일본은 회의가 많은 나라다. 전에 가깝게 지내던 와세다대학교의 S 교수에게 일본에는 회의가 많은데 학교에 매일 나가려면 힘들지 않느냐고 물은 적이 있다. 그 교수 대답이, 자기는 모든 회의를 화요일로 몰아서 화요일은 하루 종일 회의만 한다고 했다. 그런데 입학센터 소장이라면 눈코 뜰 새가 없다고 해도 과언이 아닐 것이다.

T 교수는 보통 주말에 전화를 해도 학교에 나가고 없는 경우가 다반사였다. 2013년 6월, 그에게 전화할 일이 있었다. 폐가

안 되면서도 집에 있을 시간을 계산해 일요일 오전 10시쯤 전화를 걸었다. 그런데 T 교수는 이미 학교에 가고 없었다.

좀 급한 일이라서 부인에게 휴대전화 번호를 좀 알려 달라고 했더니 휴대전화가 없다고 했다. 그 바쁜 입학센터 소장이 휴대전화도 없이 어떻게 유선전화만으로 일을 처리할 수 있는지 의아한 생각이 들었다. 일본 대학교수들은 의외로 휴대전화를 사용하지 않는 사람들이 많다.

교토에 있는 저명한 연구소의 K 교수가 내가 퇴직한 사실을 몰랐는지 고려대학교로 본인의 논문을 보냈다. 2013년 4월에 보낸 그의 논문을 7월에야 받았다. K 교수는 《일본서기》를 번역해서 인터넷에 올리며 시대의 흐름에 발 빠르게 잘 대처하기로 소문난 사람이다.

마침 그해 2013년 8월, 그가 연구 발표를 위해 한국에 방문했다. 나는 그와 함께 식사하는 자리에서 명함을 받았다. 역시나 명함에 휴대전화 번호가 없었다. 휴대전화가 없느냐고 물었더니 "아, 있습니다"라며 내가 받은 명함에다 다시 번호를 적어 줬다. 명함에 인쇄하지 않은 이유를 물었더니 "다른 사람들에게 노출되어서 개인 생활을 할 수가 없다"고 설명했다. 꼬리를 잡혀 있는 형국이라 싫다는 것이다.

그들의 논리에 일리는 있다. 그러나 휴대전화를 사용하지 않는 사람들은 지금 당장은 어떻게 할 수 있을지 모르지만 다음 단계로 진화했을 때 그 사회의 흐름을 따라갈 수가 없다.

1997년 3월, 연구년으로 일본을 방문했는데 마침 가까운 제자가 4월에 도쿄대학에서 박사 학위를 받았다. 학위 수여식에 참석했더니 다른 제자들도 축하하기 위해서 여럿이 와 있었다. 학위 수여식이 끝난 뒤 제자들을 데리고 도쿄대학 교수 식당인 산상회관에 갔다. 산상회관은 당시 도쿄대학 내에서는 가장 좋은 식당이었다.

식사가 끝나고 계산을 하려고 신용카드를 냈더니 식당에서 신용카드를 받지 않는다고 해 당황했다. 한국에서는 이미 신용카드가 보편화된 때였다. 그런데 도쿄대학 교수 식당에서 신용카드를 받지 않다니 놀라지 않을 수 없었다.

1년을 지내면서 보니 신용카드를 받는 상점은 거의 없었다. 한국에서는 신용카드 사용이 한창 유행하던 때였다. 일본에서는 특수한 곳을 제외하고는 신용카드로 인한 금융 사고가 두려워 카드를 받지 않았다. 일본의 신용카드 사용은 한국보다 뒤처져도 한참을 뒤처졌다. 2018년 말 기준으로도 한국은 비현금 결재가 80%를 상회하는데 일본은 20% 정도밖에 안 된다.

2010년 와세다대학교에서 열리는 심포지엄에 참석한 적이 있다. 숙소가 와세다대학교 옆에 있는 리가 로얄 호텔이었다. 이 호텔은 와세다대학교 땅에 리가 로얄 그룹이 호텔을 지어서 20년간 영업하고, 이후에 와세다대학교에 기부하기로 한 곳이다. 와세다대학교에서 잘 이용하는 이 호텔은 전국에 체인점을 둔 유명 호텔 그룹의 소유로 비교적 괜찮은 호텔이다. 심포지엄 동안 이 호텔에 묵으면서 불편한 점은 컴퓨터를 마음 놓고 쓸 수 없다는 점이었다. 이메일을 확인하려고 프런트에 컴퓨터를 사용할 수 있는 곳을 물으니 열쇠를 주면서 로비에 있는 컴퓨터를 쓰라고 한다. 그런데 5분까지는 무료지만 초과 시에는 돈을 내야 한다고 했다.

그만한 호텔 방에 컴퓨터 하나 제대로 쓸 수 있는 곳이 없다는 게 놀라울 뿐이었다. 게다가 5분이 지나면 돈을 내야 하는 공중전화 같은 컴퓨터라니 비슷한 수준의 한국 호텔과는 너무 차이가 났다.

'일본적인 경영'의 핵심은 창의력이나 속도보다는 기존 제품에 대한 정밀한 보완이다. 일본은 애프터 서비스를 잘하고, 규격화를 의미하는 매뉴얼이 철저하며, 직업의 세습을 바탕으로 하는 종신고용제로 노하우를 쌓았지만 창의력이나 속도 면에서는 떨어진다. 이런 일본 문화의 핵심이 오늘날과 같은 빠른 변화나 창조력이 요구되는 정보화 사회에서는 오히려 시대의 흐름에 낙오되는 요인으로 작용할 수 있다. 일본에서 휴대전화나 신용카드, 컴퓨터의 보급이 늦은 것은 기술이 없어서가 아니라 문화 탓이다. 일본의 장래가 눈에 선하다.

과거의 명성이
빛을 잃어 가다

10장

일본의 잃어버린 20년

일본에서는 1990년대 초반부터 시작된 장기 불황을 '잃어버린 10년' 또는 '잃어버린 20년'이라고들 자조적으로 부른다. 일본은 1960~1990년대에 30년 이상 무역으로 세계를 휩쓸었다. 대개 연 500억 달러에서 1천억 달러에 이르는 흑자를 이룩했다.

일반적으로 30년 이상의 장기간 무역 흑자는 불가능하다고 보는 게 통념이다. 무역 흑자가 오랫동안 계속되면 통용 화폐가 많아져 인플레이션 현상이 나타나기 때문이다.

그런데 일본에서는 계속해서 흑자임에도 불가사의하게 물가는 안정되고 인플레이션은 일어나지 않았다. 흑자로 벌어들인 달러를 전부 은행에 저금해 버리고 쓰지 않았기 때문이다.

1970년대 후반에서 1980년대 전반, 일본 유학 시절에 와세다 대학교 오쿠마회관 교수 식당에서 일본식 정원을 즐기며 돈가스 비슷한 것에 커피까지 곁들인 '죠 런치(좋은 점심)'라는 점심 메뉴를 먹으면 430엔이었다. 그리고 튀김 요리에 회 몇 점을 곁들인 제일 비싼 와테이쇼쿠(일본 정식)가 1천 엔이었다. 입맛이 없을 때 와테이쇼쿠를 먹고 나면 입맛이 싹 돌아올 정도로 맛있었다. 와테이쇼쿠는 가끔 먹는 특별 메뉴였다.

유학을 마치고 귀국한 지 10여 년만인 1997년에 연구차 다시 와세다대학교를 방문했다. 이번에는 교수의 신분이라 좀 여유가 생겨서 맛있는 것을 먹으려고 교수 식당에 들렀는데 어떻게 된 일인지 와테이쇼쿠는 없어져 버렸다. 비싼 게 맛있을 거라는 생각에서 제일 비싼 메뉴가 무엇인가 살펴보니 950엔짜리 비프 스테이크였다. 어쨌든 와세다대학교 내의 교수 식당에서 제일 비싼 메뉴가 20년 후에 오히려 싸졌다.

수십 년 간 흑자가 쌓이니 일본인들은 돈을 주체할 수가 없을 지경이었다. 일본인들은 그 돈으로 부동산과 주식, 고미술품을 사재기 시작했다. 계속되는 흑자로 통화량은 늘어나는데 부동산이나 주식, 고미술품은 한정적이다. 이걸 사 두면 값이 오를 거라고 생각한 것이다.

사람들이 부동산이나 주식, 고미술품을 사들이자 가격이 폭등했고, 가격이 폭등하자 일본인들은 부동산이나 주식, 고미술품을 담보로 다시 대출을 받아 다른 데 또 투자했다. 가격이 계속 오르며 거품이 생겼다.

일본인들은 유럽에 가서 피카소 그림을 송두리째 사 오기도 했다. 사실 피카소의 작품 중에는 졸작도 있는데, 그들은 아랑곳하지 않고 마구잡이로 사들였다. 어떤 이는 60억 엔을 주고 작품을 사 와서 은행에 담보로 넣고 돈을 빌렸는데 값이 폭락하자 작품을 찾아가지 않은 경우도 있다. 은행은 이 작품을 20억 엔 정도에 경매로 내놓았다. 이 거품은 1990년대 초부터 꺼지기 시작했다.

와세다대학교 본부 건물은 정문 입구쪽에 있다. 외국에서 온 학생이나 교수들을 담당하는 외사과는 처음에 본부 건물 2층에 있었다. 그런데 1997년에 갔을 때에는 외사과가 후문 쪽에 있는 6층짜리 단독 건물로 옮겼다. 외사과장에게 "왜 이리로 옮겼느냐"고 물었더니, 부동산 값이 한창 뛸 때에 건물주가 이 건물을 담보로 은행에서 170억 엔을 빌렸는데 부동산 값이 폭락해 빌린 돈을 갚을 수 없자 은행이 경매로 내놓은 것을 와세다대학교가 47억 엔에 샀다고 한다.

당시 부동산 거품이 걷히면서 대개 투자금의 70% 이상이 날아갔다. 주식도 우리로 말하면 코스피지수에 해당하는 닛케이지수가 1989년 3만 8,900 선에서 9천 선 이하로 떨어졌다.

집값이 오르리라 생각해서 빚을 얻어 집을 산 사람들이 하우스푸어로 전락했다. 이미 가계 부채가 1천조 원을 돌파한 한국에서 집값이 오를 것으로 생각하고 집을 샀다가 하우스푸어로 전락한 사람들이 속출하지 않을까 걱정스럽다. 일을 생각해 보면 쉽게 이해가 갈 것이다.

가장 직격탄을 맞은 곳은 은행이었다. 당시 일본 시중 은행이 떠안은 부실이 공식적으로 40조 엔, 비공식적으로는 100조 엔에 이르렀다고 한다. 이에 따라 은행들이 구조조정과 통폐합하는 사태가 일어났다.

일본에서 많은 사람이 하우스푸어로 전락하면서 소비가 위축되고, 소비가 위축되니 생산이 감소하고, 생산이 감소하자 고용이 축소되고, 고용이 축소되자 소비가 위축되는 악순환이 반복되면서 경기가 장기 침체로 들어섰다. 이렇게 해서 '잃어버린 10년', '잃어버린 20년'이라는 말이 유행한 것이다.

지는 종신고용, 또는 연봉제

직업을 세습하는 일본 사회에서는 철저한 연공서열제가 시행됐다. 일본에는 20대에 20만 엔, 30대에 30만 엔, 40대엔 40만 엔, 50대엔 50만 엔, 60대엔 60만 엔이라는 말이 나돌았다. 봉급이 나이에 따라서 올라간다는 뜻이다. 1997년 한국이 IMF 외환 위기에 처했을 때 일본도 거품 붕괴로 혹독한 시련을 겪었다.

마침 1997년, 일본에 머물 때 우연히 TV에서 벤처, 연봉제 등을 주제로 한 NHK 특집 방송을 봤다. 먼저 미국의 벤처에 대한 내용이 나왔다. 미국의 벤처 밸리라고 일컬어지는 산호세에서 한 젊은이가 참신한 아이디어를 가지고 벤처를 창업하기 위해 기획안을 만들어 돈을 빌리려고 은행을 방문했다.

그 젊은이가 벤처에 대한 기획안을 제시하자 서류를 검토한 은행은 담보도 없이 대번에 대출을 승인했다. 은행에서는 그 기획안이 성공할 거라고 판단했기 때문이다.

그 젊은이가 이번에는 은행의 대출 승낙서를 가지고 함께 일할 기획자를 찾아가 자기의 벤처 계획서와 은행의 대출 승낙서를 보여 주면서 "당신 지금 회사에서 얼마를 받느냐? 나는 더 줄 테니 함께 일하지 않겠느냐"고 권유한다. 기획자가 승낙하자 이번에는 영업을 잘하는 사람을 찾아가서 같은 방식으로 제의하는 것이었다.

특집 방송은 미국 젊은이가 사람을 모아서 벤처를 시작하는 장면을 보여 준 다음, 일본에서의 벤처 창업은 어떤지 소개했다.

일본의 경우, 벤처를 준비하는 사람이 참신한 아이디어로 기획안을 만들어 은행에 방문한 다음 기획안을 제시하면서 돈을 빌려줄 수 있느냐고 물었다. 은행에서는 기획안을 보지도 않고 먼저 담보가 있느냐고 물었다. 담보가 없다고 하자 대번에 거절했다. "왜 기획안을 검토해 보지도 않고 거절하느냐"는 기자의 질문에 은행 담당자는 자기네 은행에 기획안을 검토할 만한 전문가가 없다고 설명했다.

일본 은행 직원은 대부분 상업고등학교나 상경계 대학교 출신이다. 벤처 기획안을 검토할 수 있는 공대 출신 직원이 없다. NHK 방송에서는 이런 장면을 보여 준 다음 일본에 벤처를 도입할 수 있는지의 여부를 놓고 토론을 진행했다.

오늘날은 자국 내에서 벗어나 지구촌을 무대로 경쟁한다. 국경 없이 경쟁을 하다 보니 이익과 효율의 극대화를 추구하고, 연봉제와 파트타임제를 도입하지 않을 수 없다. 일본에서는 일본 문화에 맞지도 않는 연봉제가 도입되기 시작했다. 유사 이래 일본을 지배하던 직업의 세습이나 종신고용제가 무너지고 새로운 세상이 시작됐다.

파트타임과 침몰하는 제조업 신화

1990년, 나는 1년간 미국 UCLA에서 연구한 적이 있다. 미국에서는 자동차 없이 다니기 힘들고, 또 미국에 간 김에 여행을 해야겠다는 생각에서 자동차를 샀다. 당시만 해도 한국에서는 아직 자동차가 크게 대중화되지는 않았다.

여행을 하려면 고장이 안 나는 자동차가 좋을 텐데 어떤 걸 사야 좋을지 몰라서 UCLA 교수인 미국인 친구에게 상의를 했다. 그 친구 말이 자동차 딜러인 매형에게 물어보니, 1년 후에 되팔 때 제값을 받으려면 고장이 잘 안 나는 일제를 사라고 했단다.

그래서 닛산 소형차를 샀다. 렌트 회사에서 15만km쯤 뛴 자동차를 손봐서 7천 달러에 내놓았다. 1년 동안 어지간히 탔다. LA에서 샌프란시스코 위에 있는 렉타호까지 하루에 1천km 이상을 주파하기도 했다.

그런데도 귀국할 때 이 차를 되팔아 6천 달러를 받았다. 어느 나라에서나 중고차 값이 비싼 자동차가 좋은 자동차다. 고장이 잘 나지 않고 중고차 값도 잘 받을 수 있다는 평판 때문에 미국에서 일본 자동차가 잘 팔렸다.

2005년, 나는 와세다대학교에 교환교수로 갔다가 전에 알고 지내던 M 과장과 오랜만에 식사라도 같이하고 싶어서 전화를 했다. 명함을 주기에 보니 인력 회사 대표 취체역이었다. 우리나라로 말하면 사장이 된 셈이다.

왜 학교를 그만두고 회사로 옮겼는지 물으니 "와세다대학교와 미쓰비시가 합작해서 만든 회사로 인재를 확보해서 공급하는 회사인데, 주로 와세다대학교에 파견한다"고 했다. 대충 짐작이 갔다. 우리식으로 말하면 파트타임으로 일하는 사람들을 소개하는 회사다.

파트타임이라기에 나는 단기간 근무를 생각하고, 인재를 파견할 때 대개 일하는 기간이 어느 정도인지 물었다. 일하는 기간은 길게는 5년이고, 간혹 10년을 계약하기도 한단다. 내가 생각하는 파트타임과는 전혀 달랐다.

나는 깜짝 놀라서 "5년, 10년 기간 파트타임이라면 정규직을 찾지 왜 비정규직으로 일을 하느냐"고 물었더니, M 과장은 "정규직으로 취업하면 회식을 한다든지 회식이 끝나고 또 2차, 3차를 가는데 거기에 빠지면 따돌림을 받는 일본 문화를 김 선생님도 잘 알지 않느냐"고 말했다. 그러면서 그는 "요즘 젊은이들은 상사나 동료를 의식하지 않고 돈을 좀 적게 받더라도 비정규직으로 일하면서 다섯 시면 칼퇴근하고 자기 생활을 즐긴다"고 말했다. 그는 고용하는 측도 인건비를 절감해 좋아한다고 덧붙여 설명했다. 와세다대학교에만 800명이나 파견했다고 한다. 요즘 종신고용제 같은 전통적인 가치관은 일본 젊은이들에게 통하지 않는다.

게다가 효율과 이익의 극대화를 추구하는 신자유주의 경제 열풍이 세계를 휩쓸면서 일본에서도 한번 입사하면 죽을 때까지 신분을 보장하던 종신고용제와 능력에 관계없이 세월이 흐르면 봉급이 오르던 연공서열제가 무너져 버렸다.

이에 발맞춰 2004년에는 '노동자파견법'이 만들어졌다. 통역과 같이 일부 업종에만 국한되던 제한을 없애고 제조업을 포함한 거의 모든 업종에까지 '파견', 즉 파트타임을 허용했다.

쇼와 말기인 1984년, 전체 임금노동자 약 3,936만 명 중 15.3%인 604만 명이 비정규직이었다. 그러나 2009년 2월 비정규직은 전체 노동자의 40%에 육박했고, 일본 후생노동성이 발표한 2017년 통계는 5,460만 명 중 37.3%인 2,036만 명이 비정규직이었다. 즉 10명 중 4명이 비정규직이다.

직업 세습과 종신고용제를 바탕으로 한번 입사하면 그 회사에 뼈를 묻으면서 무한 책임을 갖고 제품을 만들던 때와 달리 제품에 하자가 생기지 않을 수 없다. 일본 제조업 신화를 만든 종신고용제에 의한 노하우 축적과 직업의식도 역사의 도도한 흐름 앞에 무너지고 있다.

2009년 8월 캘리포니아주 샌디에이고에서 주행하던 도요타 자동차가 도로를 벗어나 폭발한 사건이 일어났다. 탑승자 4명이 전원 사망하면서 대규모 도요타 리콜 사태가 발생했다. 운전자가 가속페달을 밟지 않았는데도 자동차가 질주했다고 한다.

전 세계적으로 리콜한 차량 대수가 850만 대 정도이며 손실은 1,800억 엔 정도로 추산된다. 세계 자동차 판매 1위를 기록하고, 잔 고장 없기로 유명한 품질의 도요타 자동차가 뿌리째 흔들리기 시작했다. 미국에서 도요타 지동차의 리콜 사태는 일본의 종신고용제를 바탕으로 하던 제조업 신화가 무너지는 신호탄이라고 할 수 있다.

무너진 소니 신화

2000년대 초반까지만 해도 소니, 히타치, 파나소닉, 도시바, 미쓰비시, 후지쓰, 샤프 등 일본 전자 8개사는 해가 지지 않는 전자 제국을 형성했다. 특히 '소니' 하면 세계에서 모르는 사람이 없었다. 명품 브라운관 TV, 워크맨 등을 만들어 세계를 휩쓸었다. 질 좋은 TV는 소니의 대명사였다.

1997년 일본에 머물 때 TV를 사서 일본에서 사용하다가 귀국할 때 가지고 올 작정으로 아키하바라 전자상가에 갔다. 당시 소니 TV는 다른 TV와는 가격이 한 단계쯤 더 비쌌다. 평면 TV가 막 나온 시점이었다.

소니 29인치 평면 TV를 보니 10만 엔이었다. 좀 더 둘러보니 삼성 평면 TV가 보였다. 반가운 생각에 살펴보니 29인치 TV가 3만 엔이었다. 당시 일본에서 한국 TV를 보니 신기했지만 한편으로는 기분이 찜찜했다. 소니의 3분의 1밖에 안 되는 가격도 마음에 걸렸고, 3만 엔을 받으면 삼성이 손해를 보지 않을까 하는 걱정이 앞섰기 때문이다.

얼마 뒤 삼성 재팬의 인사부장으로부터 만나자는 전화가 왔다. 당시 삼성은 대학생 300명을 베이징, 서울, 도쿄에 보내 다양한 체험을 하게 하는 'BESETO'라는 프로그램을 진행했다. 인사부장은 일본에 오는 대학생들에게 도움이 될 만한 강연을 나에게 부탁했다. 그 전 해에 출판한 《김현구 교수의 일본 이야기》를 그가 본 것이다.

만난 김에 삼성 재팬 인사부장에게 "아키하바라에 가 보니 소니 29인치 평면 TV는 10만 엔인데 삼성은 3만 엔밖에 안 하더라. 3만 엔이면 적자가 아니냐"고 물었다. 인사부장은 "마이너스이기는 하지만 일본 시장에서 TV를 팔면서 소비자 반응을 보고 하나하나 고쳐 나간다. 그러면 세계시장에 내놓아도 손색없는 제품이 되기 때문에 수업료로 생각한다. 마이너스는 세계적으로 형성되어 있는 삼성 판매망을 통해서 1년에 약 5천억 원어치 일본 물건을 팔아서 보충한다."고 말했다.

21세기에 들어서면서 소니와 삼성의 운명은 완전히 뒤바뀌었다. 오늘날 삼성은 스마트폰을 앞세워 세계시장을 주도한다. 그러나 소니는 하향 곡선을 그리고 있다. 1990년대만 해도 삼성이 소니를 제치고 세계를 휩쓸 거라고 누가 상상이나 했겠는가? 또 세계 휴대전화 시장을 주름 잡던 핀란드의 노키아가 이렇게 몰락하리라고 누가 생각이나 했겠는가?

어떤 개인이나 회사, 국가마저도 잘나갈 때에는 그 방법을 잘 바꾸려 하지 않는다. 잘되고 있는데 누가 바꾸려 하겠는가? 자아도취에 빠져 사회의 변화를 받아들이지 못하는 사이에 다른 사회는 저만큼 달아나 버린다.

일본 사회는 피라미드 구조다. 밑에서부터 논의되어 올라오면 최고 경영자가 결정을 내리는 구조다. 제조업 사회에서는 이러한 구조가 노하우를 축적하고 실수 없이 일하는 데 적합하다. 그러나 피라미드 구조로 일하다가는 급변하는 사회에서 그 속도를 따라갈 수 없다.

일본을 대표하던 소니는 세계 표준을 외면한 채 모바일 시대를 무시하고 장인정신을 강조하다가 스스로 무덤을 팠다. 반면에 삼성은 오너의 빠른 결단력과 과감한 투자로 급변하는 사회에 빠르게 대응했다.

21세기는 스피드 시대다. 변화가 느린 농업 사회나 산업 사회는 한번 정상에 오르면 잘 무너지지 않는다. 경주 최 부자가 몇 대를 이어 가고, 독일의 '지멘스'처럼 100년 이상 세계의 정상권을 지키는 회사도 있다.

그러나 빠르게 변화하는 사회에서는 정상을 유지하는 게 쉽지 않다. 빠른 변화 속에서 계속 선두를 치고 나갈 수는 없기 때문이다. 소니 TV나 노키아 휴대전화처럼 삼성의 스마트폰도 영원할 수는 없다. 삼성도 그들을 반면교사로 삼아야 한다. 또한 한국이 삼성만을 바라보고 삼성에만 맞추다가는 낭패를 당할 수 있다는 점을 기억해야 한다.

도호쿠 대지진에 당황하는 매뉴얼 사회

스피드와 창조성을 필요로 하는 정보 사회로 바뀌면서 제조업에 적합했던 일본 문화는 오히려 장애물이 되었다. 일본은 고대부터 사회 모든 규범을 율령에 규정했다. 율령에 의거한 문화를 토대로 오늘날 일본은 모든 것을 매뉴얼에 따라서 움직이는 매뉴얼 사회를 형성했다.

예를 들면 일본에서는 초등학생에게 지진에 대한 매뉴얼을 가르친다. 지진이 일어나면 먼저 머리를 다치지 않게 모자를 쓰고, 문을 열어 출구를 확보하며, 책상 밑으로 들어가서 쪼그리고 앉아야 한다.

일본에서는 재난 시 장애인을 구출하는 매뉴얼을 따로 마련해 놓았다. 장애인이 비장애인보다 각종 재난에 취약하기 때문에 대상에 따라 각각의 매뉴얼을 마련한 것이다. 일본에는 매뉴얼이 없는 분야가 거의 없다.

2011년 도호쿠 대지진과 쓰나미에 뒤이은 원전 폭발로 일본은 유례없는 대혼란을 겪었다. 우선 지진과 쓰나미로 길이 막혀 구조대를 투입하지 못했다. 게다가 방사능 유출로 함부로 접근할 수도 없었다.

그런데 일본에는 쓰나미로 인한 원자로 폭발 대응 매뉴얼이 없었다. 매뉴얼에 따라 일사불란하게 움직이던 일본인들인데 매뉴얼이 없으니 어찌할 바를 모르고 우왕좌왕했다.

프랑스 기술자를 부를까, 아니면 시멘트로 원자로를 덮어 버릴까 결정하지 못하는 사이에 3월 12일 1호기가, 14일에는 3호기가, 15일에는 2호기와 4호기가 수소 폭발을 일으켰고, 다량의 방사성 물질이 외부로 누출되어 화를 키웠다. 매뉴얼이 없으면 책임자가 창의적으로 대처해야 했는데, 새로운 매뉴얼을 만들면서 사태에 대응해 나갔던 탓이다.

내 친구 중에는 미국 UCLA에서 한국사를 강의하는 미국인 교수가 있다. 그는 2005년에 규슈대학교 초청으로 그 대학에서 3개월간 연구를 한 적이 있다.

그는 2014년 6월 말, 서울대학교 서머스쿨에서 강의를 할 기회가 있어 서울에 왔다가 나와 만난 자리에서 일본 경험담을 이야기했다. 그는 2005년, 규슈대학교 초청을 받고 미국에서 일본으로 갈 때 규슈대학교 월급 날짜가 멀지 않아서 돈을 많이 가져가지 않았다고 한다.

그런데 막상 월급을 받으러 갔더니 현금으로는 줄 수가 없고 통장으로만 입금한다며, 통장을 만들라고 하더란다. 그래서 은행에 통장을 만들려고 갔더니 이번에는 구청에 가서 외국인 등록을 해야 통장을 발행할 수 있다는 이야기를 들었다. 할 수 없이 구청에 갔더니 외국인 등록증이 나오는 데 보름쯤 걸린다고 했단다.

그는 현금으로는 월급을 주지 않는게 의아했다고 말했다. 또 외국인 등록증이 있어야 통장을 만들 수 있으며, 또 외국인 등록증이 나오는 데 보름씩이나 걸리는 것도 황당했다고 불평했다. 돈이 빠듯하여 조마조마했다고 한다.

그런데 더욱 기가 찬 것은 규슈대학교에서 초청장을 받은 후 박사 학위증은 물론이고 대학교, 고등학교, 심지어는 중학교, 초등학교 성적 증명서까지 제출해야 했단다. 그는 "규슈대학에서 무슨 사고가 있었는지는 모르지만 도대체 UCLA의 교수면 됐지 무슨 박사학위 증명서가 필요하고 초·중·고 성적증명서가 필요하냐"고 말했다. 또 그는 "이런 나라가 어떻게 급변하는 현대사회에 적응해 나가는지 신기할 따름이다"고 했다.

제조업 사회에서 장점으로 작용하던 매뉴얼 문화가 속도와 창조성을 요하는 정보 사회에서는 오히려 장애 요인이다. 매뉴얼이라든가 집단의식, 또는 여기에서 비롯된 정직, 예의 등 일본의 전통적인 가치는 창조성과 거리가 멀다. 메이지유신 직후 이즈모에 가서 영어를 가르치던 야쿠모라는 영국인은 일찍이 이런 일본인들을 꿰뚫어 보고 도대체 "일본 사람들은 창의성이 없다"고 일갈했다.

예전 같지 않은 요즘 일본인들

내 제자 중에 도쿄대학에서 일본 역사를 전공한 교수가 있다. 2013년 10월이었다. 그 제자와 저녁을 같이하는데 "선생님, 옛날에는 그런 일이 없었는데 일본 사람들 참 엉터리예요"라고 말했다.

왜 그러냐고 물었더니 한일 청년 교류의 일환으로 한국 대학생들이 일본을 방문한 적이 있단다. 일본 외무성이 자신에게 단장을 맡아 달라고 해서 1주일간 일본에 다녀왔는데 뜻밖에도 수당을 주지 않더라는 얘기였다.

부단장으로 같이 간 교수도 의아했지만, 귀국해서 주겠거니 하면서 지나갔다고 한다. 그런데 귀국해서 헤어질 때까지 수당을 주지 않더란다.

할 수 없이 공사에게 왜 수당을 주지 않느냐고 물었더니 "무료 봉사입니다"라고 하면서 "모우시와케 아리마셍(드릴 말씀이 없습니다)"만 연발했다고 한다. 무료 봉사라면 처음부터 무료 봉사라고 말을 했어야지, 다녀온 다음에 그것도 물어보니까 그제야 무료 봉사라고 말하는 게 말이나 되느냐며 그 제자가 흥분하면서 말했다.

일본에서는 방학 때 대학원생들이 유적지 답사를 하는 경우에도 한두 달 전에 이미 자세한 일정표를 만들어서 돌린다. 그 일정표에는 출발하고 도착하는 시간 등이 적혀 있다. 그리고 그 일정에 따라서 일사불란하게 움직인다. 게다가 일본의 관료들은 치밀하기로 정평이 나 있다.

일본 관료가 아니더라도 미리 얼마를 드릴 테니 어떤 일을 해 달라고 이야기를 하는 게 상식이다. 내가 "일본이 옛날 일본이 아니야"라고 했더니, 제자도 요즘 일본인들 하는 일이 영 일본인들 같지 않다고 맞장구를 쳤다. 나만 그렇게 느낀 게 아니었다.

근래 '무령왕 네트워크'라는 모임을 만들어 매년 무령왕이 태어난 6월 1일이 되면 가카라시마에서 기념식을 갖는다. 가라쓰 시에 속한 가카라시마는 무령왕이 태어난 곳으로 알려져 있다. 가라쓰 시민과 무령왕릉이 있는 공주 시민 중 뜻 있는 사람들이 모여 무령왕 네트워크를 만든 것이다.

2012년에는 일본 학자가 새로 발견한 별에 무령왕의 이름을 붙이는 행사도 진행했다. 한국 측 책임자인 공주대학교 Y 교수가 나에게 행사에 같이 가서 곤지의 도일 배경과 관련 역사에 대해서 이야기를 해 달라고 요청했다. 2012년에 이어 2013년에도 동행했다. '무령왕 네트워크' 멤버들과 함께, 가카라시마를 방문하기 위해서 규슈에 도착했다.

한국 측 책임자인 공주대학교의 Y 교수가 말하길, 잘 아는 도쿄 모 대학교 D 교수가 학생들을 데리고 규슈 지역을 답사 중인데 답사가 끝나고 우리 팀과 합류할 예정이니 나와 같은 방을 좀 쓰면 어떻겠냐고 했다. D 교수는 한국 연구의 권위자로 나도 잘 알고 지내는 처지라 흔쾌히 승낙했다.

나는 D 교수와 같은 방을 쓰며 자연스럽게 퇴직금과 연금 이야기를 나눴다. 나는 이미 퇴직했고 D 교수 역시 퇴직이 얼마 남지 않은 상황이었다. 연금 이야기가 나오자 D 교수는 일본 연금 제도가 엉터리라고 하면서 교수가 되기 전에 1년쯤 직장 생활을 했는데 그때 65세가 되면 받을 수 있는 연금을 1년간 부었다고 했다. 그는 65세가 된 2012년부터 연금을 매달 8만 엔씩 꼬박꼬박 받는다고 말했다. 생활에 큰 보탬이 되기는 하지만 1년 밖에 붓지 않았는데 연금을 받는 게 약간 미안한 마음이 들더란다. 그 뒤에 연금법이 개정된 것으로 알고 있는데 착오가 생긴 게 분명하다고 했다. 옛날 같으면 상상도 할 수 없는 큰 문제가 일본 사회의 시스템에 생겼다고 비판하는 논조였다.

일본 사회가 변했다는 생각이 들었던 또 다른 예가 있다. 주한 일본대사관에 오래 근무한 지인이 한 명 있다. 언젠가 그와 이야기하던 중에 일본 젊은이들의 자립 문제를 두고 이야기를 나눴다. 자기는 도쿄대학교에서 물리학을 전공했는데 졸업을 하고 보니 마땅히 할 만한 일이 없더란다. 그래서 외무고시를 보려고 시골에 계시는 부모님께 1년만 도와달라고 요청을 해서 도움을 받았고 한다.

일본에서는 시골에서 상경한 대학생들이 부모로부터 최소한의 지원만 받고 대개 아르바이트를 해서 자기 생활을 꾸려나가는 게 일반적이었다. 그리고 대학을 졸업한 뒤에는 부모님께 도움을 받지 않는다. 그런데 그는 외무고시를 준비하는 1년 동안 시골에 계신 부모님께 경제적 도움을 받았다고 했다. 그는 고시에 합격해서 외교관이 된 후에는 그때 부모님께 받았던 도움이 마음에 부채로 남아 있다고 말했다.

무령왕 이야기로 다시 돌아와서, 백제 개로왕은 동생 곤지에게 자신이 임신시킨 부인을 하사했다. 부인은 곤지와 함께 일본으로 건너가다가 후쿠오카 앞 가카라시마라는 섬에서 출산했다. 이렇게 얻은 아들이 백제 25대 무령왕이다. 그래서 무령왕을 개로왕의 아들로 해야 할 것인지 곤지의 아들로 해야 할 것인지 논란이 있다. 아무튼 도일하다가 섬에서 태어났다고 해서 아이의 이름은 '섬'을 뜻하는 일본어 '시마'로 했다고 전해진다.

무령왕 네트워크 모임은 부산에서 배를 타고 후쿠오카에 도착하면서부터 대절한 버스를 타고 4일간 이동하는 일정으로 움직였다. 이동 중 무료한 시간에 틈나는 대로 운전기사와 이야기할 기회가 많았다.

운전기사는 요즘 일본 젊은이들이 큰일이라면서 자기 아들에 대해 이야기했다. 서른 살 먹은 아들이 변변한 직업도 없으면서 사귀는 아가씨와 아이까지 만들었다는 것이다. 어쩔 수 없이 결혼했는데 일정한 수입이 없는 터라 부인이 하도 사정을 해서 할 수 없이 자기 집에서 같이 산다고 하소연했다.

운전기사는 아들이 일정한 수입도 없이 아이를 가진 것도 그렇고, 집에 들어와서 별로 하는 일도 없이 가끔 아르바이트를 하는 게 못마땅하다며 옛날에는 상상도 할 수 없는 일이라고 말했다.

자기가 절대 도와주지 못하게 하는데도 아들을 가엽게 생각한 부인이 몰래 생활비를 쪼개서 준다고 한다. 그는 요즘 일본에 이런 일들이 다반사라면서 얼굴을 찌푸렸다. 책임 의식도 없고 미안하다는 생각도 없는 것 같다고 덧붙였다.

버스가 새 차처럼 보여서 언제 샀느냐고 물었더니 그는 그제야 얼굴이 풀어지면서 자랑스러운 듯이 7년쯤 됐다고 한다. 새 차 같다고 했더니 신이 나서 자기는 아무리 일이 늦게 끝나도 언제나 차를 깨끗이 청소하고 퇴근하기 때문에 이렇게 새 차처럼 보이고 실제로도 새 차나 다름없다고 자신 있게 말했다.

그러면서 요즘 입사하는 젊은이들은 일이 끝나면 차가 더럽건 말건 그냥 퇴근해 버린다면서 한숨을 쉬었다. 이렇게 가다가는 일본이 큰일 나겠다며 걱정하는 얼굴이었다. 그 운전기사의 이야기를 들으면서 일본인들의 직업의식이 옛말이 되어가고 있음을 실감했다.

역사를 조작하고 명예도 훔친다

도호쿠 구석기문화연구소 부이사장이었던 후지무라 신이치는 1981년 미야기현에서 4만 년 전의 구석기 유물을 발견했다. 그 뒤 1990년대 말까지 계속 구석기 시대를 늘려 나가는 유적을 발굴한 인물로 유명하다.

심지어 후지무라는 70만 년 전 구석기 유물까지 발견해 일본 구석기 시대를 큰 폭으로 늘렸으며, 역사 연구에 큼직한 획을 그은 것으로 평가됐다. 그래서 그는 '신의 손'이라고 불리기도 했고, 그의 업적은 교과서에 실릴 만큼 대단한 것으로 평가받았다.

그러나 2000년 10월, 후지무라가 구석기 유적지에 석기를 파묻는 모습이 카메라에 포착되었고 그 모습이 11월 〈마이니치신문〉에 공개됐다. 그리고 그가 발굴한 180여 곳의 유적 가운데 162개의 구석기 전·중기 유적이 모두 날조된 것으로 밝혀졌다. 거짓말로 일본 구석기 시대를 70만 년 전까지 끌어올린 셈이다. 일본 사상에서 유례없는 사기극이 벌어졌다.

그의 구석기 조작 사건이 밝혀지자 그의 책을 출판한 고단샤는 도서를 환수하고 당시 출판이사가 자진 사퇴하는 등 일본 출판계도 큰 타격을 입었다. 일본 학계도 신뢰를 잃고 추락했다.

나는 2001년에 일본 나고야대학에 객원교수로 있었다. 귀국하면 학생들에게 일본의 구석기 시대가 언제부터라고 가르쳐야 할지 난감했다. 마침 일본 고대사를 전공하는 도쿄대학교의 사토 교수를 만나 일본 구석기 시대를 언제부터라고 봐야 하느냐 물었더니 그는 난감한 표정을 지으면서 자기는 5만 년에서 3만 년 전으로 수정했다고 한다. 일본 역사가 하루아침에 60만 년 이상 날아가 버렸다.

사무라고치 마모루는 청각장애인 작곡가로 일본인들에게 큰 감동을 안겨 준 '일본의 베토벤'으로 불렸다. 그가 작곡한 것으로 알려진 '교향곡 제1번 히로시마'는 클래식 음악으로는 드물게 18만 장이 넘는 판매를 기록했다.

그러나 '교향곡 제1번 히로시마'를 포함해 그가 작곡했다고 밝힌 대부분의 곡이 다른 사람의 작품이란 사실이 드러나 일본 열도를 충격으로 몰아넣었다. 2014년 2월, 도호가쿠엔대학 강사 니가키 다카시가 그동안 자기가 사무라고치의 곡을 작곡했다고 고백한 것이다. 그는 20곡 이상의 곡을 제공한 대가로 700만 엔을 받았다고 한다.

더욱 충격적인 것은 니가키는 사무라고치가 실제 청각장애인이 아닐 수 있다고 말했다. 자기가 작곡한 음악을 듣고 몇 번이나 의견을 말했으며, 처음 그와 만났을 때부터 지금까지 특히 귀가 들리지 않는다고 느낀 적이 한 번도 없다고 밝혔다.

9부 능선에 도달한 일본

일본에서는 기계화가 진행되면서 많은 일자리가 사라졌다. 일본은 세계에서 전철이 가장 발달한 나라다. 일본에서 가장 강력한 노조가 국철 노조다. 1980년대 초, 사람이 하던 승차권 확인을 기계로 대치하면서 국철 노조의 강력한 반발을 샀다. 그러나 시대의 조류를 막을 방법이 없어서 결국은 많은 사람이 일자리를 잃었다. 게다가 제조업 중심의 경제구조에서 인력보다는 기술이 중요한 첨단산업 중심으로 바뀌자 또 많은 일자리가 없어졌다.

선진국에서 나타나는 현상이 일본에 나타났다. 과거에는 전자제품, 자동차, 조선 등의 분야가 거의 일본의 독무대였지만 한국, 중국 등 후발 주자들이 올라오자 인건비를 낮추기 위해 공장을 해외로 이전하면서 일본에 또 일자리가 줄었다.

일본은 대외무역에서 막대한 흑자를 내면서도 경기 침체가 계속되고 국민들은 하우스푸어로 전락했다. 게다가 2011년 도호쿠 대지진으로 48개의 원전이 전면적으로 가동을 중단하면서 가스를 사다가 전기를 생산하기 시작했는데, 이 때문에 최근 몇 년 동안은 무역도 적자로 돌아섰다. 일시적인 현상이기는 해도 무역 대국 일본이 적자로 전락했다. 우리에게도 일어날 수 있는 일이기 때문에 남의 일 같지 않다.

일본 인구는 1억 명 이상인데, 1인당 GDP는 약 4만 달러다. 1

인당 GDP가 높은 유럽의 스위스, 노르웨이, 네덜란드, 벨기에 등은 대부분 인구수가 적은 나라다. 그런데 인구가 1억 명 이상인 일본에서 1인당 GDP를 더 올리는 것은 쉬운 일이 아니다. 일본은 9부 능선에 도달한 느낌이다. 이룬 것을 지키기에도 벅찬 나라가 됐다.

2천 년이나 계속된 로마제국은 번영기인 '팍스 로마나(로마의 평화)'를 200년 정도밖에 지속하지 못했다. 동양 최대의 제국을 자랑하던 당의 전성시대도 100년 남짓이었다. 인류 사상 최대 강국인 미국도 1914년 제1차 세계대전 이후 약 100년을 넘긴 지금 여러 가지 문제점을 드러냈다. 미국은 매년 1조 달러에 육박하는 재정 적자와 무역 적자, 극심한 빈부 격차, 심각한 인종 갈등, 불안한 치안, 세계에서 가장 낙후한 의료보험 체계를 가진 나라라는 오명을 입었다. 역사에 영원한 강자는 없다.

일본도 1868년 메이지유신 이후 150년, 1945년 패전 이후부터 헤아려 70년 이상 상승 가도를 달려왔다. 일본은 GDP 세계 3위에 군사력도 실직적으로 세계 4위를 구가한다. 현재의 일본은 역사상 피크에 다다랐다. 9부 능선에서 아무리 달려도 숨이 가빠서 더 이상 속도를 낼 수 없는 게 일본이다. 이제 하향 곡선을 그려도 이상할 게 없다.

그러나 '부자가 망해도 3년은 간다'는 말이 있다. 해가 지지 않는 나라라고 일컬었던 영국이 식민지를 다 잃었지만 아직도 무시할 수 없는 나라다. 1년에 비행기가 제일 많이 이착륙하는 도시는 뉴욕으로 118만 편인데, 그다음이 런던으로 110만 편이다. 3위가 파리로 75만 편, 도쿄가 60만 편으로 4위다. 정체된 일본도 영국과 비슷한 길을 가지 않을까?

군사 대국화의 길

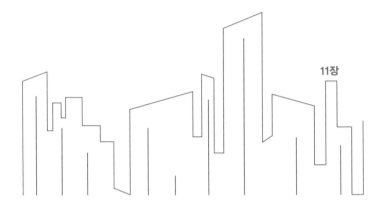

11장

종전 후 부활한 일본 천황

천황은 신이 인간의 몸을 입고 나타났다는 '현신 사상'을 바탕으로 존재한다. 이미 일본에서는 7세기 말부터 그러한 사상이 전해졌다.

황실 법에 의하면 천황은 남자만이 될 수 있다. 그런데 지금의 천황은 아들이 없다. 천황의 동생도 아들이 없었다. 몇 년 전에 법을 고쳐서 여자도 황위를 계승할 수 있도록 황실 법을 바꾸자는 문제로 일본 사회가 떠들썩했다. 그때 마침 천황의 동생이 아들을 낳았다. 일본 사회가 깊은 안도의 한숨을 내쉬고 안정을 되찾았다.

'지구상에 왕이라는 제도가 남는다면 아마도 영국 여왕과 카드 속의 왕일 것'이라는 말이 있다. 그러나 카드 속 왕을 제외하면 영국의 여왕보다는 오히려 일본 천황이 더 오래 존속하지 않을까 생각한다.

천황에 대한 정의는 메이지유신 이후 만들어진 헌법에 잘 드러난다. 헌법 제1조 '대일본제국은 만세일계의 천황이 통치한다', 제3조 '천황은 신성해서 침범할 수 없다'로 천황이 신성불가침한 '현인신'임을 강조한다. 또 제4조 '천황은 국가의 원수로서 통치권을 통괄하고 헌법 각조에 의거해 이를 시행한다', 제11조 '천황은 육해군을 통솔한다'로 천황이 일본을 통치하고 군대를 통솔하는 존재라고 정의한다.

일본은 나가사키와 히로시마에 원폭이 투하되자 1945년 연합군에게 항복했다. 일본에 상륙한 연합국 총사령부는 1946년 11월에 천황제 존속, 전쟁 방지, 봉건제 폐지를 축으로 하는 헌법을 만들게 했다. 이 헌법은 전쟁 방지를 핵심으로 하는 이른바 '평화헌법'이라고 불린다.

그리고 유명한 '도쿄재판'을 통해서 제2차 세계대전을 주도한 전범들을 처단했다. 그러나 헌법에 '신성불가침한 존재로 일본을 통치하고 군대를 통솔한다'고 정의된 천황은 전범으로 분류되지 않았다. 천황이라는 지위도 그대로 유지하게 해 줬다.

미국은 종전을 앞두고 전후 어떻게 하면 일본이 미국 말을 잘들을 것인지를 연구했다. 거기서 내린 결론 가운데 하나가 천황제의 존속이다. 일본인은 천황을 절대적인 존재로 생각하므로 천황제를 존치해 이를 이용하면 일본이 미국을 추종할 것이라고 생각한 것이다.

미국은 천황을 재판에 회부하지도 않았을 뿐만 아니라 오히려 지켜 줬다. 전쟁의 최고 책임자인 천황은 전범으로 처벌받지 않고 다시 일본을 상징하는 존재로 복귀했다.

원래 일본의 천황은 인간의 몸을 입은 신, 즉 현인신이기 때문에 즉위할 때 두 가지 의식을 거행한다. 하나는 천황이 되는 의식이요, 다른 하나는 신이 되는 의식이다. 그래서 제2차 세계대전에서 패배한 쇼와 천황은 제일 먼저 천황은 신이 아니라 인간이라는 이른바 '인간 선언'을 하고 신의 자리에서 내려왔다.

그러나 쇼와 천황의 뒤를 이은 아키히토 천황은 1989년 천황으로 즉위하면서 다시 신이 되는 의식을 거행했다. 이로써 전쟁의 최고 책임자가 전범에서 벗어났을 뿐만 아니라 신으로도 다시 복귀한 셈이다. 다른 전범들도 필요에 따라 언제든지 사면될 수 있음을 보여 준 조처이기도 하다.

전범에 면죄부 준 미국과 한국

1868년 메이지유신부터 1945년 제2차 세계대전에서 패전할 때까지 일본의 주도 세력이 추구한 것은 기본적으로 서구의 자본주의였다. 그들은 1894년 청일전쟁을 시작으로 러시아, 만주, 하와이 등을 계속해서 침략했다.

그러면서 1930년대부터는 후발 자본주의국가에서 나타나는 파시즘 체제가 출현했다. 파시즘 체제의 기반은 전체주의, 반공산주의, 반의회주의다. 이런 면에서 전범들은 기본적으로 철저한 반공산주의자였다.

제2차 세계대전이 끝난 뒤 미국은 전쟁을 주도한 세력을 전범이라는 이름으로 처단했다. 그런데 전후 미국을 중심으로 하는 자본주의 세력과 소비에트연방을 중심으로 한 공산주의 세력이 대립하는 이른바 동서 냉전체제가 들어섰다. 그런 와중에 1949년, 중국에 공산 정권이 들어섰다.

한반도도 1950년 6·25전쟁으로 적화 위기에 처했다. 이에 미국은 아시아의 공산화를 막기 위해 일본을 반공 보루로 설정했다. 원래 미국은 한반도의 38선이 아니라 대한해협에 금을 그으려고 했다. 일본만은 반공 보루로 지키려 했던 것이다.

일본에서 반공 세력이란 바로 다름 아닌 전범들이다. 전범과 제2차 세계대전 이전 주요 자리를 맡았던 이들의 아들, 손자가 현 일본 사회를 이끄는 주역이다.

그러므로 제2차 세계대전 당시 일본이 주변국을 침략한 과오에 대해 군이 전범의 후손에게 의견을 묻지 않아도 그들의 생각을 알 수 있다.

한국에서는 아베 총리의 언행을 독불장군인 양 이해하지만,

사실 아베 총리야말로 일본 주도 세력이 지금까지 드러내지 않았던 본심을 잘 드러내는 인물의 표본이다.

아베 총리는 2013년 12월 26일 총리 취임 1주년에 야스쿠니 신사에 합사한 전범들에게 '존숭'의 뜻을 표하면서 그의 '혼네(본심)'를 표출했다. "침략을 여러 가지로 해석할 수 있다"거나 "평화헌법을 개정하는 것이 소원이다"라는 등의 발언은 기존의 '전범이니, 사죄니 하는 인식은 일본이 패했기 때문에 생겨난 잘못된 인식'이라는 생각이 바탕에 깔린 말이다.

마음속으로는 제2차 세계대전 당시 주변국에 대한 침략은 일본인으로서는 침략 전쟁이 아니라 세계 역사상 가장 커다란 제국을 건설했던 자랑스러운 역사였다고 외치고 있을지도 모른다. 아마 시간이 지난 뒤에는 일본 역사에서 그렇게 서술하고 가르칠 것이다. 도요토미 히데요시의 조선 침략을 자랑스러운 역사로 기술하는 것처럼 말이다.

독일은 제2차 세계대전에서 피해를 입은 주변국에 사과하고 역사 교과서에도 독일의 잘못에 대해 실었다. 그러나 일본은 진심 어린 사과는커녕 역사 교과서에도 진실을 싣지 않는다.

매스컴에서는 '독일은 양심적인 나라, 일본은 나쁜 나라'라는 식으로 이야기한다. 전후 독일에서는 제2차 세계대전을 일으킨 나치의 반대 세력이 정권을 잡았다. 세력을 잡은 정권은 자기들의 정당성을 확보하기 위해서라도 나치가 주변 국가를 침략했던 사실에 대해 사과하고 그 잘못을 역사 교과서에 실었다.

그러나 일본에서는 제2차 세계대전을 일으켰던 세력이 다시 정권을 장악했고, 그 자손들이 현재 일본을 주도한다. 그들이 주변국을 침략했던 사실을 사과하고 역사 교과서에 싣는다면 그것은 아버지나 할아버지를 부정하고 자기 자신을 부정하는 셈이다.

그들이 때때로 사과하긴 하지만 진정성 있는 사과를 하지 않는 이유가 여기에 있다. 우리가 그들이 대충하는 사과를 적당히 받아들인다면 모르지만, 마음에서 우러나는 사과를 요구한다면 그들은 본색을 드러낼 것이다.

일본을 아시아의 반공 보루로 설정함으로써 전범들에게 주도권을 준 미국은 일본의 반공 세력과 한반도의 반공 세력을 결합시키는 작업에 착수했다. 1965년 한일협정은 한반도의 반공 세력인 남한과 일본의 반공 세력인 전범이 손을 잡은 협정이다.

한일협정으로 한국은 일본에서 자본과 기술을 들여다가 본격적으로 근대화를 추진했다. 그러나 차관을 제공하는 과정에서 양국의 정치가들이 리베이트를 받은 게 문제가 됐다. 정경유착이다. 일본 측에서 차관을 주선한 정치가들을 한국에서는 이른바 '친한파'라고 불렀다. 그리고 한일 교류에 공헌했다는 명목으로 훈장을 주기도 했다.

한일협정에서 일등 공신은 아베의 외조부 기시 전 총리다. 게다가 친한파의 대명사로 불리던 사람이 아베의 아버지 아베 신타로 전 외무장관이자 한일의원연맹 일본 측 회장이었다.

미국뿐만 아니라 한국도 전범들에게 친한파라는 면죄부를 준 셈이다. 이것이 한일 관계의 기본적인 모순이다.

전방위 영토 분쟁 벌이는 군사 대국

1970년대에는 유신 독재가 극에 달했던 시기다. 독재에 대항하기 위한 논리였다고 생각되지만 확인되지 않은 이야기들도 세상을 풍미했다. 그중 하나가 6·25전쟁 북침설이다. 6·25전쟁은 내가 초등학교 1학년 때 일어났다. 나는 인민군이 쳐들어온 것을 직접 눈으로 본 사람이다. 그래서 대체 북침설의 근거가 무엇인지 항상 의문이 들었다.

1977년, 일본에 도착하자마자 북침설에 관한 책을 뒤적여 보았다. 그중에서 나름 논리적인 설명이 눈에 띄었다. 이 책에 의하면 1950년 1월, 미 국무장관인 애치슨은 '한국은 미국의 극동 방위선에 포함되지 않는다'는 이른바 애치슨 선언을 했는데, 북한이나 소련은 애치슨 선언을 남한을 침략해도 괜찮다는 사인으로 받아들였다는 것이다. 즉 당시 동서 냉전체제 속에서 일본을 아시아 반공 보루로 설정한 미국이 일본을 재무장시키기 위해서 북한의 침략을 유도했다는 내용이다. 1950년 6월 25일, 북한의 남침이 시작되자 기다렸다는 듯이 7월에 일본 자위대 창설을 발표했는데, 이것을 증거로 내세웠다. 어쨌든 일본 점범들은 주도 세력으로 재등장했고, 6·25전쟁을 계기로 다시 무장하고 나섰다.

2014년 5월, 〈아사히신문〉 서울 특파원을 한 뒤 은퇴하고 프리랜서로 활동하는 기자로부터 인터뷰 요청을 받았다. 일본은 군사 대국을 지향할 의사가 없다는 사실과 센카쿠열도 문제는 중국 측에서 촉발하여 할 수 없이 일어난 일로 일본은 국제분쟁을 일으킬 의사가 없다는 점을 이야기하면서 내 견해를 물었다. 독도 문제를 어떻게 해결하면 좋을지에 대한 질문도 곁들였다.

현상만을 본다면 일본은 군사 대국을 지향하지 않으며 영토 분쟁을 일으킬 의사가 없다고 볼 수 있다. 그러나 현 일본의 평화헌법에는 군대를 둘 수 없게 되어 있는데도 일본은 1950년 6·25전쟁을 계기로 7월 자위대를 창설했다. 또 1951년에는 일본의 개별적·집단적 자위권을 인정하는 샌프란시스코강화조약을 체결했으며, 1960년에는 신일미안전보장조약을 체결했다.

1978년에는 미일 방위 가이드라인이 설정됐고, 1992년에는 유엔평화유지활동 협력법이 성립되어 해외 파견병까지도 가능하게 됐다.

2014년 6월에는 일본과 밀접한 관계에 있는 국가가 공격을 받는 경우 자국에 대한 공격으로 간주하고 반격할 수 있는 집단적 자위권을 위해 헌법의 해석을 변경해 합법화했다.

이런 일련의 과정을 보면 일본이 군사 대국화의 길을 걷고 있음을 금방 알 수 있다. 게다가 일본은 중국과는 센카쿠열도, 러시아와는 쿠릴열도, 한국과는 독도를 둘러싸고 주변의 모든 국가와 영토 분쟁을 벌인다.

2014년 8월 14일, 러시아가 쿠릴열도에서 대규모 군사훈련을 하면서 일본과 러시아 간 긴장이 고조됐다. 러시아는 12일부터 홋카이도 코앞에 있는 쿠릴열도에서 1천 명 이상 병력을 동원해 군사훈련에 들어갔다. 훈련에는 공격용 대형 헬기와 최신 무인 항공기, 태평양 함대까지 투입됐다.

일본 외무성의 항의에 대해 러시아는 "일본 측에서 우려를 표명할 이유가 없다"며 "러시아는 자국 영토 중 군사훈련 장소를 선택할 수 있으므로 일본 외무성 항의를 거부한다"고 반격했다.

2012년 일본 항공자위대가 신형 F-15J 전투기 1개 대대를 동해 쪽의 이시카와현 고마츠 기지에 배치했다. 해상자위대는 이미 1만 톤급 아타고 이지스함을 포함해 전투함 8척을 동해 연안에 배치했다.

집권 자민당이 독도와 인접한 시마네현 오키제도에 자위대 시설을 설치하기로 한 것도 독도 문제와 무관하지 않은 듯하다. 우리 해군은 단지 3척의 이지스함을 보유하는데, 동해안에 배치되어 있지도 않았다.

도쿄에서 2천km나 떨어져 있고, 평소에는 물 위에 잘 나타나지도 않는 바위에 시멘트를 발라서 '오키노시마'라는 이름을 붙여 자국 영토라고 주장하는 것은 일본의 영토적 야심을 잘 드러낸다. 일본은 주변 국가들과 평화적인 관계보다는 무력으로 맞서려 한다.

나는 〈아사히신문〉 전 특파원과의 인터뷰에서 "일본은 세계 3~4위를 자랑하는 군사 대국이 되지 않았느냐"며 무의식중에 열변을 토했다. 이에 상대는 별로 말이 없었다.

내가 일본에서 유학하던 1980년대 초 당시 나카소네 총리가 일본열도를 가라앉지 않는 항공모함으로 만들겠다는 이른바 '일본열도불침항공모함' 설을 들고 나왔다. 이때 일본은 군사 대국화로 가는 문제를 놓고 뜨겁게 달아올랐다.

대학원에서 같이 공부하던 일본 친구 중에 언제나 한국에 대해서 좀 삐딱하게 생각하던 K가 언젠가 나에게 "일본이 군사 대국으로 가는 문제에 대해서 한국에서는 어떻게 생각하느냐"고 물었다.

일본의 침략을 받았던 한국으로서는 당연히 긴장하지 않겠느냐고 했더니, 그런 일은 일어나지도 않을 뿐만 아니라 군사 대국이 되더라도 한국은 걱정할 필요가 없다는 것이었다. 내가 "일본이 걸어가는 길을 보면 일본이 군사 대국화의 길로 가는 것은 분명하다. 그리고 일본이 군사 대국이 된다면 역사적으로 보나 지정학적으로 보아 직·간접적인 계기로 군사력을 행사하는 타깃에서 한국이 배제되기는 힘들 것이다"라고 열변을 토했다.

그는 전쟁이 나면 지금 일본인들은 전부 도망가 버릴 테니까 걱정할 필요가 없다고 대답했다. 하지만 나는 앞으로의 전쟁은 총을 들고 전장에 나아가서 싸우기보다는 책상 앞에 앉아서 싸우는 전쟁이기 때문에 그렇지 않다고 받아쳤다. 그는 나를 물끄러미 쳐다만 보고는 말이 없었다.

이제 생각해 보면 내가 예언 아닌 예언을 한 셈이지만 일본이 군사 대국화의 길로 가는 것은 더욱 분명해졌고, 만약 일본이 그 군사력을 사용한다면 어떤 계기이든 역사적으로나 지정학적으로 보아 그 대상 범위에서 한반도가 벗어나기는 힘들 것이다. 일본이 선제공격을 할 수 있는 집단적 자위권의 대상으로 한반도의 북한을 거론하고, 중국과의 청일전쟁도 한반도 침략으로 시작했다는 사실을 상기해 볼 필요가 있다.

2014년 3~4월, 〈아사히신문〉 후원으로 미국 전략국제문제연구소(CSIS)가 아시아·태평양 지역 11개국 402명의 외교 전문가를 대상으로 설문 조사를 실시했다. 그 결과에 의하면 한국, 미국, 중국, 일본을 포함한 아시아·태평양 지역 외교 전문가들의 80% 이상이 침략당한 영토는 전쟁을 통해서라도 되찾아야 한다는 인식을 드러냈고, 중국 전문가의 43%는 역사 문제 대립이 군사 분쟁의 원인이 될 수 있다고 내다봤다.

설문조사에서 '다른 나라에 영토를 빼앗긴 후 외교로 해결되지 않을 경우 군사력으로 탈환하는 데 찬성하느냐'는 질문에 81%가 찬성이라고 답했다. 그리고 최근 동북아시아 긴장 고조의 당사국 전문가 가운데 미국 88%, 한국 86%, 중국 83%, 일본 81% 등 80% 이상이 사실상 전쟁으로 영토를 되찾아야 한다는 의견을 제시했다고 한다. 우발적인 충돌이 없으란 법도 없다.

센카쿠열도를 둘러싼 중일 패권 경쟁

전근대에 동아시아 여러 나라는 중국과의 교류를 원했다. 중국은 동아시아 문화의 중심이었기 때문이다. 일본도 예외가 아니었다. 중국 역사서인 《한서》에 의하면 일본은 이미 기원전 1세기경부터 중국에 사신을 파견했다. 집권 세력은 중국을 정치적으로 이용하기도 했다. 3세기 중엽에 일본이 위(魏)에 내란을 보고하자, 위는 깃발을 주면서 꽂아 놓고 싸우게 했다. 중국이 뒤에 있음을 과시하게 한 셈이다.

일본과 중국은 600년에 최초로 충돌했는데, 일본이 수에 보낸 국서 때문이었다. 수양제에게 '해 뜨는 곳의 천자가 해 지는 곳의 천자에게 국서를 보내노라'로 시작하는 국서를 보내자 수양제가 대노했다는 기록이 전해진다. 일본이 수와 대등한 반열이라고 과시했던 내용이다.

일본은 7세기 이후 정기적으로 견당사를 파견해 중국 문화를 도입했지만, 14세기 초부터 15세기에는 왜구라는 형태로 중국 연안을 침략했다. 천하를 통일한 도요토미 히데요시는 1592년에 조선을 침략하면서 명을 정벌하는 길을 빌린다는 명분을 내걸었다.

19세기에는 메이지유신으로 근대화에 성공한 일본이 본격적으로 중국을 침략했다. 중국을 점령한 일본은 제2차 세계대전에서 패배함으로써 타의에 의해서 중국에서 물러났다. 그러나 제2

차 세계대전 후 다시 일어선 일본은 이미 GDP 세계 3위, 군사력도 기술 측면으로만 본다면 아마도 미국, 러시아에 이어서 3위 정도가 아닌가 싶다.

일본은 북한의 장거리 미사일이나 핵실험을 구실로 무장을 강화했다. 그러나 먹고사는 문제도 해결하지 못하는 북한이 일본이나 미국을 노릴 수 없다는 것은 자명한 사실이다. 일본이 군사력을 증강하는 근본 목적은 북한이 아니라 중국이라고 할 수 있다. 게다가 외교적으로도 '아세안 확대 국방장관 회의'를 추진하며, 필리핀, 인도네시아, 말레이시아, 인도, 베트남 등 중국 주위에 있는 국가들을 경제적으로 지원한다. 또한 집단적 자위권을 인정하며 노골적으로 중국을 겨냥한 군사 대국의 길을 걷는다.

그러나 일본은 중국과 힘 대결을 펼치다가는 체력이 고갈될지도 모른다. 제2차 세계대전에서 왜 미국에게 패배했는가를 일본은 곱씹어 봐야 한다.

미일 동맹을 강화한 일본이 남중국해에서 해당 지역 국가들과 연합 군사훈련을 실시했다. 2015년 5월 10일 교토통신과 필리핀 언론 보도에 의하면 일본 해상자위대와 필리핀 해군은 5월 12일 필리핀 마닐라만과 수빅만 사이 남중국해에서 돌발 상황에 대비한 공조 체제를 구축하는 연합 훈련을 실시할 계획이라고 했다. 당시 필리핀의 베니그노 아키노 대통령은 6월에 일본을 방문해 아베 총리와 정상회담을 통해 필리핀 해군과 일본 자위대가 중국의 해양 진출을 견제하는 방안을 논의했다고도 전했다.

일본은 재정 적자가 심화되자 2019년 실질 GDP 증가율 전망 치를 기존 1.3%에서 0.9%로 낮췄다. 그러면서도 2020년 약 25 만 병력 예산에 2018년보다 약 6,500억 엔 더 많은 사상 최대의 약 6조 엔을 확정했다. 일본은 갈수록 군비를 확대한다. 참고로 약 60만 병력을 유지하는 한국은 2020년도 국방 예산안이 약 50조 원이다.

일본은 한일협정을 바탕으로 한국에 대해 미국과 군사전략을 함께하면서도 한국에 노골적으로 대립각을 세운다. 언젠가는 일본이 단순히 미국의 대리인 역할이 아니라 독자적인 길을 가 겠다는 의지를 분명히 하는 모양새다. 2014년 9월 14일 NHK에 서는 아베가 취임 이래 49개국을 순방했는데 내용을 보면 원전 과 무기 판매, 집단적 자위권에 대한 지지가 주를 이뤘다고 보도 했다.

역사적으로 일본은 중국과 오랜 관계를 유지했다. 관계의 과 정은 일본이 중국을 추월하는 과정이었다고 할 수 있다. 과거 14세기 후반 원(元)이 일본 정벌에 나서기도 했지만 상륙도 못 하고 실패로 끝났다. 중국이 일본 정벌에 성공한 적은 한 번도 없었다.

중국은 주변 국가와의 관계 재정립을 위해 힘이 뒷받침되어야 한다고 여긴다. 근래 중국이 항공모함 건조, 미사일과 신예 무기

개발 등 노골적으로 군사력을 강화하는 이유가 여기에 있다.

오늘날 중국과 일본은 팽팽하게 맞선다. 2010년 9월, 일본은 중국과 영유권 분쟁을 빚는 센카쿠열도 인근 해상에서 순시선 2척과 접촉한 중국 어선 선장에 대해 공무집행방해 혐의로 구속영장을 신청했다. 양국 간의 외교전이 치열하다. 센카쿠열도를 둘러싼 중국과 일본은 한 치의 양보도 없는 대결을 펼치며 동아시아에서 패권 경쟁을 상징적으로 보여 줬다.

전후 첨단 무기로 무장해 온 일본

1951년 샌프란시스코강화조약으로 독립한 일본은 1960년 미국과의 신안보조약으로 미국의 안보 우산 속에서 경제 발전만을 추구한다는 기본 방침을 설정했다. 이른바 대미 종속과 우경화의 길을 걷기 시작했다. 그렇게 경제 발전에 전력투구한 결과 일본 경제는 1957년에 메이지유신 이후 최고의 수준에 이르렀고, 1968년에는 GNP(국민총생산) 세계 2위를 달성했다. 현재는 중국에게 2위의 자리를 내줬지만 일본은 중국에 비해 땅은 약 26분의 1, 인구는 약 11분의 1밖에 안 된다는 점을 생각하면 일본의 경제력이 얼마나 강한지 짐작할 만하다.

또한 2017년 말 시점에서 일본의 대외 순자산은 약 3조 달러로 27년 연속 세계 최대 순채권국 자리를 지켰다. 한국에 8억 달러를 주고 50년 동안 약 6천 억 달러의 누적 무역 흑자를 달성했다는 사실을 상기해 볼 필요가 있다.

세계 역사상 경제 대국은 늘 군사력을 강화한다. 서양의 로마, 동양의 당·청, 현재의 미국 등을 보면 쉽게 알 수 있다. 부를 획득하고 유지하기 위해서는 힘이 필요하기 때문이다. 일본도 세계로 뻗은 이권을 유지하기 위해서 당연히 힘을 갖추려 한다.

호르무즈해협은 이란과 아라비아반도 사이에 있는 좁은 해협으로 세계적인 산유국 사우디아라비아, 이란, 쿠웨이트의 중요한 석유 운송로다. 세계 원유 공급량의 30% 정도가 이곳을 통과하며 일본도 중동에서 원유를 들여올 때 이 통로를 이용한다.

2014년 7월 20일, NHK 〈9시 토론회〉에서 방위청 장관이 집단적 자위권을 행사해야 하는 근거로 일본이 호르무즈해협에 기뢰 제거 기술을 제공한다는 사실을 들었다. 일본이 중동에서 원유를 들여오는 길목인 호르무즈해협에 기뢰가 부설된 경우 세계 최고 기뢰 제거 기술을 가진 일본이 나서지 않으면 안 된다는 논리였다. 여기서 중요한 점은 일본의 기뢰 제거 기술도 이미 세계 최고 수준이라는 사실이다.

1980년대 초 파키스탄이 핵실험으로 세계를 떠들썩하게 했다. 그 기술을 제공한 나라로 일본이 지목됐다. 일본 NHK는 파키스탄에 원폭 기술을 제공한 회사가 어떤 회사인가를 추적하는 프로그램을 방영한 적이 있다.

NHK는 먼저 역추적으로 일본에서 원폭 기술을 가진 회사를 찾았다. 당시 일본에는 12개 회사가 원폭 기술을 보유했다. 12개의 회사 중에서 파키스탄과 거래한 회사를 추적해 보니 3개 회사가 추려졌는데, NHK는 이 중 하나가 파키스탄에 원폭 기술을 제공했다는 결론을 내렸다. 당시 이미 일본에는 원폭 제조 기술을 보유한 회사가 12개나 존재했다는 이야기다.

1990년 이라크가 쿠웨이트를 침공하자 미국이 주도하는 다국적군이 이라크를 침공한 걸프전이 발발했다. 이때 미국은 레이더에 걸리지 않고 이라크를 포격하는 스텔스기를 이용했는데, 이 기술을 제공한 나라가 일본이라는 사실은 유명하다.

1983년 9월 1일, 사할린 영공에서 소련 전투기가 대한항공 보잉747 점보기를 미사일로 격추했다. 이때 소련이 발뺌하자 유엔에서 당시 미국 대표가 소련 조종사들의 대화 내용을 공개해 소련을 꼼짝 못 하게 한 사건이 일어났다. 미국이 발표한 소련 조종사들의 대화 내용도 일본이 감청해 제공했다고 한다. 일본이 자국 기술을 노출하면서까지 미국에게 소련 조종사들의 대화 내용을 제공해 당시 국제사회에서 화젯거리가 됐다.

현재 한국에서는 일본과 맞붙으면 이길 수 있다고 착각하는 사람들이 적지 않다. 한국은 북한과 오랫동안 대치 상태를 계속한 반면, 일본은 전후에 평화를 표방하면서 군사력을 표출하지 않았다. 이런 이유로 한국 군사력을 과대평가하고 일본 군사력을 과소평가하는 경향이 나타났다. 아마도 독도 문제가 표면화될 때마다 한번 붙어 보자는 심리가 발동하는 것도 이런 생각

때문이 아닌가 싶다.

그러나 일본은 무기 전체의 숫자로는 미국이나 중국에 절대 약세지만, 미국조차 따라잡을 수 없는 군사 기술력을 갖췄다. 일본은 이미 제2차 세계대전에서 대형 전함과 항공모함, 잠수함을 사용했고, 제로 전투기를 스스로 만들어 싸웠다. 제로 전투기 '제로센'은 연합군과는 비교도 안 될 정도의 빠른 이동 속도와 하강 속도를 보여 주며, 공중전에서 몇 번이나 연합군을 이겼다.

1911년 5월 17일, 도쿄 동북쪽에 있는 사이타마현 도코로자와 비행장에서 일본 국산 비행기 '나라하라식 제1호기'가 최초로 비행에 성공했다. 또한 일본은 1921년에 최초의 항공모함 호쇼를 진수했다. 1937년 호리코시 지로가 제작한 '제로센'은 1940년 최종적으로 해군에 채용되어 진주만 공습을 비롯해 전쟁 초기에 혁혁한 성과를 세웠다. 경량화로 기동성과 항속거리에서 미국과의 전쟁 초기에 미국 전투기를 압도했다. 그해가 일본이 기원한 지 2600년 되는 해라고 해서 뒷자리의 숫자 '0'을 따 '영식 함상 전투기'라는 정식 명칭을 붙였고, 사람들은 '제로센'이라고 줄여서 불렀다고 한다.

다음 내용은 한양대학교 김경민 교수의 글(한국일보 2014년 7월 15일자)을 요약 정리한 내용이다. 1990년의 걸프전이나 2003년 이라크 침공 등은 현대전에서 전투기의 중요성을 여실히 보여줬다. 군사 장비를 가볍게 하는 기술의 근간은 섬유 소재인데 일본이 전 세계 탄소섬유 시장의 75%를 점유했다고 한다. 일본은 제로센에서 섬유 소재를 처음 사용했듯이 F-2(일본 항공자위대의 지원기) 전투기 개발에도 탄소섬유 수지를 사용했고, 세계에서 가장 단단한 날개를 만들어 기동력을 높였다.

F-2는 미국의 F-15, F-16 전투기의 3분의 1밖에 안 되는 회전 반경으로 상대방 전투기 꼬리를 무는 가공할 만한 기동력을 발휘한다. 현재 일본은 세계 최강이라고 불리는 미국의 F-22에 맞설 F-3을 개발 중이다. 미국은 적의 레이더에 잡히지 않는 스텔스 성능, 비행 제어와 무장 체계를 일사분란하게 조정하는 소프트웨어 시스템 등에서 날이 갈수록 일본의 협력을 필요로 한다.

일본의 대잠 초계기나 잠수함 전력은 이미 세계 최강이다. 일본은 히로시마와 나가사키의 악몽 때문에 원자력 잠수함을 보유하지는 않지만, 세계 최대급의 비원자력 잠수함을 갖췄다. 이 잠수함은 약 2주 정도 해저에서 머물며 물속에서 최고의 기동력을 발휘하고 고장이 나도 탑승자 생존율이 높다. 게다가 소음도 적어 한반도 주변 국가에서 원자력이 아닌 통상적인 잠수함 전력 중에는 단연 돋보인다.

일본은 이런 잠수함을 16척 보유하면서 한 척 퇴역할 때마다 한 척을 새로 건조하는 방식으로 매년 새로운 기술을 덧붙였다. 일본은 자국 영해 근처에 중국의 구축함이나 잠수함이 드나드는 것을 손바닥 들여다보듯 관찰한다.

센카쿠열도 문제로 중국이 해군력을 증강하자 일본은 잠수함을 24척 체제로 대처했다. 일본은 미국과 공조해서 중국의 잠수함이 드나드는 동·남중국해 길목에 해저 음향 케이블을 깔고 중국 해군력 동향을 일거수일투족 감시한다. 중국은 원자력 잠수함 '진급'을 이미 갖고 있지만 엔진 소음이 큰 약점 때문에 정체가 금방 탄로 난다.

또한 일본은 중국의 전함과 잠수함을 하늘에서 탐지하기 위해 이미 대잠 초계기 P-1의 양산에 들어갔는데, 미국의 P-3C 대잠 초계기의 후계기로 항속거리가 약 9천km에 달해 '대동아공영권 대잠 초계기'라는 별명이 붙었다. 4개의 엔진으로 초고속으로 날아가다가 엔진 2개를 끄고 바다 위를 조용히 날면서 중국의 해군력을 무력화할 수 있다. 일본의 대잠 초계기 수량은 작전 영역에 비해 세계 최대 수준이라고 할 수 있다.

일본은 척당 1조 4천억 원이나 하는 이지스함을 6척이나 보유하는데, 2척을 추가 할 예정이다. 이지스함은 해전에서 대함 미사일 공격을 방어하기 위한 목표 추적 시스템 및 방공 미사일, 공격 시스템과 이를 운용하는 통합 시스템을 갖춘 구축함으로 한 척으로 다수의 적 항공기와 전함, 미사일, 잠수함을 제압하는 중요 전략 무기다.

척당 1만 톤이 넘는 이지스함 8척 체제를 갖춘 나라는 미국을 제외하면 일본뿐이다. 일본은 대기권 밖에서 대륙간탄도미사일을 요격할 수 있도록 수직 발사 시스템을 이지스함에 갖춰 놓았다.

'이즈모'라는 경항모는 수송함처럼 보이지만 대잠 헬기를 14

대까지 실을 수 있는 항공모함이다. 대잠 헬기는 바다 위를 낮게 비행하면서 음향 추적 장치로 잠수함을 식별하면 곧바로 어뢰를 발사해 수장시키는 잠수함 킬러 헬기다. 경항모라고 헬기만 싣는 것은 아니고, 미국의 F-35B 수직이착륙 전투기로 무장해 군사력을 높였다. 일본만큼 세계에서 잠수함을 찾는 실력이 뛰어난 나라도 없다는 뜻이다.

우주 관련 기술에 있어서도 일본은 액체연료 로켓과 고체연료 로켓을 모두 갖췄다. 고체연료 로켓 '입실론(일본이 독자 개발한 소형 신형 로켓)'은 우주 공간에 약 1.5톤의 인공위성을 쏘아 올릴 수 있어 언제든지 대륙간탄도미사일로 쓸 수 있다. 고체연료 로켓 사정거리 800km로 묶여 있는 한국과는 사정이 전혀 다르다.

H-2B 액체연료로켓은 지구 저궤도에 약 16톤의 인공위성을 발사할 수 있어 크기가 세계에서 가장 큰 로켓 중 하나다. 마음만 먹으면 대륙간탄도미사일로 즉각 전용할 수 있다.

북한은 핵무기를 소형화해 미사일에 탑재하려고 애쓰지만 아직은 대기권 재돌입 실험을 한 적이 없다. 그러나 일본은 오렉스(OREX)라는 장치로 실험 데이터를 이미 축적해 놓았다. 일본은 핵무기와 관련한 모든 장치와 기술력 그리고 개발할 인재를 모두 갖췄다.

제2차 세계대전 이전에도 최고 수준의 무기를 갖췄던 일본은 전쟁이 끝나고 70년간 세계 최고 수준의 미국 전투기를 라이선스 생산하면서 기술을 축적했다. 한편으로는 티 나지 않게 독자 기술로 국산 전투기, 구축함, 잠수함을 만들면서 세계 정상급의 기술 수준을 유지했다. 이상은 앞서 언급한 김경민 교수의 글을 요약한 것이다.

세계 최첨단 무기는 '돈 덩어리'다. 세계 3위라는 경제력이 아니었다면 일본은 최첨단 무기로 무장할 수 없었을 것이다. 일 본이 '무기 수출 금지 3원칙'까지 풀고 본격적으로 무기를 수출 한다면 일본은 기술력을 바탕으로 경제 성장을 이룰 뿐 아니라 전 세계 무기 수준을 한 단계 올려놓을 것이다.

2010년, 센카쿠열도를 둘러싸고 일본과 중국 사이에 긴장감 이 돌 때 일본에서 유학하던 제자가 잠시 귀국했다. 내가 "요즘 일본 분위기가 어떠냐"고 물으니 제자는 "방송에 나오는 사람 마다 중국과 전쟁하려면 지금 해야 한다고 난리다"고 답했다. 나는 "지금 해야 한다는 논거가 무엇이더냐"고 물었더니, 제자 는 "지금 하면 확실히 이길 수 있지만 중국이 워낙 군사비를 많 이 투입해 앞으로는 장담할 수 없다고들 이야기한다"고 했다.

방송에서 무슨 이야기든 할 수 있으니 이 말을 전부 사실이라 고 할 수는 없다. 하지만 현재 일본 군사력은 아시아 제일임이 틀림없다고 해도 지나친 말이 아니다. 일본이 군사 대국이 된다 면 역사적으로나 지정학적으로 일본을 가장 경계해야 할 곳은 한반도라고 하지 않을 수 없다.

중국과 일본의 패권 경쟁이 벌어지는 동아시아는 이제 하나의 공동체를 향해 나아가야 한다. 김춘추야말로 동아시아 공동체를 주도할 한국의 가장 필요한 지도자상이 아닐까?

[4부]

동아시아의 미래

동아시아와
한국의 역할

12장

동아시아 **공동체의** 의미

유럽연합(EU)은 오늘날 인류 사회가 나아갈 방향을 선도한다. 과거 세계는 이념이나 종교, 지역, 인종, 경제 등의 문제를 둘러싸고 분쟁을 거듭해 왔다. 그러나 유럽연합은 이념이나 종교, 지역, 인종, 경제 등의 벽을 넘어 한 공동체 안에서 보편적인 가치를 공유한다. 물론 유럽연합은 전진과 후퇴를 반복하기는 하지만 하나의 공동체를 향해 나아가고 있다.

따라서 한·중·일이 중심이 된 동아시아도 시차는 있지만 보편적인 가치를 공유하는 지역 협력체 또는 하나의 공동체를 향해 나아갈 것이다. 동아시아 역시 전진과 후퇴를 반복하겠지만 나아가야 할 방향은 명확하다. 이러한 사실을 잘 보여 주는 것이 양적으로나 질적으로 급속히 확대되는 3국 간의 교역량과 인적 교류다.

중국과 일본은 한국에게 가장 중요한 국가다. 한국 GDP에서 무역이 차지하는 비중은 2018년에 대략 80%쯤이었다. 일본이 자동차 수출을 앞세운 세계적인 무역 국가이고, 실제로 미국, 중국, 독일에 이어 무역 규모 세계 4위를 자랑하지만, 일본 GDP에서 무역이 차지하는 비중은 대충 20% 정도다. 한국 경제에서 무역 의존도가 얼마나 높은지 알 수 있다.

한국의 대외 무역에서 차지하는 중국, 일본, 미국의 비중이 2007년 각각 19.9%, 11.3%, 11.4%를 차지했다. 2009년에는 20.4%, 10.3%, 9.7%였고, 2010년에는 25.4%, 11%, 6%였다.

중국과 일본이 한국 무역에서 차지하는 정도는 각각 1, 2위로

[중·미·일이 차지하는 한국의 무역 규모]

2010년	수출규모	수입규모
전체	4,663억 8천 달러	4,252억 1천 달러
1위	중국(1,168억 4천 달러, 25.1%)	중국(715억 7천 달러, 16.8%)
2위	미국(498억 2천 달러, 10.7%)	일본(643억 달러, 15.1%)
3위	일본(281억 8천 달러, 6.0%)	미국(404억 달러, 9.5%)

(*2010년 이후부터는 중·미·일의 무역이 정치적인 이유로 크게 요동쳤으므로 2010년 자료를 제시함.)

한국 경제에서 가장 중요한 나라다. 그리고 갈수록 미국의 비중은 적어지고 중국의 비중은 커진다.

한국은 일본보다 중국에 대해 무역 의존도가 크지만, 일본도 중국 못지않게 중요하다. 중국에는 수출을 주로 하지만, 수출품 생산을 위해 주로 부품과 원자재를 일본에서 수입하기 때문이다. 단순히 수치만으로 우열을 가리기 힘들다. 한국은 이미 중국이나 일본과 떼려야 뗄 수 없는 관계를 맺었다.

개인이나 국가 간의 교류는 결국 인적 교류로 표출된다. 한국에서 2018년 중국을 방문한 관광객이 386만 4천 명이고 중국에서 한국을 방문한 관광객이 479만 명으로 하루에 대략 2만 3,700명이 왕복한다. 또한 한국에서 일본을 방문한 방문객은 753만 9천 명이고 일본에서 한국을 방문한 관광객은 295만 명으로 대략 하루에 2만 8,700 명이 왕복한다. 중국과 일본 사이에

[2018년 한·중·일 상호 방문객 규모]

방문 국가 방문객	한국	중국	일본
한국인		386만 4천 명 (19.1% ↓)	753만 9천 명 (5.6% ↑)
중국인	479만 명 (14.9% ↑)		838만 명 (13.9% ↑)
일본인	295만 명 (27.6% ↑)	268만 3천 명 (0.4% ↑)	

도 중국에서 일본을 방문한 관광객이 838만 명, 일본에서 중국을 방문한 방문객이 268만 3천 명으로 하루에 대략 3만 300명이 왕복한다. 한·중·일 3국 간에는 하루에 2만 5천 명에서 3만 명의 인적 교류가 이뤄진다.

한·중·일은 무역이나 인적 교류 측면에서 가장 가까운 관계를 맺는다. 이만하면 이미 하나의 공동체를 만들었다고 할 만하다. 한·중·일의 교류는 시간이 지날수록 가속화될 것이다. 그런데 당장은 중국과 일본이 한국을 사이에 두고 패권 경쟁을 벌이면서 역사의 시곗바늘을 반대 방향으로 돌리려 한다. 한국을 둘러싼 중국과 일본의 패권 경쟁에서 한국은 어떤 자세를 취해야 할까?

한국의 지정학적인 위치

전근대에 중국은 주변 국가들과 책봉 체제를 만들고 그 중심에 서서 서로 다른 문화의 창구 역할을 했다. 김춘추는 647년 도일했을 때 위세품으로 공작과 앵무새를 일본에게 주었다. 이 공작과 앵무새는 동남아 국가들이 당에 주었던 것인데, 다시 당이 위세품으로 신라에 준 것이다.

543년 백제도 일본에게 캄보디아의 재물을 위세품으로 줬다. 이 캄보디아 재물도 백제가 직접 캄보디아에서 들어온 것이라기보다는 캄보디아가 중국 남조에 전한 것을 남조가 백제에게 준 것으로 보인다.

무형 문화도 마찬가지다. 중국이 인도에서 들여온 불교를 삼국에 전파하자 삼국은 이를 다시 일본에 전파했다. 그리고 중국에서 들여온 한자나 유교 등을 일본에 전하기도 했다. 전근대에 한국은 대륙의 선진 문화를 일본에 전해 주는 통로 역할을 하며 일본에게 존재감을 과시했다.

근대화는 일본에서 먼저 시작됐다. 19세기 말 서구 문화를 받아들여서 산업혁명에 성공한 일본은 그 시장을 확보하기 위해서 대륙 진출을 꾀했다. 그 교두보를 마련하기 위해 1876년에는 강화도조약을 체결해 한반도에 발판을 마련하고 청일전쟁, 러일전쟁을 통해서 한반도를 실질적으로 장악했다. 그리고 마침내 만주사변, 중일전쟁을 통해서 본격적으로 대륙에 진출했다.

일본은 기원전 1세기경부터 중국에 왕래했다. 일본은 김해를 거쳐서 서해안을 북상해 황해도에 설치된 한사군의 하나인 대방을 거쳐 중국에 들어가는 길을 택했다. 삼국시대에 일본은 백제를 통해서 중국에 왕래했다.

당시 고구려, 백제, 신라는 한반도를 통일하기 위해 서로 치열하게 싸웠다. 서로 일본을 자기편으로 끌어들이기 위해서 일본에게 접근했다. 그런데 일본은 백제를 파트너로 선택했다. 일본이 백제를 파트너로 삼은 주요 원인 중의 하나는 중국에 들어가는 통로를 확보하려는 측면도 없지 않다.

6세기 중반 한반도의 대 중국 통로인 한강 하류를 신라가 점령하자 일본은 이제 신라를 통해서 중국과 왕래했다. 신라를 거쳐 육로로 한강 하구까지 가서 그곳에서 산둥반도로 들어가는 루트를 이용했다.

힘으로 부딪칠 때에도 한국이 통로가 되었다. 역사적으로 중국은 한 차례 일본 정벌에 나섰고, 일본은 두 번 중국 정벌에 나섰다. 원 세조 쿠빌라이는 1268년 고려를 통해 일본에 국서를 보내 국교를 요구했다. 일본이 거절하자 1274년 합포(지금의 마산)에서 배를 만들어 고려군을 앞세우고 일본을 침략했는데 태풍으로 실패했다. 1281년의 제2차 침입 역시 태풍으로 궤멸하고 말았다. 중국은 일본 정벌을 위해 언제나 한반도를 전진기지로 삼았다.

중국은 원 세조 때 일본 정벌을 한 차례 시도해 실패했지만, 일본은 중국 정벌을 두 차례나 시도했고 한 차례 성공했다. 1592년 도요토미 히데요시는 명을 정벌하겠다고 나섰으나 조선에 가로막혀 결국 실패했다.

근대화에 성공한 일본은 한반도를 놓고 1894년 중국의 청(淸)과 전쟁을 벌였다. 그리고 조선을 장악한 뒤에는 조선을 발판으로 만주사변과 중일전쟁으로 중국 침략에 나섰다. 일본의 대륙 진출도 언제나 한반도를 통해서 이뤄졌다. 한반도의 지정학적인 위치 때문이다.

현재도 중국과 일본이 서로 한국을 자기 쪽으로 끌어들이기 위해서 치열하게 경합을 벌인다. 아베는 한국을 한·미·일 3국 반중연대에서 벗어나지 못하도록 길들이기 위해 경제 보복을 가하고 있다. 시진핑도 취임 후 최초로 북한을 제쳐 두고 한국을 먼저 방문했다. 중국과 일본은 패권 경쟁을 벌이면서 서로 한국을 끌어들이기 위해 각축을 벌이는 중이다.

동아시아의 캐스팅보터

중국과 일본 사이에서 한국은 어떤 태도를 취해 왔는가? 역사적으로 한반도에서 한·중·일이 뒤엉켜 싸운 전쟁이 세 번 있었다. 663년 백촌강 싸움, 1592년 임진왜란, 1894년 청일전쟁이 그것이다.

663년 백촌강 싸움은 당이 한반도를 차지하려 하자 백제가 일본을 끌어들여 당을 저지하려 한 싸움이다. 일본은 당이 한반도를 차지하면 일본까지 쳐들어오지 않을까 하는 두려움에서 한반도에 나와 백제부흥운동군과 손잡고 당과 싸웠다. 실제로 당은 백제의 옛 땅에 웅진도독부, 신라에 계림도독부, 고구려의 옛 땅에 안동도호부를 두어 한반도를 직접 지배하려는 야욕을 드러냈다. 그리고 일본을 정벌하려 한다는 소문이 나돌기도 했다.

일본의 도요토미 히데요시는 1592년 조선을 침략해 이른바 임진왜란을 일으켰다. 1592년 4월 13일에 조선에 상륙한 일본은 15일 동래성을 함락하고 파죽지세로 북상해 불과 보름여 만인 5월 2일 한성을 함락했다.

조정은 6월 이덕형을 명에 파견해 구원을 청했다. 명은 12월에 이여송이 거느리는 약 5만 병사를 파견했다. 1593년 1월, 조선은 평양전투에서 승리함으로써 역전의 기회를 잡았다. 명은 일본이 한반도를 점령하면 그다음에 명을 침략할 것이라고 생각해 조선을 지원했다. 조선의 입장에서는 일본이 한반도를 차지하려 하자 명을 끌어들여서 일본의 침략을 저지한 것이다.

1894년 4월 7일 최초로 관군과 동학도 간에 전투가 시작되고, 6월 1일 동학도가 한양으로 향하자 조정은 즉각 청에 지원을 요청했다. 청은 6월 6일 약 2,400명의 병사를 아산만에 상륙시켰다. 동시에 텐진조약에 따라 청은 조선 출병을 일본에 통보했다. 1884년 갑신정변 후 청일 양국은 조선에 파병할 경우 미리 상대국에 알릴 것을 내용으로 하는 텐진조약을 1885년에 체결한 바 있다.

일본은 6월 8일, 약 4,500명을 제물포에 상륙시켰다. 청일 양국은 7월 25일 개전했지만 전쟁을 선포한 것은 8월 1일이었다. 이른바 청일전쟁이었다. 이 전쟁은 일본의 승리로 끝났고 1895년 4월 17일 시모노세키조약에 의해서 종전이 이뤄졌다. 청일전쟁은 한반도에 힘의 공백이 생기자 일본과 청이 한반도에 들어와 서로 한반도를 차지하려고 싸운 전쟁이라고 할 수 있다.

일본은 중국이 한반도를 차지하는 것을 용납하지 않고 중국은 일본이 한반도를 차지하는 것을 용납하지 않았다. 이는 한반도의 지정학적 특성에서 기인하는 필연적인 현상이다. 한반도는 대륙 국가 중국에게는 해양으로 나가는 통로요, 해양 국가 일본에게 대륙으로 진출하는 통로이기 때문이다.

한국은 중국과 일본 사이에서 중국이 한반도를 차지하려 하면 일본과 손잡았고, 일본이 한반도를 차지하려고 하면 중국과 손잡아 이를 저지하려고 했다.

주한 일본대사관에 공사로 근무하던 일본인 지인이 있었다. 그는 한국에 대해서 잘 알았고, 나는 일본 역사를 전공해서인지 그 친구를 만나면 자연스럽게 한·중·일 관계에 대해 대화했다. 그 친구는 동아시아에서 한국의 중요성을 강조하곤 했다.

그의 이야기에 의하면 한·중·일 간 뒤엉킨 문제를 풀려고 일본이 어떤 제안을 하면 중국이 거절하는 경우가 많다고 한다. 이때는 한국에게 부탁해서 한국이 제안하는 형식을 취하면 중국이 곧잘 받아들인다고 한다. 한국을 통해서 제안하는 경우가 적지 않다는 이야기다. 어떤 면에서는 중국도 마찬가지라고 한다. 즉 동아시아에서 한국의 역할이 중요하다는 논리다.

와세다대학교 총장을 지내고 국사관대학교 이사장을 역임한 니시하라 하루오 씨는 내가 1985년 와세다대학교에서 학위를 받을 때 총장이었던 인연으로 가끔 교류하곤 했다. 2002년 일본에 갔을 때 국사관대학교 이사장실로 그를 만나러 갔더니, 그는 나에게 동아시아의 미래에 대한 자신의 생각을 이야기했다.

와세다대학교 총장 임기가 끝나고 독일에 있는 와세다대학교 유럽연합센터 소장으로 가 있을 때 유럽연합이 통합되는 것을 직접 목격하면서 동아시아도 언젠가는 이처럼 하나의 공동체로 통합될 것이라는 생각을 했다고 한다.

그는 귀국한 뒤 국사관대학교 이사장으로 취임했다. 그리고 동아시아를 하나의 공동체로 만들어 나가는 데 대학이 앞장서야 한다고 생각해 5개국 5개 대학 협의체를 추진할 계획이라며 나에게 도움을 요청했다. 5개국 5개 대학 협의체는 일본의 국사관대학교, 중국의 길림대학교, 러시아의 블라디보스토크대학교, 몽골국립대학교에 한국의 한 대학을 더한 것이었다. 5개국 5개 대학 협의체를 일본이 주도하면 중국이 반대할 가능성이 크고 중국이 주도하면 일본이 반대할 가능성이 크기 때문에 한국의 고려대학교가 참여해 주도해 주었으면 좋겠다는 이야기였다. 그는 유럽연합도 라이벌 관계인 독일과 프랑스가 뒤로 물러나고 벨기에의 브뤼셀에 본부를 두었기 때문에 성공했다는 논리를 내세웠다. 그러니 고려대학교가 다른 나라의 대학들과 격은 안 맞을지 모르겠지만 적극적으로 주도하면 좋겠다고 했다.

나는 일리가 있다는 생각에 고려대학교 책임자와 자리를 만들었다. 그러나 다음 해에 학교에 방문했을 때 고려대학교 책임자는 거절의 뜻을 밝혔다. 니시하라 씨가 고려대학교와 관계가 깊은 와세다대학교 총장을 역임한 분이니 만나기는 하겠지만, 우리보다 잘사는 나라와 계획을 세워야지 뭔가 얻을 게 있지, 못사는 나라들과 해서는 별로 얻을 게 없다는 이유였다. 나는 당장 눈앞의 이익보다는 거시적으로 봐야 한다며 설득했지만 결국 고려대학교 측은 뜻을 바꾸지 않았다.

2008년부터 한·중·일 3국이 정상회의를 개최했다. 2010년 5월 제3차 3국 정상회의에서는 3국간 협력을 보다 효율적, 체계적으로 관리하고 발전시키기 위해 상설 사무국을 한국에 설치하기로 합의했다. 이로써 3국간 협력을 제도화하는 새로운 모멘텀이 만들어졌다.

2010년 사무국 설립 협정 체결, 2011년 동 협정 발효 등 일련의 과정을 거쳐 그해 9월에 3국 협력사무국이 서울에서 공식 출범했다. 사무국장은 한국의 대사급 인사, 사무차장은 중국과 일본의 참사급 인사로 구성됐다. 프랑스와 독일이 경합하는 관계로 벨기에의 브뤼셀에 유럽연합 본부가 생겨난 것과 같은 이치로 한국이 3국 관계의 중심이 됐다.

니콜라 사르코지 전 프랑스 대통령은 2014년 10월 14일 서울 신라호텔에서 개막한 제15회 세계지식포럼에서 "거대 바다 중국에 대항할 수 있는 유일한 길이 원(one) 아시아다. 한국이 아시아 통합을 주도하는 리더십을 발휘해야 한다"고 말했다.

그는 "중국의 부상과 일본의 대항 등 아시아가 겪는 내부 갈등에 대한 유일한 해법은 스스로 역내 통합을 이루는 것"이고 한국이 이를 주도해야 한다고 역설했다. 아마도 "과거 끊임없이 전쟁을 겪었던 유럽도 유럽연합 탄생 후 평화로워졌다"는 그의 발언과 맥을 같이한다고 생각된다.

그는 특히 "한국의 통일은 시간문제이고 갑작스럽게 이뤄질 것"이라며 "통일 한국이 하나의 나라로 탄생하는 것을 계기로 아시아 역내 통합에 큰 역할을 할 수 있을 것"이라고 했다. 거대 중국을 견제하는 길은 원 아시아밖에 없고, 한국이 원 아시아에서 리더십을 발휘하기 위해서는 통일이 필요하다는 요지다.

사르코지 전 대통령이 유럽의 앙숙이었던 프랑스와 독일이 한 발씩 양보해 벨기에의 브뤼셀에 유럽연합 본부를 둔 경험을 두고 이런 이야기를 한 게 아닌가 생각된다. 갈등을 극복하고 유럽연합이라는 하나의 공동체를 이뤄 낸 대정치가의 풍모가 느껴진다.

일본과 중국이 패권 경쟁을 벌이는 동안 캐스팅보트를 쥔 나라는 한국이다. 중국과 일본의 패권 경쟁은 역사의 흐름에 반하는 것이다. 이러한 동아시아의 정세 속에서 한국은 균형자의 역할을 넘어 동아시아가 하나의 공동체로 나아가는 역사의 주도자가 될 만한 좋은 위치에 있다.

신라 김춘추, 동아시아를 요리하다

삼국을 통일한 김춘추는 일본의 한반도 문제 개입에 대해서는 중국을 이용하고 중국의 압박에 대해서는 일본을 이용하면서 동아시아를 요리한, 한국 역사상 가장 시야가 넓었던 정치인이 아니었는가 생각된다.

백제는 642년 김춘추의 사위 품석이 지키던 대야성을 포함해 40여 성을 함락하고 품석을 죽음으로 몰아넣었다. 그러자 김춘추는 적대 관계인 고구려에 들어가서 구원을 청했다. 그러나 고구려는 본시 고구려 땅이었던 죽령 서북 땅을 돌려줘야 원병을 줄 수 있다고 전했다. 김춘추는 "신은 군명을 받들어 군사를 청했거늘, 대왕께서는 이웃과 친선하려는 데는 뜻이 없으시고 단지 남의 환난을 이용해 사신을 위협하고 국토의 반환만을 요구하시니, 신은 죽을지언정 다른 것은 알지 못합니다"라고 주장하다가 원조는 고사하고 결국 구금당했다. 이에 김유신이 1만 군사로 진격하자 고구려는 김춘추를 풀어 줬다.

김춘추는 일찍부터 백제의 우방인 일본을 끌어들이기 위해 온갖 공을 들였다. 원래 당이 일본에 파견하는 사신이나 당에서 귀국하는 일본의 견당 유학생은 백제를 거쳐서 일본으로 귀국하는 루트를 이용했다. 그런데 김춘추는 이들이 백제가 아닌 신라를 거쳐 귀국하도록 당에 공작을 펼쳤다.

그 결과 당나라 사신 고표인은 632년에 역사상 최초로 백제가 아닌 신라를 거쳐 신라 송사의 보호를 받으면서 도일했다. 이때 신라는 고표인을 따라서 귀국하던 일본의 견당 유학생 승려 민과 영운 등을 잘 대접한 뒤 일본까지 송사를 붙여 고표인과 함께 호송했다.

639년에는 혜운, 640년에는 타카무코노 구로마로 등 귀국하는 일본의 견당 유학생들이 신라에 들르자 신라는 이들을 잘 환대한 후 송사를 붙여서 정중하게 일본까지 보냈다. 이렇게 당에서 귀국하는 유학생을 친신라파로 만들었다.

그들 중에서 승려 민과 타카무코노 구로마로는 645년 친백제 정권을 타도하고 친신라 정권을 세우는 쿠데타를 일으켜 정치 개혁을 단행하고 친신라 정책을 주도해 나가는 주도 세력이 됐다.

승려 민은 당에서 신라의 자장법사와 함께 유학한 인물로 귀국길에 신라 황룡사 9층탑을 보고 일본에 최초로 9층탑을 세운 인물이기도 하다. 타카무코노 구로마로는 친백제 정권을 타도한 다음 해인 646년 신라에 와서 일본에 친신라 정권이 등장했음을 알리고 김춘추와 함께 귀국한 인물이다.

오랜 공작으로 일본의 친백제 정권을 친신라 정권으로 바꾸게 한 김춘추는 647년 타카무코노 구로마로와 함께 도일해 개신 정권에게 선진 문물을 제공할 것을 약속하고 일본으로부터 군사 지원을 약속받았다. 당시의 김춘추에 대해 《일본서기》에는 "김춘추는 용모가 아름답고 담소를 잘했다"고 기록한다.

김춘추는 일본으로부터 신라에 군사를 지원하기로 약속한 국서를 받았다. 그는 귀국 후 일본의 국서를 가지고 바로 당에 들어가서 당 태종으로부터 "내가 지금 고구려를 치는 것은 다른 까닭이 아니라 신라가 고구려와 백제 양국에 핍박을 받아 편안할 때가 없음을 애달피 여김이니 (중략) 내가 고구려와 백제 양국을 평정하면 평양 이남 백제 토지는 다 그대 신라에게 주어 길이 편안하게 하려 한다"는 약속을 받아냄으로써 신라와 당, 그리고 일본을 묶은 이른바 3국 연합 체제를 이뤘다.

신라는 삼국 통일을 위해 당은 물론 적대 관계인 고구려와 일본까지 방문하여 동아시아 사상 최초로 한·중·일 3국 연합 체제를 이루고 마침내 한반도에 최초의 통일국가를 세웠다.

649년, 일본에 다시 정변이 일어나 친백제 정권이 들어서자 김춘추와 김유신은 당을 끌어들여 663년 백촌강에서 백제부흥운동군과 일본 연합군을 격파하고 여세를 몰아 668년에는 고구려까지 멸망시켜 삼국을 통일한다.

그러나 김춘추의 후계자 김유신은 신라를 지원한 당의 목적이 한반도를 직접 지배하려는 데 있음을 간파했다. 신라는 663년 백촌강에서 싸운 이래 일본과 적대 관계였는데, 김유신은 고구려의 평양성을 함락하기 직전인 668년 9월에 사신 김동엄을 일본에 파견해 손잡고 당에 대항할 것을 제안했다.

당을 끌어들여 한반도를 통일한 다음 당이 한반도를 직접 지배하려 하자 이번에는 적대 관계인 일본과 다시 손잡고 당을 한반도에서 몰아냈다. 김춘추는 중국과 일본을 적절히 이용하면서 3국 연합 체제를 만들고 한반도를 통일했다.

중국과 일본의 패권 경쟁이 벌어지는 동아시아는 이제 하나의 공동체를 향해 나아가야 한다. 김춘추야말로 동아시아 공동체를 주도할 한국의 가장 필요한 지도자상이 아닐까?

한국의 딜레마

13장

총성 없는 전쟁

중국에서는 통일 세력이 등장하면 주변 정리에 나서고 그 일환으로 한반도를 침략했다. 19세기 말, 열강의 각축장이었던 중국을 통일한 중공은 1950년 6·25전쟁에 개입하고 10월에는 티베트를 침공해 시짱 자치구로 편입했다. 오늘날 중국은 세계 인구의 5분의 1인 약 13억 명에 세계 2위의 경제 대국(2017년 GDP 1위는 미국으로 약 19조 4천억 달러, 2위 중국 약 12조 2천억 달러, 2018년 1위는 역시 미국으로 약 20조 5천억 달러, 2위 중국 약 13조 6천억 달러)으로 미국과 패권을 다툰다.

이런 중국이 한국의 이어도를 포함하는 방공식별구역을 선포했다. 또한 동북공정 문제, 백두산 문제, 북한 문제 등 한중 관계에서 풀어야 할 이해 문제들이 첩첩이 쌓여 있다. 중국은 한국 측 배타적경제수역(EEZ)에서 무법천지로 조업하는 중국 어선을 방치했다. 중국의 막무가내식 밀어붙이기는 한국에 대한 중국의 자세를 가늠케 한다.

일본도 통일 세력이 등장하면 통합된 세력의 불만을 해소하는 방편으로 한반도를 침략했다. 제2차 세계대전에서 패배한 뒤 부흥기에 들어선 일본은 이미 한국에 대한 영향력을 확대했다. 단, 옛날과는 달리 총칼 대신 경제력을 앞세울 따름이다. 일본은 인구 1억 2,500만 명으로 세계 11위이고, 경제력은 3위(2018년 GDP 일본 약 4조 9천억 달러로 세계 3위, 한국 1조 6천억 달러로 12위)의 강대국이다. 질적인 면을 따진다면 2위 중국에 결코 뒤지지 않는다. 제2차 세계대전 후 형성된 동서 냉전체제에서 미국은 일본을 아시아의 반공 보루로 설정했고, 일본은 이에 힘입어 다시 군사 대국화의 길을 걷는다.

일본은 먼저 주변 국가에 대한 과거의 침략을 정당화하기 시작했다. 1978년 일본 정부는 제2차 세계대전을 주도했던 이른바 A급 전범을 우리의 국립묘지에 해당하는 야스쿠니신사에 소리 없이 합사했다. A급 전범에는 앞서 언급했듯이 아베 총리의 외조부이자 현 지역구를 물려준 기시 노부스케도 포함한다. 야스쿠니신사 합사는 침략 전쟁을 정당화하는 조치다.

주변 국가에 대한 침략이 정당하다는 생각을 노골화하기 시작한 효시가 1953년 10월 한일회담 당시 일본 측 구보타 간이 치로 수석대표의 이른바 구보타 망언이라고 할 수 있다.

그는 "일본은 조선에 36년 동안 철도를 부설하고 항만을 건설 했다"면서 "한국이 36년 피해 보상을 요구한다면 한국에 남기 고 온 일본 재산의 반환을 요구하겠다"는 망언을 쏟아냈다. 35 년간의 한국 지배가 한국의 근대화에 기여했다는 이른바 식민 지근대화론을 주장한 구보타 망언은 그 뒤 사과와 망언을 되풀 이하면서 치고 빠지기식으로 지금까지 이어져 왔다.

사과의 상징적인 존재는 무라야마 도미이치 총리다. 그는 일 본의 전후 50주년 종전기념일인 1995년 8월 15일에 "식민지 지배와 침략으로 아시아 여러 나라에게 많은 손해와 고통을 줬 다. 의심할 여지가 없는 역사적 사실을 겸허하게 받아들여 통절 한 반성의 뜻을 표하며 진심으로 사죄한다"고 하며 일본이 태 평양전쟁 당시 식민지 지배에 대해 공식적으로 사죄의 뜻을 표 명했다.

위안부 문제에 대해서 사과와 반성의 상징적인 존재는 1993 년 8월에 사과 발언한 내각 관방장관 고노 요헤이다. "위안소는 당시 군 당국의 요청에 의해 설치된 것이며 위안소의 설치 관 리 및 위안부 이송에 관해서는 일본군이 관여했다"고 인정하고 "일본군 위안부에게 사과와 반성의 마음을 올린다"고 발언한 일이다. 일본군 위안부에 대한 일본군의 강제성을 인정한 담화 라고 할 수 있다.

그러나 2013년 12월 26일 아베 신조 총리는 야스쿠니신사를 참배한 후 기자회견에서 "국가를 위해 귀중한 생명을 희생한 영령에게 '존숭'의 뜻을 표한다"고 했다. 전범들에게 '존숭'의 뜻을 표함으로써 "식민지 지배와 침략에 대해서 통절한 반성의 뜻을 표하며 진심으로 사죄한다"는 무라야마 담화를 사실상 부정했다. 그리고 일본군 위안부에 대해서도 2015년 3월 '인신매매에 의한 희생자'라고 표현함으로써 '일본군 위안부에 대한 일본국과 군의 강제성을 인정하고 사과'한 고노 담화를 정면으로 부인했다.

한 걸음 더 나아가 한반도의 유사시 일본 자위대를 한반도에 파병할 수 있도록 집단적 자위권 행사 범위를 넓히는 작업을 구체화하면서 동아시아를 긴장 구도로 몰아갔다.

2015년 4월, 일본은 일본 문화재청 홈페이지에 고대 일본이 한반도를 200여 년간 지배했다는 이른바 '임나시대'라는 표현까지 썼다. 임나 지배는 메이지유신 후 한반도를 침략하던 시각을 고대사에 투영시켜 고대 한일 관계사를 해석한 다음 그 역사 해석을 한국 침략의 역사적 명분으로 삼은 것으로 한반도에 대한 일본의 저의를 드러내는 상징적인 학설이다. 일련의 사건은 아베 정권이 무엇을 지향하는가를 가늠케 한다.

중일과 총성 없는 전쟁을 하는 와중에 2012년 8월 이명박 대통령의 독도 방문을 계기로 한일 사이의 문제들이 표면화되기 시작했다. 박근혜 정부에 들어와서는 더욱 심화되어 독도 문제와 위안부 문제, 아베의 야스쿠니신사 참배 문제 등을 둘러싼 역사 인식 문제로 양국 관계는 1965년 한일협정 이래 최악의 상황에 처했다.

아베의 야스쿠니신사 참배로 촉발된 역사 인식 문제나 위안부 문제를 둘러싼 일본 측의 태도는 강경하다. 조금도 물러설 것 같지 않다. 전쟁이라도 불사할 태세다.

일본과 중국은 어느 때고 타협할 나라

2012년 아베 2차 내각 출범 이후 중일 관계는 센카쿠열도 영유권 분쟁, 아베 총리의 야스쿠니신사 참배, 중국을 겨냥한 일본의 집단적 자위권 행사 추진 등을 거치면서 '1972년 중일 국교 수립 이후 최악'의 상태라는 평을 받았다.

그런데 2014년 8월 3일자 〈아사히신문〉에 의하면 후쿠다 야스오 전 일본 총리가 중국의 시진핑 주석과 극비 회담을 열고 양국 관계 개선을 타진했다고 전했다. 일본이 최악의 상황에 빠진 중일 관계를 회복하고 양국 정상회담을 성사하려고 노력하는 사실이 확인됐다. 2012년 9월 일본이 센카쿠열도를 국유화한 이후 시진핑 주석이 일본 주요 인사를 접견한 것은 이례적인 일이다.

2014년 11월 베이징에서 아시아태평양경제협력체(APEC) 정상회의에 앞서 중일 정상회담이 열렸다. 그리고 2015년 4월 22일 일본의 아베 총리와 중국의 시진핑 주석은 역사와 영토 문제로 갈등을 빚는 중에도 인도네시아 자카르타에서 열린 반둥회의 60주년 기념 '아시아·아프리카회의'에서 5개월 만에 다시 만나 정상회담을 했다. 일부 언론에서는 '명분보다는 실리, 또 손잡은 중일… 동북아서 한국만 외톨이'라는 기사 제목을 실었다.

한국도 중국과 같은 문제로 1965년 한일협정 이래 일본과 최악의 상황에 빠졌다. 독도 문제, 야스쿠니신사 참배, 일본의 집단자위권 행사 추진, 위안부 문제 등 중국과 비슷한 문제를 가지고 있다. 그러나 한일 간에는 위안부, 강제징용 배상 등의 문제로 일본이 한국에 경제 보복을 가하자 한국은 한일 군사정보보호협정 파기로 대응하며 관계가 오히려 악화일로를 걷고 있다.

아베 총리의 행보에 브레이크를 건 나라가 중국이다. 2013년 12월 30일 주일 중국 대사는 아베 총리가 야스쿠니신사를 참배하고 전범들에게 '존숭'의 뜻을 표한 데 대해서 중국은 "일본 군국주의가 일으킨 침략 전쟁은 중국 인민과 아시아 이웃 나라에 초래한 막대한 재난"이라고 비판하고 나섰다.

시진핑 주석도 2014년 5월, 푸틴 러시아 대통령과의 회담에서 "군국주의의 야만적 침략 재현을 절대 허용하지 않을 것"이라며 일본의 군국주의를 정면으로 비판한 바 있다. 야스쿠니신사 참배나 위안부 문제 등에서 한국과 같은 입장을 취하는 중국은 어떤 면에서는 한국보다 더 강경한 태도를 보였다.

그런데 중국은 한국과 보조를 맞추면서도 일본과 정상회담을 하며 타협을 모색했다. 663년 백촌강 싸움에서 일본과 백제부흥운동군을 상대로 신라를 지원한 당은 다음 해 신라를 제쳐 놓고 곽무종을 일본에 파견해 국교 재개를 시도했다.

1592년 임진왜란이 일어났을 때에도 6월에 첫 파병을 했던 명은 일본 기세가 강해지자 조선을 제쳐 놓고 8월 심유경을 일본에 파견해 협상을 시도했다. 심유경의 협상은 실패로 끝났지만, 1593년 다시 도일해 오사카성에서 도요토미 히데요시를 만나기도 했다.

1884년 갑신정변 직후에도 청의 이홍장과 일본의 이토 히로부미는 조선을 제쳐 놓고 조선 문제에 대한 톈진조약을 체결했다. 역사적으로 중국과 일본은 서로 싸우다가도 한반도를 제쳐 놓고 직접 협상했다. 언젠가 중국은 일본과 현안을 적당한 선에서 마무리 짓고 타협할 가능성이 크다.

그런데 한국은 일본과 사생결단으로 싸우려고만 하는 것 같다. 산업통상자원부에 따르면 2014년 상반기 한일 간 수출입은 429억 달러로 2013년 같은 기간보다 9.8% 감소했다. 이는 세계 금융위기 직후인 2009년 이후 가장 적은 수준이며, 2011년 이후 3년 연속 감소했다. 아베 총리와 마찰을 빚기 시작한 2012년부터 줄어든 것이다.

최근 경기 둔화로 일본과의 교역량과 관광객까지도 줄어드는 상황이다. 언제든 서로 타협할 수 있는 중국과 일본 사이에서 한국은 지정학적 이점을 살려 주도적으로 유연하게 양자를 통제하고 조절할 수 있어야 한다.

정치 논리와 경제 논리 사이에서

제2차 세계대전이 끝난 뒤 자본주의 세계와 공산주의 세계가 대립하던 동서 냉전체제에서 미국은 한국에게 가장 영향력 있는 나라였다. 미국은 자본주의 세계의 맹주였고 한국은 공산주의를 최일선에서 맞서는 나라였기 때문이다. 그러나 근래 한국의 대외 무역에서 미국의 비중은 갈수록 낮아지고, 6·25전쟁 때 총부리를 겨누고 싸웠던 중국의 비중은 갈수록 높아진다.

세계 도처에서 미국과 중국은 패권 경쟁을 벌인다. 앞으로도 지는 태양 미국과 떠오르는 태양 중국의 패권 경쟁은 계속될 것이다. 그런데 동아시아에서는 미국의 대리인인 일본이 중국과 패권 경쟁을 벌인다.

미국은 재정이 악화되자 지금까지 아시아에서 맡았던 역할을 점차 일본에게 맡기려 한다. 그런데 일본이 동아시아에서 패권을 추구하는 한, 독도 문제, 역사 인식 문제 등을 둘러싸고 한국과 일본의 대립은 증폭될 수밖에 없다.

반면 중국은 역사 인식 문제를 포함한 대일 문제에서 한국과 입장을 같이한다. 따라서 한국은 경제적 중요성을 내세우는 중국과 정치 논리를 앞세우는 미국 및 그 대리인인 일본과의 사이에서 선택해야만 하는 상황에 놓였다.

한국은 어떤 선택을 해야 할까? 한국에서 중국 대외무역 비중이 점점 커지고 미국의 비중은 점점 작아지고 있으며, 일본과는 해결하기 어려운 역사 인식 문제로 간극을 메우기가 쉽지 않아 보인다.

중국은 제2차 세계대전 후 구축된 미국 주도의 세계은행(WB)과 국제통화기금(IMF) 같은 기존 틀에서 벗어나 금융 면에서 주도권을 쥐기 위해 아시아인프라투자은행(AIIB)을 설립했다.

2014년 7월 초에 한국을 방문한 시진핑 중국 주석은 박근혜 당시 대통령에게 중국 주도의 아시아인프라투자은행에 가입할 것을 권유했다. 박 대통령이 생각해보겠다는 반응을 보이자 백악관이 공개적으로 제동을 걸고 나섰다. 시드니 사일러 백악관 국가안보회의 한반도 담당 보좌관은 7월 7일 〈연합뉴스〉와의 인터뷰에서 "한국이 아시아인프라투자은행에 가입하는 문제에 대해 신중해야 한다"는 견해를 밝혔다.

또 미국은 북한의 위협을 근거로 한국을 미국의 미사일방어체제에 끌어들이려 한다. 미사일방어체제가 중국을 겨냥함은 주지의 사실이다. 일본은 미국과의 집단 자위권을 활용해 중국을 견제하려 한다. 미국과 일본이 보조를 같이한다는 이야기다.

시드니 사일러 미국 보좌관은 한국의 미국 미사일방어체제 편입에 대해서도 "우리는 한국이 독자적이고 미국과의 상호 운용성이 높은 미사일방어체제를 추구하는 것을 인정하고 이해한 다"며 "앞으로 한·미·일 3국 간 미사일 협력 방안을 지속적으로 모색할 것"이라고 말했다. 이미 중국은 한국이 미국의 미사일방 어체제에 편입하는 데 대해서 우려를 표명한 바 있다.

한국은 도처에서 선택을 강요받는다. 미국 중심의 환태평양 경제동반자협정(TPP)은 무역 장벽 철폐를 통한 아시아·태평양 지역의 경제 통합을 모색하는 것으로 중국을 겨냥했다. 이명박 정부는 이 협정에 가입할 것을 망설였고, 박근혜 정부가 미국을 의식해서 가입을 고려하자 중국이 불편한 심기를 드러냈다. 중 국을 자극할 가능성이 높아진 것이다.

2016년에는 사드 배치를 둘러싸고, 2019년 5월에는 중국 통 신 업체 화웨이에 부품을 제공하는 문제를 둘러싸고 미국과 중 국으로부터 압력을 받았다. 앞으로도 미국의 중거리 미사일 배 치 문제로 양국의 압력을 받을 것으로 보인다.

근래 한국 외교에 대한 TV 토론에서는 공공연하게 미국과 중 국 사이에서 적당히 균형을 잡아야 한다고 주장하는 사람들이 등장했다. 미국 중심의 보수적인 정책을 지지하던 대표 언론 매 체인 〈매일경제〉에서는 2014년 7월 '아시아인프라투자은행 참 여를 경제 실익 기준으로 접근하라' 라는 사설을 냈다. 사설에서 는 한국이 아시아인프라투자은행에 참여하면 한국 기업이 부대 효과를 얻을 것이라면서 미국의 반대라는 외교적 난관을 현명 하게 풀어야 한다고 주장했다.

2014년 9월, 박근혜 전 대통령의 미국 뉴욕 유엔총회 방문 당시 청와대가 박 대통령과 현지 주요 외교안보 연구기관 대표들과의 간담회를 앞두고 발언 자료를 사전 배포했다. 그 자료 중에는 "일각에서 한국이 중국에 경도했다는 견해를 드러냈다고 하는데, 이는 한미 동맹의 성격을 잘 이해하지 못한 오해라고 생각한다"는 내용이 있었다. 그러나 박 전 대통령은 간담회에서 이 부분을 언급하지 않았다고 한다.

당시 언론에서는 박 전 대통령의 발언 자료에 들어 있던 이 내용이 미국을 안심시키려다 오히려 중국을 자극할 우려가 있어서 막판에 급히 뺀 것이 아니냐는 추측이 무성했다. 예전에는 상상도 할 수 없는 일들이 벌어지고 있다.

중국은 무조건 적이고 미국은 무조건 우방이었던 때가 엊그제다. 이념은 없어지고 경제적 이익이 앞서는 상황이 벌어졌다. 앞으로 이런 일들이 자주 일어나지 않을까 걱정된다. 지금처럼 한국은 미국 일변도의 정책에 점차 대응하기 어려워질 것이고, 중국의 눈치를 보는 일 또한 점차 늘어날 것이다.

과거 한국 여당 대통령 후보는 미국에 가서 미국 대통령과 나란히 사진을 찍은 다음 그 사진을 걸어 놓고 선거운동을 했다. 미국이 자신을 지지한다는 표시다. 그런데 대통령을 꿈꾸는 한국 여당 대표가 언제부터인가 미국의 대통령이 아니라 중국 주석을 방문하기 시작했다. 1997년 당시 이회창 신한국당 대표를 시작으로 2005년 당시 박근혜 한나라당 대표가 중국을 방문했다. 두 대표는 모두 대선 주자가 됐다. 2014년 새누리당 대표가 된 김무성 대표도 세 번째로 2014년 10월 6일에 시진핑 주석을 만나서 "북핵 문제 해결을 위한 6자회담 재개에 뜻을 모았다"고 발표함으로써 중국으로부터 '잠재적인 대선 주자'로 인정받은 셈이다.

문재인 대통령은 2017년 12월 중국을 방문했지만 정작 시진핑 주석은 당일 난징 대학살 80주년 행사에 참석해 버렸고 차관보급 인사가 문재인 대통령을 북경 공항에서 영접했다. 그러나 이런 수모를 겪으면서도 사드 배치로 뒤틀어진 시진핑의 마음을 돌리려고 중국을 방문하지 않을 수 없었다.

일본 NHK는 매주 일요일 오전 9시에 한 주간 가장 쟁점이 되는 사안에 대해서 관계자들을 모아 토론회를 개최한다. 이 토론회는 비교적 객관적이고 누구나 이해하기 쉽게 진행되므로 특별한 일이 없으면 꼭 시청한다. 2014년 7월 11일, 이 프로그램에서는 일본과 북한의 납치 문제 해결과 일본의 대북 제재 해제 등 동북아 정세를 주제로 토론이 열렸다. 교수인 한 토론자가 "한국 정부가 직접 일미 동맹 문제인 일본의 집단 자위권 문제를 비판했다는 것은 '한국이 가는 방향이 정해졌다'는 것을 보여 준다"고 단언하는 모습이 인상적이었다.

한국에게 가장 절박한 문제는 경제이고, 경제에서 가장 중요한 문제는 대외무역이다. 2018년에 대중 수출은 1,621억 달러(26%)로 미국(717억 달러, 12%)과 일본(305억 달러, 5%)을 합친 규모의 약 1.5배에 이르렀다. 무역 국가 한국에게 중국은 가장 중요한 국가다. 역사적으로도 중국과 궤를 같이하는 세력이 언제나 한반도의 주인공이었다는 점에서, 통일을 앞두는 한국이 중국과의 관계를 소홀히 해서는 안 된다. 무조건 미국만을 추종하던 시대는 지나가고 있다.

사람은 입력된 자료대로 판단한다. 〈한겨레〉를 보고 자란 사람과 이른바 '조중동'을 보고 자란 사람은 생각하는 게 180도 다를 것이다. 누구에게 어떤 교육을 받았고 어떤 자료를 뇌리에 입력하는가에 따라 사고 체계가 달라진다.

내가 대학생이었을 때 고려대학교에서 논리 정연하고 간결한 강의로 유명한 김성식 교수님이 서양사를 강의했다. 김 교수님은 퇴직 후 1978년 세계 일주를 마치고 도쿄에 들러 나를 만났다. 나를 보자마자 김 교수님은 "내가 고려대학교에서 30년 강의한 서양사가 엉터리였다"고 일성했다.

지금은 누구나 해외여행을 하고, 다른 나라로 유학을 떠난다. 하지만 당시에는 외국에 나간다는 게 쉽지 않은 일이었다. 서양사를 전공한 김 교수님도 재직 중에는 세계 여행을 하지 못하고 퇴직 후에야 비로소 세계 여행을 할 수 있었다.

김 교수님은 "나는 서양인들이 쓴 책만 읽고 공부했다. 그런데 이번에 이집트나 서남아시아를 둘러보니 서구 문화의 기원이 그리스나 로마가 아니라 서남아시아라는 사실을 알았다. 그런데 30년간 고려대학교에서 서구인의 시각으로만 서양사를 가르쳤다"고 한탄했다.

　2014년 10월 고려대학교 박물관 문화최고위과정에서 1주일간 터키를 여행했는데, 나도 이 여행에 함께했다. 터키 수도 이스탄불(콘스탄티노플)은 475년에 서로마제국이 멸망한 뒤에도 지중해 세계를 지배한 동로마제국의 수도였고 동서 문화의 가교 역할을 한 곳이었다. 또 1453년 동로마제국을 멸망시키고 등장한 오스만제국의 수도로 18세기 후반까지 이슬람문화의 중심지였다. 즉 기독교 1천 년의 중심지요, 이슬람 300여 년의 중심지요, 지중해 세계를 지배한 중심지였다. 어쩌면 상당 기간 세계사의 중심으로 서술되어야 할 곳이다.

　하지만 중·고등학교 세계사 책에는 이스탄불이나 터키의 역사가 두 페이지도 되지 않는다. 서구인의 시각으로 서술된 세계사라고 하지 않을 수 없다. 우리가 어떤 교육을 받는가가 중요함을 새삼 깨달았다.

　우리는 냉전체제 속에서 극단적인 교육만을 받았다. 미국과 일본은 우방, 중국과 러시아, 북한은 타도해야만 할 적으로 알았다. 김대중 정권이나 노무현 정권 시대에 극우에서 약간 가운데 쪽으로 이동하자 빨갱이라고 난리가 났다.

　그러나 보수 정권인 박근혜 전 대통령은 2015년 9월 3일에 시진핑, 푸틴과 함께 천안문 망루에 올라 '항일전쟁 승리 및 반파시즘 전쟁 승리 70주년' 열병식을 참관했다. 중국과 일본 사이에서 오히려 중국 쪽으로 기울어졌으며 중국과 미국 사이에서도 점차 중국 쪽으로 이동하고 있다.

현 정부 수장인 문재인 대통령은 2017년 12월에 방중을 앞두고 중국을 적대시하지 않겠다는 이른바 '3불 정책'을 발표했다. 즉 '추가로 사드를 배치하지 않을 것이며, 미국의 미사일방어체제에 가입하지 않을 것이고, 한·미·일 군사동맹 관계로 발전하지 않는다'는 정책을 천명했다.

이제 한국도 이념은 퇴색하고 경제적인 이익을 기준으로 항해를 시작했다. 한국은 소극적으로 미국과 중국 사이에서 눈치보기보다는 신라의 김춘추가 중국과 일본, 신라를 묶어서 3국 연합 체제를 만든 것처럼 하나의 공동체로 나아가는 동아시아에서 적극적인 리더십을 발휘해야 한다.

한국과 북한,
통일의 줄다리기

14장

분열된 한반도는 주변 강국의 먹잇감

고구려, 백제, 신라는 각자 주도적으로 통일을 이루기 위해 서로 치열하게 각축을 벌였다. 세 나라는 저마다 일본을 자기편으로 끌어들이기 위해 접근했다. 삼국이 서로 일본을 자국 편으로 끌어들이기 위해 접근해 오자 일본은 그중에서 백제를 파트너로 선택했다.

당시 고대국가로 발전하던 일본에서는 대륙의 선진 문물이 필요했다. 무령왕릉에서 출토된 유물에서 알 수 있듯이 백제는 지정학적인 위치 덕분에 중국 남조의 선진 문화를 독점적으로 수입했다. 일본은 백제의 선진 문화가 필요했던 것이다.

그러나 6세기 중반 한반도에서는 신라가 대중국 통로인 한강 하류를 장악하고, 중국에서는 고구려와 국경을 맞대던 북조가 중국을 통일함으로써 중국 문화의 중심이 북조로 이동했다. 이에 일본은 중국의 선진 문물을 도입하기 위해 백제뿐만 아니라 신라, 고구려와도 관계를 맺는 '다면 외교'로 정책을 바꿨다.

삼국이 앞다퉈 일본에 불교문화를 보내면서 7세기 전반에 아스카 지역에 49개의 절이 세워졌다. 당시 불상을 보내는 것은 종합 문화 세트를 보내는 것과 같았다. 불상을 보내면 그에 수반해서 절을 짓는 조사공, 기와를 굽는 와공, 쇠를 다루는 기술자, 불상을 조각하는 조각가, 채색을 하는 화공, 글을 읽는 학자, 승려 등이 따라갔기 때문이다. 이렇게 해서 7세기 전반 일본에서는 삼국 문화가 깃든 불교 중심의 아스카 문화가 탄생했다.

일본은 필요에 따라 삼국과 적당한 관계를 맺었다. 그러면서도 일본은 서로 싸우고 있던 삼국 모두로부터 선진 문물을 얻어 갔다. 한반도와의 관계에서 선진 문물의 획득을 최대 과제로 여겼던 일본으로서는 영원한 적도 영원한 우방도 없었다.

7세기 전반 삼국은 중국에게도 서로 접근했다. 백제는 수와 당에게 향도를 자청하면서 고구려 정벌을 권했다. 신라는 백제와 고구려를 견제해 줄 것을 청했다. 고구려는 겉으로는 평화를 말하지만 속으로는 전쟁을 준비하는 화전 양면 정책을 취했다.

고구려를 최대 적으로 규정한 수와 당은 먼 나라와 친교를 맺고 가까운 나라를 공격하는 원교근공 정책을 취했다. 수와 당은 신라를 우방으로 삼고 중국과 고구려 사이에서 양다리를 걸친 백제를 먼저 정벌했다. 이어서 고립무원 상태에 빠진 고구려를 정벌했다.

당은 백제와 고구려를 멸한 다음 648년에 김춘추와 당 태종 사이에 맺은 '삼국을 통일한 뒤에는 대동강 이남은 신라가 차지하고 이북은 당이 차지하기로 했던 밀약'을 깨뜨리고 신라까지도 직접 지배하려고 나섰다. 신라는 663년에 백촌강 싸움에서 적이었던 일본과 손잡고 당에 대항했다.

당은 결국 한반도를 직접 지배하기 위해 삼국을 교묘히 이용했다. 밀약도 소용없었고, 영원한 우방도 영원한 적도 없었다. 한반도가 분열되면 일본이나 중국에 이용당할 수밖에 없다. 남북이 분열되어 있는 한 앞으로도 비슷한 행태가 반복될 것이다.

역사적으로 한반도는 분열과 통일을 거듭해 왔다. 분열된 한반도는 반드시 다음 차례에 통일을 이룬다. 삼국이나 후삼국도 결국은 하나로 통일했다. 그렇다면 남북통일도 시간문제일 뿐이다. 그런데 분열 상태에서는 주변국에 이용만 당한다. 여기에 통일의 당위성이 있고, 필연성이 있다.

북한의 미래 변화에 대비해야

2000년 6월 15일, 노무현 전 대통령과 김정일 전 국방위원장은 남북 정상회담에서 만났다. "두 정상은 어떤 일이 있어도 전쟁이 다시 일어나지 않도록 노력하기로 다짐했다", "적화통일도 흡수통일도 다 같이 배제하기로 했다", "통일은 우리 민족의 궁극적 목표다", "아무리 오랜 세월이 걸리더라도 반드시 평화적으로 이뤄져야 하며 남북 모두가 더불어 성공하는 통일을 이룩하기로 남북 정상 간 합의했다"는 회담 합의 내용은 속셈은 달랐을지 모르지만 시간이 흘러도 변함없을 통일의 지향점을 잘 표현한다.

사람들은 장래에 대한 불안 때문에 점을 본다. 그러나 점으로 과거의 일을 맞히는 경우는 있지만 미래를 맞히는 경우는 거의 없다. 우리는 과거 역사를 통해 어느 정도 미래를 예측할 수 있다. 역사 발전을 법칙적으로 설명하고 미래상을 제시한 이들이 사적유물론자들이다.

한국에서는 분단된 현실 때문에 공산 사회를 종착점이라고 주장하던 마르크스나 그 추종자들에 대해서 알레르기성 반응을 보여 왔고 알려고도 하지 않았다. 사적유물론자가 제시하는 역사 발전 코스에서 미래에 대한 예측이 틀렸다는 것은 이미 확실해졌다. 그것은 공산주의를 표방한 베트남, 중국, 러시아, 북한의 실패에서 충분히 입증됐다.

그러나 사적유물론의 과거에 대한 분석은 타의 추종을 불허할 만큼 뛰어났다. 그래서 미래에 대한 예측도 맞으리라 생각한 사람들이 공산 사회에 대한 꿈을 가졌다. 이것은 마르크스의 사상이 일세를 풍미한 원인 중 하나다.

일본에서는 1920년대부터 이미 사적유물론으로 일본 역사를 분석하고 설명했다. 사적유물론에 의하면 중세 봉건주의 사회에서 근대 자본주의 사회로 넘어가는 과도기에 반드시 독재 정권이 등장한다고 한다. 그 독재 정권을 절대주의라고 이름 붙였다. 독재 정권은 과거와 현재, 미래에도 존재할 수 있지만, 중세 봉건주의 사회에서 자본주의 사회로 넘어가는 과도기에 나타나는 독재 정권을 절대주의라고 한다.

그런데 근대화, 즉 자본주의 사회로 넘어가면 절대주의 세력은 그들이 향유하는 특권을 상실하므로 자본주의 사회로 넘어가는 것을 적극 저지하려고 하는 특성을 보인다.

중·고등학교 시절에 배웠던 이른바 서양의 계몽 군주들이 여기에 속한다. 서양에서 근대화를 저지하려던 절대왕정은 시민혁명에 의해 무너졌다. 프랑스혁명이나 영국의 명예혁명 등이 여기에 속한다. 사적유물론자들은 모든 역사는 다 이런 코스를 걷는 것으로 생각했다. 그들은 역사가 단선적인 하나의 코스로만 발전한다고 여겼다.

사적유물론자가 이야기하듯 서구처럼 역사가 하나의 길로만 발전하지 않고 복선적으로 발전한다고 주장한 이들은 일본 역사학자들이었다. 그들에 의하면 일본에서도 중세 봉건주의 사회에서 근대 자본주의 사회로 넘어가는 과정에서 독재 정권, 즉 절대주의가 나타났다. 그것이 바로 1868년 메이지유신에서

1945년 패망할 때까지 일본을 주도한 세력이다.

그러나 일본의 절대주의 정권은 서구와는 달리 근대화를 저지하려고 한 게 아니라 적극적으로 추진했다. 일본 역사학자들은 서구에 대항하기 위해 근대화를 추진할 수밖에 없었기 때문에 일어난 현상이라고 해석한다. 절대주의 세력이 근대화를 저지하려고 한 서구와 달리 일본 절대주의 세력은 근대화를 적극 추진했다. 일본 역사학자들이 역사는 단선적으로만 발전하는 것은 아니라는 사실을 입증한 것이다.

그렇다면 한국은 어떤 길을 가고 있을까? 오늘날 우리는 자본주의 사회에 살고 있다. 과거 한국에도 중세 봉건주의 사회가 존재했다면 그 봉건주의 사회와 오늘날 자본주의 사회 사이의 독재 권력, 즉 절대주의에 해당하는 게 박정희 정권에서 노태우 정권까지 약 30년에 걸친 군사독재 시대라고 할 수 있다.

그런데 한국의 군사독재 정권은 근대화를 저지하려고 한 서구의 길을 가지 않고 근대화를 적극 추진한 일본이 간 길을 따랐다. 한국은 일본이 간 역사 코스를 가고 있다. 그렇기 때문에 일본에서 일어난 일이 몇 년 후 한국에서 일어난다. 그래서 일본을 알면 한국의 미래가 보인다는 말이 나왔다.

근대화가 이뤄지면 절대주의자의 특권은 유지될 수 없다. 이런 자명한 이치를 모르면 불행한 최후를 맞는다. 박정희 전 대통령은 근대화를 적극 추진해 보릿고개를 없앴다. 이런 이유 때문에 그는 오랜 독재에도 불구하고 아직도 많은 국민의 뇌리에 남아 있다. 그러나 그는 근대화를 이루고 나면 더는 독재가 용납되지 않는다는 사실을 모르고 독재를 계속하다가 비극적인 최후를 맞았다.

본인으로서는 국민이 원망스러웠을 것이다. 자신이 보릿고개도 없애고 먹고살 수 있게 해 줬는데 자기더러 그만두라고 하는 데 대한 배신감이 없지 않았을 것이다. 그러나 그는 근대화가 이루어지면 독재가 용납되지 않는다는 평범한 역사를 몰랐다.

일본의 에구치 히로시가 쓴 《르포 조선 최근사》(1976)라는 책은 박정희 정권의 유신 시대의 문제점을 잘 지적했다. 그는 역사학자이자 언론인으로서 평양과 서울에서 주재한 적이 있는 한국을 잘 아는 인물이다.

그는 이 책에서 일본 국민이 바보요, 박정희 전 대통령이 바보라고 말한다. 북한의 김일성 체제는 폐쇄된 사회다. 그렇기 때문에 인민에게 하나의 답만을 유도하는 정보를 제공하면 인민은 항상 그 답만 낸다. 투표를 하면 항상 99%가 김일성이 원하는 답이 나온다. 그러나 남한은 개방된 사회이기 때문에 다양한 정보가 제공되므로 국민이 박정희 전 대통령이 요구하는 답만 쓰지는 않는다. 그런데 박 전 대통령은 자신이 요구하는 답을 하지 않는다고 유신을 선포하고 매질을 해 댔다. 에구치 히로시는 이 때문에 한국에서는 비명이 끊이지를 않았다고 지적했다.

또한 에구치 히로시는 일본인들은 한국의 사정은 도외시한

채, 모든 게 일사불란한 북한을 아무 문제없는 사회로, 매질과
비명이 끊이지 않는 남한을 문제 있는 사회라고 생각한다고 말
한다.

다양한 정보가 제공되면 여러 가지 의견이 나오기 마련인데
하나의 답만을 쓰지 않는다고 매질을 하는 박 전 대통령이 '빠
가(바보)'요, 한정된 정보만을 제공하기 때문에 일사불란하게 움
직이는 북한 사회가 문제없는 사회라고 생각하는 일본인이 '빠
가'라고 비판했다.

그렇다면 북한은 앞으로 어떻게 될 것인가? 시차는 있겠지만
북한도 언젠가는 근대화가 될 것이다. 이는 인류 역사의 필연적
인 코스이기 때문이다. 북한에서도 과거의 중세 봉건주의 사회
가 있었다면 미래에 전개될 자본주의 사회와의 사이에 절대주

[절대주의와 북한의 장래]

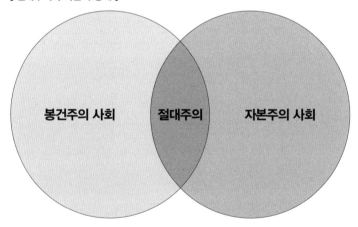

봉건주의 사회   절대주의   자본주의 사회

의 권력이 나타날 것이고 그것은 바로 김일성에서 김정은에 이르는 독재 권력이라고 할 수 있다.

그렇다면 김정은은 서구의 절대주의 세력처럼 근대화를 저지하려 할 것인가, 아니면 일본이나 한국처럼 적극적으로 근대화를 추진하려고 할 것인가의 기로에 섰다.

서구처럼 근대화를 저지하려고 한다면 혁명에 의해서 무너질 게 뻔하다. 시차는 있겠지만 북한도 언젠가는 근대화가 이루어지지 않을 수 없다. 일본이나 한국처럼 근대화를 추진한다면 그들은 자연히 지금의 특권을 상실할 것이다. 현 체제를 유지할 수 없게 된다는 이야기다. 그런데도 현 체제를 유지하면서 어쩔 수 없이 근대화를 추진한다면 결국은 비극적인 최후를 맞게 될 것이다.

따라서 어떤 길을 선택하든 역사적으로 본다면 김정은 체제의 소멸은 시간문제다. 한국은 김정은 체제가 혁명이나 비극적인 종말을 맞는 데 대비해야 한다. 준비 없이 김정은 체제가 무너진다면 오히려 한민족에게 큰 재앙이 될 수도 있기 때문이다.

한반도 통일은 역사의 필연

우리나라에서는 통일해 봤자 득이 될 게 없으니 하지 않는 게 좋겠다느니, 이러이러한 이점이 있으니 통일은 해야 한다느니

하면서 통일에 대한 논란이 많다. 대표적인 반대론이 '이대로도 잘사는데 엄청난 통일 비용을 지불하면서까지 통일할 필요가 있느냐'라는 주장이다.

분단 상태에서 우리는 매년 막대한 예산을 국방에 투입한다. 2020년에는 국방 예산으로 약 50조를 배정한다. 수십만 젊은이가 한창 활동할 나이에 그 활동을 중단하고 군에 가야 한다.

만성적인 불감증으로 심각하게 인식하지 못하지만 몇 천 문의 장사포가 서울을 겨냥하고, 핵실험이 계속되는 불안 속에서 툭하면 '서울을 불바다로 만들겠다'는 북한의 협박을 받는다.

실제로 2010년 3월에 천안함이 폭파되고, 11월에는 연평도에 포격이 이뤄졌다. 북한과 불필요한 소모전을 벌이면서 언제까지 이런 불안 속에서 살아갈 것인가?

예전에 고려대학교 김성식 교수는 "전쟁이 나면 나가서 싸우는 사람은 젊은이지만 정작 전쟁을 결정하는 사람은 싸움터에 나가지도 않는 50대들이기 때문에 전쟁을 의외로 간단하게 결정해 버린다"고 이야기하곤 했다. 직접 전쟁에 나가서 싸우지도 않을 사람들이 전쟁을 결정하기 때문에 전쟁이 의외로 쉽게 일어난다는 뜻이다.

2010년 연평도 포격 때 청와대 지하 벙커에서 열린 긴급 국가안보회의 참석자 17명 중에서 3명만 병역을 필했고 대통령, 국무총리, 국정원장 등 대부분이 군 미필자였다고 해서 인터넷에서 난리가 났던 적이 있다. 군대를 가 보지도 않은 사람들이 병커 속에서 전쟁을 결정할 때 총을 들고 직접 싸울 젊은이들의 입장을 얼마나 배려하겠는가?

1980년대 초 나카소네 야스히로 일본 총리가 '일본열도불침항공모함설'을 들고 나오자 일본이 다시 군국주의의 길을 가는 게 아닌가 하는 불안이 고조됐다. 이를 견제하기 위해 진보적인 〈아사히신문〉이 제2차 세계대전의 다음과 같은 비사를 공개한 적이 있다.

진주만 폭격을 결정하기 6개월 전쯤 전쟁 여부를 결정하기 위해서 군 수뇌부들이 논의를 하다가 군수국장을 불렀다. 미국과 전쟁을 하기 위해서 군수물자가 어느 정도 비축되어 있는지를 알아보기 위해서였다. 군수국장이 "미국과 일본의 군수물자 비율이 78:1이기 때문에 미국과 전쟁하는 것은 곧 패배를 의미하는 것입니다"라고 대답하자 군 수뇌부들은 뻐끔뻐끔 담배만 피우다가 헤어졌다.

그 뒤 사정이 악화되자 군 수뇌부들이 다시 모여 군수국장을 불렀다. 군수물자가 부족하면 단기전으로 하면 될 것 아니냐는 생각에서 단기전에 필요한 물자의 상태를 점검한 것이다. 태평양을 사이에 두고 미국과 전쟁하려면 배나 비행기가 필요한데 여기에 드는 가솔린이 얼마나 비축되어 있는지를 알아보려고 했다.

군수국장은 "가솔린을 주로 미국에서 사 오기 때문에 미국과 전쟁을 하기 위해서는 미국 모르게 가솔린을 사서 비축해 놓았다가 전쟁을 시작해야 한다. 지금 미국과 전쟁을 하는 것은 섶을 지고 불로 뛰어드는 것과 같다"라고 대답했다.

군 수뇌부들은 도저히 안 되겠다고 생각하고 군수국장을 내보낸 뒤 그중 한 사람이 "야, 우리 싸우다 죽자"라고 하자, 모두가 "그래, 우리 싸우다 죽자"라고 해서 태평양전쟁이 결정되었다는 이야기다.

이런 일화를 소개한 뒤 "싸우다가 죽으려면 자기네들이나 죽지 왜 무고한 백성을 600만 명이나 전쟁에 끌어다가 죽고 다치게 만들었는가"라고 비판하는 〈아사히신문〉 기사를 읽은 적이 있다. 이처럼 전쟁은 우리가 생각하는 것처럼 신중히 계산해서 결정하는 게 아니라 의외로 간단히 결정되는 경우가 많다.

전쟁은 그렇게 간단하게 결정할 문제가 아니다. 전 국민의 생명과 재산이 걸린 문제이고, 전쟁을 시작하면 이길 수 있는가, 피해는 어느 정도인가 등을 신중히 검토해야 한다.

우리가 불감증에 걸려서 북한의 위험을 간과하지만, 김정은이 전쟁을 하지 말라는 법도 없다. 국력으로 보아서는 한국이 이길 수 있다. 그러나 피해는 한국이 훨씬 클 것이다. 북은 별로 잃을 게 없지만 우리의 피해는 상상하는 것보다도 훨씬 클지도 모른다.

통일의 득실을 따지기 전에 미리 결과를 안다면 손실을 최소화하면서 효과적으로 결과에 이르게 할 수 있다. 인류 역사상 한 민족이 영원히 분열된 경우는 없다. 우리나라에서도 삼국이 수

백 년 동안 서로 싸웠지만 결국 신라가 나라를 통일했고, 50년 이상 지속된 후삼국도 고려가 하나로 통일했다. 중국에서도 진이 춘추전국을 통일하고, 수·당이 위진남북조를 통일했으며, 송이 5대10국을 통일했다.

따라서 언제가 될지 모르지만 남북이 하나로 통일되는 것은 필연적인 사실이다. 그렇다면 '통일을 할 것인가 말 것인가'라는 부질없는 소모적 논쟁을 지양하고 하루빨리 통일에 대비하는 게 현명한 일이 아니겠는가?

김일성 체제에서 재산과 부모 형제를 잃고 남으로 온 사람들이나 6·25전쟁 때 엄청난 피해를 입은 사람들 입장에서는 그야말로 용납할 수 없는 일일지 모르겠지만 통일은 선택이 아니라 우리 민족이 가는 필연적인 역사의 코스다. 그렇다면 득이든 실이든 가장 효율적인 방법을 찾으면서 통일을 준비할 수밖에는 없다.

역사적으로 본다면 북한은 세 가지 역사 코스를 걷게 될 것이다. 하나는 김정은을 중심으로 하는 집권 세력이 특권을 유지하기 위해 근대화를 거부하면서 폐쇄 사회를 고집하는 경우다. 그러나 오늘날 세계는 교류를 통해 '윈윈'하며 살아가는 사회다. 그리고 정보가 세계적으로 빠르게 공유된다. 따라서 폐쇄 사회가 그대로 유지될 수는 없다.

그런데도 특권을 유지하기 위해 근대화를 거부하고 폐쇄 사회를 고집한다면 서구의 절대왕정이 근대화를 거부하다가 혁명에 의해 비참한 최후를 맞은 전철을 밟게 될 것이다. 서구의 절대주의 세력은 이 길의 종말이 어떤 것인지 잘 몰랐기 때문에 불행한 결과를 맞았지만, 김정은은 역사적인 경험을 아는 만큼 이 길을 가리라고는 생각되지 않는다.

다른 하나는 근대화를 추진하면서 근대화의 속도에 맞춰 특권을 내려놓는 경우다. 현재 중국 공산당이 이 길을 가는 것으로 보인다. 마오쩌둥을 비롯해 덩샤오핑, 장쩌민, 후진타오, 시진핑이 근대화에 속도를 내면서 공산당의 특권도 점점 축소되고 있다. 현재 중국을 자본주의국가라 부르는 데에 토를 달 사람은 없을 것이다.

중국의 근대화 속도와 공산당이 특권을 내려놓는 속도의 격차가 공산당의 운명을 좌우할 것이다. 그러나 북한은 중국처럼 특권을 내려놓으며 근대화를 추진하려 할까?

김정은이 이런 모험을 할 가능성은 거의 없다. 김일성이나 김정일이 이 길을 가지 않았고, 김정은이 갑자기 이 길을 갈 수는 없기 때문이다. 아직까지는 그런 징후가 보이지도 않는다.

마지막 하나는 혁명을 피하기 위해 근대화를 추진하되 현재의 특권을 계속 유지하려고 하는 경우다. 그러나 근대화가 이뤄지면 독재자로서의 특권은 인정되지 않는다. 근대화라는 것은 합리적인 사회요, 특권이 인정되지 않는 사회이기 때문이다.

가깝게는 인도네시아의 수카르노, 필리핀의 마르코스, 중동에서는 이집트의 무하마드, 리비아의 카다피 등 대부분의 개발도

상국가 독재자들이 이 길을 걷다가 비극적인 최후를 맞았다. 박정희 전 대통령도 마찬가지다. 근대화에 적지 않게 기여했지만 '내가 이만큼 근대화를 이룩했는데 나더러 특권을 내려놓으라고 한단 말이야?'라는 최면에 걸렸다가 불행한 최후를 맞았다.

김정은도 이 세 번째 길을 갈 가능성이 크다. 2013년에 북한이 막았던 개성공단을 북한이 먼저 재개하자고 들고나왔고, 중국과 손잡고 황금평을 개발하고 나진·선봉지구를 개발·개방했으며 개성공단 재개나 금강산 관광을 끈질기게 요구하는 모습을 보면 알 수 있다.

근대화는 도도한 역사의 흐름이기 때문에 김정은도 거절할 수 없는 길이다. 그러나 2013년 12월 고모부인 장성택의 처형이나, 2015년 5월 현영철 인민무력부장의 처형에서 보듯이 김정은이 특권을 내려놓으려는 흔적은 어디에도 없다.

김정은이 특권을 조금씩 내려놓으면서 근대화를 이루든, 특권을 유지하면서 이루든 큰 틀에서 본다면 속도가 문제지 근대화의 길을 가는 것은 분명하다. 그리고 근대화가 이뤄지면 김정은 체제는 용납될 수 없다. 북한의 근대화를 유도하는 일이 통일을 앞당기는 길이고, 통일이 되었을 때 동질화된 사회가 서로 만나면 부작용을 최소화할 수 있다. 이것이 통일을 위한 최선의 방법이다.

역사적으로 단명한 왕조는 대부분 3대에서 끝났다. 단명한 왕조가 가장 많이 부침했던 중국의 위진남북조시대나 5대 10국

등을 보더라도 대개는 3대에서 끝이 났다.

왕조를 세운 첫째 태조는 나라를 세웠다는 것만으로도 어쨌든 능력 있는 인물이다. 2대째는 능력 여부에 관계없이 개조인 아버지의 후광으로 그럭저럭 버텨 낸다. 3대째는 개조의 후광이 사라져 자력으로 새로운 왕조의 체제를 완성하고 정착시켜야 하는 시기다.

따라서 3대째 왕이 체제를 잘 정비해 나라를 안착시키면 그 왕조는 롱런한다. 그러나 후광도 없고 능력도 부족해 체제를 정비하는 데 실패하면 그 왕조는 단명한다. 그래서 창업보다 수성이 어렵다는 이야기도 나왔다. 김정은은 바로 3대째다. 더구나 빠르게 정보를 공유하는 세계 속에서 독재 체제를 유지하기는 쉽지 않을 것이다.

한국은 선제적으로 통일을 준비해야

김정은이 좋든 싫든 근대화를 추진한다면 그 파트너는 중국이나 일본이 아니라 한국이어야 한다. 북한의 근대화를 중국이나 일본이 주도한다면 통일이 되어도 북한은 그들의 영향력을 벗어나지 못할 것이고, 그렇다면 진정한 통일이라고 할 수 없기 때문이다. 지금 일본이 한국에게 경제 보복을 가할 수 있는 조건이 어떻게 해서 만들어졌는가를 생각해 볼 필요가 있다.

1997년 연구차 와세다대학교에 머무를 때 통산성 산하 아시아정치경제연구소 한국 책임자였던 지인이 "일본은 북한에 대해서 70억 달러에서 100억 달러 정도의 원조를 제공할 준비를 갖춰 놓았다. 다만 북미 관계가 풀리지 않아서 납치 문제를 앞세워 시기를 기다리고 있을 뿐"이라고 한 말이 기억난다.

그런데 일본은 1965년 한일협정으로 한국에 일본 의존도가 높은 경제구조를 만들어 놓았다. 그 결과 일본은 한일협정 이래 한국으로부터 2018년까지 약 6천억 달러의 누적 무역 흑자를 냈다.

일본은 북한에 대해서도 마찬가지로 더 많은 70억에서 100억 달러를 제공해 제2의 한일협정을 통해 다시 북한과 누적 무역 흑자 구조를 만들려고 한다. 요즘은 일본이 북한에 200억 달러를 제공하려고 준비한다는 소문이 들린다. 일본의 수법이 눈에 선하다. 이렇게 된다면 통일이 되어도 북한에 대한 일본의 영향력은 그대로 남는다. 통일을 이뤄도 진정한 통일이라고 할 수 없다.

2014년 3월, 러시아 알렉산드르 갈루쉬카 극동개발부 장관이 방북해 북한과 러시아 기업의 개성공단 진출은 물론 북한에 진출한 러시아 기업을 위한 북한 내 사업 환경의 근본적인 개선과 러시아의 대북 투자자를 법적으로 보호하는 문제 등을 논의했다.

북한과 러시아는 북한 나진항 개발과 광산 현대화, 그리고 발전소 재건 분야 등에서도 투자 협력을 강화해 나가기로 합의했다. 또한 2020년까지 교역액 10억 달러를 달성하기로 하고, 이를 위해 양국 간 무역에서 러시아 루블화의 결제 통화 사용을 확대해 나가기로 했다.

그해 6월 5일에는 러시아와 북한이 블라디보스토크에서 북러 정부 간 통상·경제·과학기술협력위원회 제6차 회의를 열고, 러시아의 대북 투자를 강화하기로 했다. 러시아 갈루쉬카 극동개발부 장관은 북한 내 지하자원 개발 사업에 러시아가 참여하는 방안과 북한이 무역 대금을 지하자원인 현물로 결제하는 방안 등을 논의했다.

중국은 직접적인 투자로 북한과 공동으로 황금평 개발을 추진하고, 나진·선봉지구를 공동으로 개발해 태평양으로 진출하는 출발점으로 삼으려고 한다. 원자바오 전 총리는 자원을 전공한 사람으로 세계적으로 자원을 확보하는 데 혈안이 되어 넘치는 달러를 투자할 곳을 찾았다. 자원이 풍부한 북한을 간과할 리가 없다. 더구나 지정학적으로 다른 세력이 들어오는 것을 용납할 수 없는 지역이기도 하다. 중국은 북한과 '원윈' 할 최적의 조건을 가졌다고 할 수 있다.

2011년 1월 6일자 〈중앙일보〉 기사에 의하면 중국이 나진·선봉지구에 지금까지 공개된 대북 투자액 중 최대인 20억 달러를 투자하기로 북한과 합의했다. 중국은 2~3년에 걸쳐 나진 특구 건설에 필요한 인프라를 구축하고, 5~10년에 걸쳐 동북아 최대 핵심 공업 특구를 조성하기로 했다. 이때 화력발전소, 도로, 유

조선 전용 부두, 석유 정제 공장, 제철소 등을 건설할 계획이라고 전했다. 나진항은 중국과 러시아가 태평양이나 동남아 지역으로 나가기 위해서 이용할 수밖에 없는 항구로 유라시아의 관문이 될 가능성이 크다.

북한의 광물 매장량의 잠재 가치는 7천조 원에 달하는 것으로 알려졌다. 이미 중국은 북한과 2005년 무산 철광 공동 개발 협정으로 50년간의 채굴권을 획득하여 철광을 도입하기로 했다. 2005년 12월에는 황해에서 보하이만 일대에 5억 달러를 투자해서 석유를 개발하는 해상 석유 공동 개발 협정에 서명했다.

중국은 또한 2006년에 아시아 최대 매장량을 가진 것으로 알려진 혜산 동광을 800만 유로를 투자해 50대 50으로 25년 기한을 두고 공동 개발한다. 또한 갑산 문락평 자철 광산을 60%, 3,600만 위안을 투자해 20년간 40만 톤의 철 정제 가루를 생산하는 선광 공장을 건설하기로 했다.

중국은 자원 확보나 투자, 지정학적 위치 때문에 북한에 대한 관심을 높여 간다. 중국에 대한 북한의 의존도가 나날이 높아졌다는 이야기다. 이런 상황이라면 한반도가 통일되어도 진정한 통일이라고 할 수 없다.

2014년 2월 24일자 〈매일경제〉 사설에 의하면 2013년 북중 무역은 전년 대비 10.4% 증가한 65억 달러로 사상 최대치를 기록했다. 반면 같은 기간 남북 간 교역액은 전년 대비 42% 줄어든 12억 달러로 떨어졌다. 2005년 이후 최저치다.

2007년 북중 무역 대비 91%까지 올라갔던 남북 교역액이 6년 만에 17.6% 수준으로 고꾸라졌다. 2010년 5·24 대북 제재 조치로 남북 교류·협력 수준이 1988년 '7·7선언' 이전으로 후퇴한 가운데 북중 간 경제적 밀착이 강화됐다. 우리가 손을 놓은 사이에 남북 경제 공동체가 아니라 중북 경제 공동체 건설이 추진됐다. 이대로 방치할 수 없는 일이라고 생각된다.

중국에 대한 한국의 무역 의존도가 높아지면서 한국에 대한 중국의 영향력이 얼마나 커졌는지를 생각해 본다면 북한에 대한 중국의 영향력 또한 짐작할 수 있다.

일본이나 러시아, 중국이 북한에 인프라를 구축해 놓으면 어느 날 갑자기 통일이 이뤄지더라도 한국의 경제력으로는 감당할 수도 없을 뿐만 아니라 중국, 러시아, 일본의 영향력을 배제할 수도 없다. 일본이 경제 보복을 가하는 현재의 한일 경제구조를 보면 짐작이 갈 것이다. 그런 면에서는 통일을 이뤄도 부작용이 없도록 한국이 먼저 북한에 인프라를 구축해 놓아야 한다.

한국은 2003년 개성공단을 착공해 2004년 첫 제품을 생산했다. 2010년 9월에는 개성공단 입주 기업 생산액이 10억 달러를 돌파했고, 2012년 1월에는 북측 근로자가 5만 명을 넘었다. 2014년 12월에는 123개 업체가 가동됐다. 남북 관계의 대립으로 2013년 4월 북한이 개성공단을 폐쇄했다가 8월에 다시 정상화했다. 잘잘못을 떠나 양측이 다 필요성을 갖는다는 반증이다.

통일부에 의하면 2010년 초까지 남북 경제협력 사업에 직접적으로 투자한 기업은 무려 1,200여 개, 금강산과 개성공단을 제외한 평양, 개성, 남포 등 내륙 지역에 투자한 기업이 49개, 현대아산을 포함해 금강산 관광 지구에 투자한 기업이 50개, 일반적인 상품 교역 기업이 801개, 임가공 교역 기업이 247개, 그리고 개성공단에 있지만 개성공단 기업으로 분류되지 않은 개성공단 내 부동산 관련 투자 기업, 상업 부지 관련 기업, 기타 서비스 업체가 약 80개다.

그만큼 남북 경제협력이 중소기업 경영 활성화에도 커다란 도움이 된다. 남북 경제 협력 사업이 한반도 경제 체질을 개선할 수 있는 가능성을 열었고, 통일을 앞당기는 데 크게 이바지할 것이라는 견해에 이의를 제기할 사람은 거의 없다.

2014년 9월 15일, 개성공단기업협회는 공단 재가동 1주년을 맞아 "현재 5·24조치로 인해 개성공단은 제한된 범위에서의 시설 교체가 가능할 뿐이고 신규 투자는 금지되어 5·24조치에 대한 완화 또는 해제가 불가피하다", "특히 1만 6천~1만 8천명의 근로자가 부족한 상태에서 개성 외 지역의 근로자 공급을 위한 기숙사 건설로 버스 및 철도로 수송이 불가능한 원거리 근로자 확보가 절실하다"고 주장했다.

개성공단은 남북 모두에게 큰 의미라고 생각한다. 개성공단 폐쇄는 북한에게는 5만 명의 실업자가 발생하는 문제다. 정상적인 국가에서 갑자기 5만 명의 실업자가 발생하면 이것은 정권이 흔들릴 문제다.

북한 형편에 임금으로 받는 외화도 적은 돈이 아니다. 그리고 개혁 개방의 시범이라고 할 수 있는 개성공단이 실패한다면 개혁 개방을 추진하는 북한으로서도 국제 신인도 면에서 큰 타격이 아닐 수 없다. 세계가 북한을 신뢰하지 않고 투자하지 않을 것이기 때문이다.

한국으로서도 개성공단은 '윈윈' 게임이다. 공장들이 임금을 줄이기 위해서 줄줄이 외국으로 나가는 판에 북한에다 공장을 세운다면 언어가 통하는 싸고 질 좋은 노동력을 얻을 수 있다. 개성공단이야말로 북한을 근대화로 이끄는 고속도로라고 할 수 있다. 개성공단에서 나눠 주는 초코파이가 북한 전역에 나돈다는 사실이 좋은 증거다.

제2, 제3의 개성공단이 만들어진다면 경제적으로나 사회적으로 남북의 격차가 해소되고 통일 비용도 자연히 줄어들 것이다. 그리고 선진국형으로 진입하면서 저성장의 늪에 빠진 한국 경제에 더할 나위 없는 좋은 돌파구가 될 것이다.

우리는 세계 최강의 경제력을 자랑하던 독일이 통일 비용으로 얼마나 고통을 받았는지 잘 알고 있다. 우리와 다른 북한 체제에서 온 탈북자들을 한국 체제에 정착시키는 게 얼마나 어려운 일인가를 잘 봐 왔다. 개성공단은 통일 리스크를 줄이는 방법 중 하나다.

금강산 관광이나 개성공단 정책 등을 반대하는 사람들은 북한이 핵무기를 개발하는 데 도움을 준다는 논리를 제시하기도 한다. 그러나 핵실험은 금강산 관광이 중단된 뒤 더 빈번히 이뤄졌으며 남북 관계도 더 불안한 상태다.

2001년 일본에 대한 EBS 특집 방송에 출연한 후 사방에서 전화가 걸려와 "당신 김대중 대통령을 옹호하려고 방송에 나갔느냐"고 난리를 쳐서 곤욕을 치른 적이 있다. 지금 생각해 본다면 격세지감을 느낀다. 당시 햇볕정책을 비판하던 사람들 중 적지 않은 이들이 시간이 지난 후에는 5·24조치를 철회해야 한다는 논지의 글을 썼기 때문이다. 이제는 개성공단을 잘못된 정책이라고 비판하는 사람들은 거의 없다.

1986년 4월에는 체르노빌 원전 폭발로 방사능 누출 사고가 일어났고, 2011년 3월에는 도호쿠 대지진과 쓰나미로 원전 방사능 유출 사고가 일어났다. 그 영향은 상상을 초월한다. 2006년 10월에 북한은 지하 핵실험을 단행했다. TNT 800톤 정도에 해당하는 것으로 추정된다. 2009년 5월에는 2차 지하 핵실험을 실시했다. 2013년 2월에는 3차 지하 핵실험을 실시했다. 1997년에는 대만이 핵폐기물을 북한으로 수출한 사실이 알려지면서 커다란 논란이 일었다. 한반도가 방사능으로 오염되고 있다.

2007년 8월에 실크로드를 방문한 적이 있다. 교하 고성을 갔더니 도처에 카레즈(지하 수도)가 있었다. 지하에 흐르는 물을 따라서 만든 터널인데, 터널로 내려갈 수 있는 계단을 만들어 물을 이용할 수 있게 했고, 곳에 따라서는 터널을 따라서 상가를 조성해 놓았다.

청나라 말기에 증국번이 이곳 책임자로 있을 때에 카레즈를 많이 만들었는데, 대략 6천km나 된다는 설명이었다. 수맥이 인간의 혈관과 같다는 사실을 새삼 깨달았다. 가까운 미래에 한국이 통일되었을 때 북한이 실시한 지하 핵실험, 대만을 포함해 다른 나라에서 수입한 핵폐기물 등이 한반도의 수맥을 타고 흐른다면 한반도는 어떻게 되겠는가? 한반도의 오염은 북한만의 일이 아니라 바로 우리의 일이다.

일본은 이른바 잃어버린 20년을 탈피하기 위해서 여러모로 활로를 모색한다. 그 하나로 중동에만 의존하던 에너지 수입처를 사할린과 같은 다른 나라로 다변화하려고 한다. 그렇게 하면 30~40% 정도 싼 가격으로 천연가스를 수입할 수 있다고 본다.

그 방법으로 러일 천연가스관추진위원연맹은 사할린 남부 → 홋카이도 → 도호쿠 지방 → 이바라키 현에 이르는 1,350km 구간에 러일이 가스관을 건설하자는 제안을 내놓았다. 대략 총 건설비는 6천억 엔으로 예상되며, 가스관을 통해 연간 1,500만 톤의 천연가스를 수입할 작정이다. 천연가스 수입가를 낮추면서 경제에도 활력을 불어넣기 위해 러일 간에 가스관을 건설하려는 것이다.

한국과 러시아는 2008년 9월 정상회담에서 양국 관계를 전략적 협력 동반자 관계로 격상하고, 2015년부터 북한을 관통하는 파이프라인을 통해 연간 750만 톤의 러시아 천연가스를 들여오기로 합의한 바 있다. 지정학적으로 한국은 일본보다는 훨씬 유리한 입장이다. 그러나 러시아의 천연가스를 도입하는 문제는 남북 관계 경색으로 현재 제자리걸음 중이다.

이런 와중에 유리 트루트네프 러시아 부총리는 지난 2014년 4월에 북한을 방문해 러시아와 한국을 잇는 천연가스 파이프라인, 한반도 종단철도 건설 등의 내용을 뼈대로 한 남·북·러시아 3국 간 경제협력을 제안했다. 한국과 러시아의 경제협력도 남북 관계 개선에 달렸다. 땅과 자원이라는 면에서 러시아는 무한한 가능성을 지닌 나라다. 또 지정학적으로 한국은 러시아에 대해 가장 유리한 조건을 갖췄다.

2005년 나는 열차로 끝없이 펼쳐진 시베리아 벌판을 달리면서 1998년 정주영 씨가 소 떼 1,001마리를 몰고 북한을 방문한 일이 생각났다. 언젠가는 유라시아 철도도 개통될 것이다. 유라시아 철도도 남북 관계 개선에 달린 셈이다.

한국이 무한한 가능성이 있는 북방, 중앙아시아로 뻗어나가기 위해서는 북한과의 관계는 필수적이다. 잃어버린 20년 운운하던 일본을 한국이 닮아 간다는 불안 속에서 북방 진출이야말로 한국 경제 영역을 획기적으로 넓히는 좋은 돌파구이지 않을까? 지금 한국은 스케일이 큰 그림이 필요하다. 통일은 선택이 아니라 필연이고 한국의 유일한 활로라고도 할 수 있다.

하나의
동아시아 리더십

15장

21세기는 한국이 주인공

현재는 세계가 산업 사회에서 정보 사회로 넘어가고 있다. 제조업의 중심에 섰던 세력들은 '어떤 사회라도 제조업은 필요하다'는 생각에서 제조업을 고수한다. 예를 들어 제조업의 강국인 일본은 아직도 제조업에 미련을 두고 이를 고수한다. 그러나 정보 사회로 전환되면 제조업을 고수하던 세력은 역사의 뒤안길로 사라지고 정보화를 주도하는 세력이 역사의 주인공으로 등장할 것이다.

전근대 동아시아 문화의 중심은 중국이었다. 그 변방에 위치하는 한국은 언제나 현재에 만족하기보다는 중국에서 어떤 일이 일어나는가에 촉각을 곤두세우고 살았다. 그렇기 때문에 하나에 집착하기보다는 항상 중앙부에서 오는 새로운 변화에 관심을 기울이는 문화가 한국에 정착했다. 빠르게 변화하고 스피드를 중시하는 문화가 생겨난 것이다. 그런 문화의 상징이 바로 '빨리빨리' 문화가 아닌가 생각한다.

한국은 '빨리빨리'라는 말에서 알 수 있듯이 스피드가 있는 사회다. 2008년 7월초 나는 제자들과 운남 지역을 여행했다. 쿤밍, 다리, 리장, 샹그릴라 등을 둘러봤다. 첫날 쿤밍 시내를 둘러보고 저녁에 샤브샤브가 맛있다는 식당에 들렀다.

식사를 기다리면서 다들 장난을 겸해서 젓가락으로 식탁을 치며 "빨리빨리"라고 가락을 맞췄다. 그랬더니 한국 관광객이 많이 이용하는 레스토랑이라서 종업원이 그 말을 알아들었는지 "빨리빨리" 하면서 싱긋이 웃어 보였다.

이런 '빨리빨리' 문화가 한국을 IT강국으로 만들었고, 세계에서 인터넷과 PC, 스마트폰을 가장 많이 보급했으며, 1천 원짜리까지도 카드를 사용하는 문화를 만들어 냈다.

정보 사회는 속도와 창의력을 필요로 한다. 정보 사회를 상징하는 IT를 한국이 선도한 것은 결코 우연이라고 생각하지 않는다. 한국 문화야말로 정보 사회에 가장 적합한 문화가 아닌가 생각한다.

〈매일경제〉 2015년 7월 3일자 기사에 의하면, 소비자가 스마트폰으로 원하는 것을 곧바로 찾아보고 구매하는 '마이크로 모멘츠' 시대를 한국이 주도한다. 구글의 조사에 의하면 한국은 스마트폰 사용자의 88%가 매주 적어도 한 번 이상 모바일에서 검색을 한다. 2위인 중국이 73%, 23위인 미국이 50%, 일본은 49위로 35%에 불과했다.

한국이 2018년 세계 무역 규모 7위 GDP 12위인 것도 우연이 아니다. 역사상 지금처럼 한국이 중국을 아래로 내려다보고 우습게 생각하던 시대도 없었다. 한국은 지금 역사의 피크에 와 있다고 생각된다. 절대치는 좀 더 좋아질 수 있겠지만 상대치는 이미 정점에 이르렀다고 해도 과언이 아니다. 여기에 통일과 북방 진출이라는 무한한 가능성까지 더해진다면 21세기는 가히 한국의 세기라고 해도 좋지 않을까?

자국 중심으로 사고하는 한·중·일

2008년 고려대학교 동아시아문화교류연구소 주체로 중국, 일본, 한국 학자들을 초청해 당시 한·중·일 간에 뜨거운 논쟁거리였던 야스쿠니신사에 관한 심포지엄을 열었다. 북경대학에서 온 S 교수의 발언이 인상적이었다. "일본 정부가 야스쿠니신사 참배를 금지시키면 간단히 해결될 문제인데, 왜 일본 정부가 금지를 안 시키는지 모르겠다"는 요지였다.

그 이야기를 듣는 순간 '아, S 교수가 보편적인 가치가 아니라 중국의 척도로 다른 나라에 대해 이야기하는구나' 하는 생각이 들었다. 그는 일본에서 그것이 불가능하다는 사실을 모르고 있었다. '앞으로 중국과 이야기하는 것이 참 어렵겠구나' 하는 생각도 들었다.

2010년 10월에 와세다대학교에서 중국과 일본 사이의 쟁점인 역사 문제를 공동으로 연구해 온 중일역사공동연구위원회를 결산하는 심포지엄이 열렸다. 한일역사공동연구위원을 역임한 나에게 코멘트를 해 달라는 부탁이 왔다. 오랜만에 하는 나들이이기도 하고 또 내가 공부했던 와세다대학교에서 하는 심포지엄이라 쾌히 승낙했다.

심포지엄은 일본과 중국 대표로 참석한 학자들이 중일 역사를 공동 연구하면서 느꼈던 점을 발표하고 토론하는 형식이었다. 중국 대표로 참석했던 S 교수가 총평을 한 뒤 "연구는 학자들의 몫이지만 발표는 정부의 몫이다"라고 했던 발언이 인상적이었다. 학자들이 연구는 뜻대로 할 수 있지만 발표는 정부의 뜻에 맞춰서 해야 한다는 의미였다. 그 소리를 듣는 순간 '아, 하나의 공동체를 향해 나아가는 동아시아가 지역적 편차를 극복하는 일이 쉽지 않겠구나'라는 생각이 섬광처럼 머릿속을 스쳐 지나갔다.

한일 간의 쟁점인 역사 문제들을 논의하기 위해 나는 2002년에서 2005년에 걸친 제1차 한일역사공동연구위원회의 한국 측 위원으로 참여했다. 일본 학자들은 자신이 발표하는 내용은 어디까지나 일본을 대표하는 의견이 아니라 개인의 의견임을 강조했다. 사실 그렇다. 학문을 국가가 강요할 수는 없다.

그러나 한국에서는 한일역사공동연구위원회에서 발표하는 내용을 국가 간의 합의로 받아들여서 거기서 발표하는 내용을 국가가 인정하는 것으로 매스컴에서 보도했다. 예를 들면 2010년 5월 제2차 한일역사공동연구위원회에서 쟁점이 된 고대 일본이 한반도 남부를 200여 년간 지배했다는 이른바 '임나일본부설'에 대해서 "왜가 한반도 남부에서 활약했을 가능성은 있지만 임나일본부라는 기구가 없었다는 데는 합의했다"고 발표했고 매스컴에서도 그 내용을 대서특필했다. 그리고 학계에서도 임나 문제는 끝난 문제라고 취급했다. 제1차 한일역사공동연구위원을 역임한 한국 사학계의 원로 중 한 분도 이제 임나 문제는 끝난 문제라고 발언했다. 그러나 2013년 일본의 공영방송인 NHK가 방영한 교양 강좌 내용은 임나일본부설을 전제로 한 강의였다. 한일역사공동연구위원회 발표에 대해서 한국도 한국식으로 해석한 것이다.

중국 위구르 인민중등법원이 2014년 9월에 위구르 민족의 존경받는 지도자인 베이징민주대학 일함 토티 교수에 대해서 국가 분열 조장 혐의로 종신형을 선고했다. 경제학자인 그는 외국 언론들과의 인터뷰를 통해 "중국 정부의 강압적인 민족 차별 정책이 위구르족과 한족의 갈등을 더욱 깊게 한다"며 위구르족에 대한 당국의 철권통치를 지속적으로 비판했다.

중국 당국은 2009년 7월 우루무치 유혈 사태 뒤에도 사회불안 선동 혐의로 그를 두 달가량 구금했고, 10여 차례 넘게 출국 금지 조치를 취했다. 일함 토티에 대한 종신형 선고는 반대 의견이 허용되지 않는 중국 사회를 잘 보여 준다.

게이센여자대학교 우츠미 아이코 교수(73세)는 '왜 한국인이 전범이 되었을까'라는 의문에서 출발해 대일징용피해자조사위원회를 만들어 30여 년간 기록을 모았다. 그 과정에서 1978년에 이학래 씨를 만났다.

2014년 8월 1일, KBS 1TV의 〈KBS 파노라마〉를 통해 재일교포 이학래(당시 89세) 씨의 이야기가 전파를 탔다. 1942년 포로 감시원을 모집하는 신문광고가 있었는데 이학래 씨는 시골에 살았기 때문에 그런 사실조차 몰랐다. 그런데 면장이 이학래 씨에게 포로 감시원으로 가지 않으면 배급이 중지되고 징병에 끌려가니까 다녀오라고 했단다. 이학래 씨가 감시원으로 간 부산 임시 군속훈련소에서는 문화나 풍습 등을 교육하는 줄 알았는데 3천 명이 2개월간 군사교육만 받았다. 완전히 군인이었다. 붙잡히면 자살하라는 교육까지 받았다.

1943년 6월, 포로 감시원 6명이 영국, 미국, 네덜란드 포로 500명을 데리고 태국과 미얀마의 국경 '칸차나부리'에서 콰이 강의 다리를 놓는 공사장에 배치됐다. 제2차 세계대전을 그린 1957년 영국 영화 〈콰이강의 다리〉에 나오는 바로 그 다리다.

이학래 씨는 종전이 되자 B급 전범으로 사형을 선고받았다가

20년으로 감형됐다. 당시 148명의 조선인이 B·C급 전범으로 유죄판결을 받았는데 129명이 포로 감시원들이었다. 또한 사형된 23명 중 12명이 포로 감시원이었다. 그들은 사실 이등병 이하였다. 그들은 군견이나 다름없는 취급을 받는 존재였는데도 일본 제국의 전범으로 낙인 찍혔다.

당시 포로 감시원의 이름과 인상착의 등을 기억한 포로들의 증언으로 한국인, 대만인 포로 감시원들이 전범으로 기소됐다. 그들은 1951년 싱가포르에서 일본 스가모 형무소로 이감됐다. 한 달 뒤 샌프란시스코강화조약에 의해서 조선인은 일본 국적에서 벗어났다. 일본 제국의 전범이었던 그들은 일본 국적이 아닌 만큼 당연히 석방을 요구했지만 풀려나지 못했다.

일본 군인이라는 이유로 전범 형기를 채워야 했고, 만기 후 나오니 외국인이 되어 있었다. 그 이유로 일본 군인으로서 받을 수 있는 원호법이나 보상금 대상에서 제외됐다. 형은 일본 군인이라는 이유 때문에 마쳐야 했는데, 형기를 마치고 나오니 국적이 바뀌어 일본 군인으로서 받아야 할 연금을 받을 수 없었다.

이학래 씨는 '동진회'를 만들어서 일본의 사과와 보상을 위한 투쟁을 시작했다. 전부 패소했다. 그는 살아생전 사과와 보상을 위한 입법이 이뤄지도록 투쟁에 나서고 있다. 그는 2014년 5월에 일본 민주당의 아리타 요시후에게 법안을 제출하며 "아베 정권에서는 입법이 어려울 것이라고 생각하지만, 포기하지 않을 것이다"고 말했다. 그는 죽은 동진회 동료의 일본인 부인이 "일본인으로서 부끄럽다"고 했던 말이 뇌리를 때린다고 했다.

KBS 방송에 나온 나카노 전시회에는 많은 사람들이 운집했는데, 한 여성이 "(그들이) 죽는 걸 기다리는 게 부끄럽다"고 했다. 증인이 죽는다고 해서 끝날 문제가 아니다. 우츠미 아이코 교수는 "증언 기록은 남는다. 역사의 진실을 전하고 싶다"라고 말했다. 그래서 기록을 모으고 있다는 이야기였다. 그러나 일본은 요지부동이다.

2005년 한국학중앙연구원 주체로 역사 교과서 서술에 관한 국제 심포지엄이 열렸다. 나는 여기에 좌장으로 참여했다. 한국 고대사에 대해 저명한 재일교포 L 교수가 일제 강점기 만행에 대해 사과하지 않는 일본의 자세를 신랄하게 비판했다. L 교수가 원래 약간 다혈질이기는 하지만, 저렇게까지 이야기를 하면 일본 사회에서 살아가는 데 지장이 있진 않을까 걱정이 됐다.

아니나 다를까 종합 토론 때 한 외국 학자가 "왜 일본에 대해서는 문제를 제기하면서 한국군이 베트남에서 한 행위에 대해서는 한마디 언급도 없는가?"라고 질문해 장내가 썰렁했던 적이 있다.

2014년 9월 23일 10시에 방영된 KBS 1TV〈시사기획 창〉에 의하면, 한국은 1964년부터 1973년 베트남에서 철수할 때까지 9년 간 약 32만 명의 국군을 파견했고 5,099명이 전사했다. 중남부에서 싸우는 과정 중 양민을 학살했는데 한국군이 주둔했던 다낭 근처 호이안에서는 1968년 항공기 함포에 의해서 수십 명의 민간인이 죽었다고 전한다.

이에 대해 미국은 '한국이 과잉 대응했다는 보고'를 냈고, 한국은 '오인 사격'이라고 주장했다. 한 참전 장교는 "피를 흘렸으니까 베트콩과 양민을 구분하지 못하고 베트콩이 있는 곳에 화력을 집중할 수밖에 없었다"고 증언했다. "베트콩과 한국군이 격전을 벌였는데, 베트콩이 들어간 동굴에 수류탄을 던졌다. 그런데 들어가 보니 노인과 어린아이가 있었다"는 진술이었다. 그는 양민 학살이 아니고 베트콩을 추적한 것으로, 그들의 죽음을 한국군 책임으로 돌려서는 안 된다고 강조했다.

전 외교부 고위 관료의 증언에 의하면, 1973년 종전 후 한국 경제개발 과정에 관심을 가진 베트남 측의 제안으로 양국 간 접촉이 시작됐다. 베트남은 1992년 수교 때 "과거를 닫고 미래를 열자"고 하며 민간인 희생 문제를 따지지 않았다고 한다.

베트남에는 약 3천 개의 한국 기업이 들어갔고 삼성도 스마트폰 공장을 지어 가동 중이다. 2018년 한국은 베트남의 3대 교역국이자 제1의 투자국이고, 한국 기업에 고용된 베트남 노동자가 100만여 명에 달한다. 2018년, 베트남을 상대로 한 한국의 수출액은 약 486억 달러다. 한국에서 베트남은 중국, 미국에 이서 3위의 수출 국가다.

그러나 베트남은 내부적으로 수교 이후에도 베트남전 민간인 희생 사건 현장을 보존하고 기록하며 진상을 조사하고 있다. 아직 노골적으로 문제를 제기하지는 않지만, 미국과 협상을 시작하면 한국에도 문제를 제기할 가능성이 있다.

강원도 화천에는 베트남전 활약상을 전시하는 베트남 전쟁기념관이 있는데, 베트남전에 대해 "세계 평화를 위해서 참전했다"고 기록해 놓았다. 그곳에는 무릎을 꿇고 머리 위로 손깍지를 한 베트콩을 한국군이 총으로 겨누는 전시물이 있었는데, 베트남 측의 항의로 철거했다고 한다. 이에 대해 한 퇴역 장교는 베트남전을 우방에 대한 보은이라고 표현했다. 그리고 베트남전을 통해 80개 기업이 최초로 해외에 진출했고, 기술자가 6만 명이나 외국에 일자리를 얻었다고 긍정적인 면을 강조했다.

그러나 베트남 입장에서 본다면 아무 관계도 없는 나라의 군대가 와서 세계 평화를 위해 참전했다거나, 베트콩이 들어간 동굴에 수류탄을 던졌는데 노인과 어린아이가 죽었다거나, 한국 경제에 크게 도움이 됐다는 한국군의 참전 이유를 납득할지 의문이다.

베트남전에 참전했던 한국군과 베트남인 사이에서 태어난 '라이따이한'은 무책임하게 남겨졌다. 그들은 현재 하노이에만 약 2천 명이 있다고 한다. 한국은 공식적으로 한 번도 사과한 적이 없다. 한국의 대통령 중에도 헌화한 사람은 있지만 사과한 사람은 없다.

한국 매스컴은 일본이 한국에 대한 식민지 지배에 대해 반성할 줄도 모른다고 비난하면서 2013년 11월에 반기문 전 유엔 사무총장이 600만 명의 유태인이 학살된 아우슈비츠 강제수용

소를 찾았다고 대서특필했다. 또 1970년 12월에 빌란트 독일 전 총리가 폴란드 바르샤바의 유대인 위령탑 앞에 헌화하고 무릎 꿇고 사죄한 사실을 크게 보도했다. 그러나 베트남에서 우리가 한 일에 대해서는 함구했다. 베트남 이야기가 나오면 고엽제 피해와 같은 한국의 피해만 언급하지 양민 학살에 대해서는 외면한다.

원폭의 피해만 강조하고 전쟁을 반성하지 않는 일본, 한국 침략을 사과하지 않는 아베를 비판하기 위해서는 먼저 우리가 보편적인 가치에 충실해야 한다. 그렇게 할 때 국제사회의 공감을 얻고 동아시아에서 리더십을 발휘할 수 있다. 방송에서 한 관계자가 "진상 규명과 명예 회복으로 미래로 가는 국가의 이미지를 만들 필요가 있다"고 강조하던 이야기가 인상적이었다.

동아시아 리더십은 보편적 가치로부터

2013년 말은 교학사 역사 교과서 검정 문제로 한국이 떠들썩했다. 중·고등학교 한국사 교과서 검정에 합격한 8종 가운데 하나인 교학사의 한국사가 일제 35년간의 지배가 한국의 근대화에 기여했다는 이른바 식민지근대화론을 바탕으로 한 데 대한 한국 사학계의 반발과, 오히려 교학사를 제외한 나머지 7종의 교과서가 '종북'이라는 우파 세력의 주장이 첨예하게 대립했기 때문이다.

　그즈음 제대 후 복학해 함께 대학을 다녔던 후배들로부터 오 랜만에 식사나 하자는 연락이 왔다. 모인 후배들 중에 학교 때부 터 정의감이 불타고 다혈질이며 호불호가 분명한 후배가 한 명 있었다. 역사 전공자들의 모임이라 자연히 교학사 교과서 문제 가 화제로 떠올랐다.

　그 후배가 대뜸 "모든 학교가 교학사 한국사를 채택하도록 해 야 한다"고 열변을 토했다. "왜 교학사 교과서만 채택해야 하느 냐?"고 물었더니, "나머지는 전부 종북이라서 안 된다"는 주장 이었다.

　그러고는 역사를 공부한 사람들 중에는 왜 그렇게 빨갱이가 많으냐고도 했다. 보통 그렇게 강력하게 자기주장을 펴는 사람 들은 좀처럼 남의 말에 귀를 기울이려 하지 않는 경향이 있어서 나는 미소만 짓고 있었다. 그랬더니 "형은 어떻게 생각하느냐" 고 내게 물어 왔다. 그래서 다음과 같이 이야기했다.

　역사를 연구하는 사람은 한국의 역사를 볼 때 한국이라는 입 장에서 보지 남한이라는 입장에서 보지 않는다. 예를 들면 우리 가 독립운동에 대해서 기술하는 경우, 과거 공산주의와 자본주 의 이데올로기 대립이 심할 때에는 사회주의자들의 독립운동에 대해서는 언급하지 않았다.

　그러나 이제 어느 정도 민주화가 이룩된 오늘날 한국의 독립 운동을 이야기하면서 사회주의자들의 독립운동을 뺀다는 것은 이상하지 않은가? 그런데 사람들은 사회주의자들에 대한 서술을 아직도 남한이라는 입장에서만 보니까 한국 입장에서 역사를 설명하는 역사학자들을 다 빨갱이고 종북이라고 여긴다.

신라가 삼국을 통일했지만 오늘날 우리가 삼국시대의 역사를 이야기할 때 한국이라는 입장에서 보지 신라라는 입장에서만 보지는 않는다. 50년, 100년 후 우리의 역사를 서술할 때도 남한이 아니라 한국이라는 입장에서 서술할 게 분명하다.

이렇게 한국이라는 입장에서 역사를 서술하는 학자들을 빨갱이나 종북이라고 한다면 한반도를 통일하는 주체가 될 자격이 없을 뿐만 아니라 하나의 공동체를 향해서 나아가는 동북아시아의 주체가 될 자격은 더욱더 없다.

나는 이렇게 열변을 토했다. 그랬더니 그 후배는 "형 이야기는 그래도 합리적이다"라고 하면서 어느 정도 수긍하는 눈치였다.

좌중이 모두 역사를 공부해서 말귀는 알아듣는다 싶어 내친김에 나는 "교학사 교과서가 문제가 아니라 정부의 정책이 문제라고 생각한다"고 했더니 의아하다는 듯이 눈을 크게 뜨고 나를 쳐다봤다. 나는 얘기를 이어갔다.

현재 한일 관계가 1965년 한일협정 이래 최악의 상태에 빠졌는데, 그 이유는 기본적으로 우리나라에서는 35년간 일제의 한국 지배에 대해서 일본에게 사과를 요구하는 반면, 아베 정권은 한국의 근대화에 기여했기 때문에 사과할 필요가 없다는 생각에서 사과를 거부하는 데 있다.

그런데 교학사 교과서는 '자본주의의 발달'이라는 관점에서 역사를 서술하다 보니 일제의 식민지 지배도 한국의 근대화에 기여했다고 서술하고, 독재자였지만 이승만 정권이나 박정희 정권도 긍정적으로 서술한 것이다.

'자유민주주의의 발달'이라는 관점에서 서술된 한국사 교과서는 건국에 기여한 이승만 정권이나 근대화에 기여한 박정희 정권에 대해 부정적인 측면이 부각되므로 박근혜 정권이 교학사 교과서를 감싸고도는 게 아닌가 싶다. 나는 자본주의 발달에 초점을 맞춘 교학사 교과서도 훌륭한 역사관을 갖췄다고 생각한다.

그런데 박근혜 전 대통령은 아베 총리에게 "식민지 지배를 통절히 반성한다"는 무라야마 담화를 계승할 것을 요구하면서 역사 왜곡을 중단하라고 강력하게 요구했다. 1965년 한일협정 이래 한일 관계가 최악이긴 했지만 우리는 지금까지 일제 강점기에 수탈당하고 착취당했다고 배워 왔기 때문에 당시 박근혜 대통령의 역사 왜곡 중단 요구에 동조했다. 또 어떤 면에서는 속이 시원하다는 느낌마저 들었다.

한편 아베 총리에게는 일제의 한국 지배에 대해 사과할 것을 요구하면서 아베 총리와 마찬가지로 일제의 한국 지배가 한국의 근대화에 기여했다는 이른바 식민지근대화론에 입각해서 역사를 서술하는 교학사 교과서에 대해서는 오히려 박근혜 정부가 여러 가지로 감싸고돌았다.

박 정권은 '자유민주주의의 발달'이라는 관점에서 서술된 한국사 교과서는 이승만 정권이나 박정희 정권에 대한 부정적인 평가를 내리므로 거슬렸을 것이다. 반면 '자본주의의 발달'이라는 관점에서 일제 강점기 지배가 한국의 근대화에 기여했다고 한 교학사 교과서는 박 정권이 일본에 보이는 태도와는 상반되나, 이승만 정권이나 박정희 정권에 대해 긍정적으로 서술하기 때문에 감싸고돈 것이다.

적어도 아베 총리에게 식민지근대화론에 대해서 사과를 요구하려면 정부가 식민지근대화론의 입장을 취하는 교학사 교과서를 감싸고돌아서는 안 되었다. 박근혜 정부가 스스로 모순된 행동을 한다는 사실을 몰랐던 게 아닌가 하는 생각이 들었다.

역사를 보는 가치와 관점은 시대정신에 따라서 달라지기 마련이다. 역사에 대한 평가는 시대정신에 바탕을 둔 그 시대의 역사가들에 맡기는 게 옳지 않을까? 인위적으로 어떤 가치나 관점을 강요하면 뒤에 반드시 그에 대한 강한 반동이 일어난다. 정부 당국자에게 조언해 줄 사람이 그렇게 없었는지 참 답답하다는 생각이 들었다. 식민지근대화론의 입장에 선 교학사 교과서를 감싸면서 아베에게 식민지 지배를 사과하라고 요구한다면 일본이 어떻게 받아들이겠는가? 이런 사고로 한국이 동아시아에서 리더십을 발휘할 수 있겠는가?

후배들과 식사 자리에서 이런 내용으로 지나치게 열변을 토한 것 같아 좀 멋쩍었는데 여기저기서 역시 교수라 다르다면서 박수까지 쳤다. 어쨌든 다들 이해하는 눈치였다. 이야기해 봤자 사람들이 좀처럼 자기 생각을 바꾸지 않기 때문에 잘 이야기하지 않았는데, 그날은 좀 보람이 있다는 생각이 들었다.

한국의 중·고등학교 한국사 교과서에는 백제가 4세기에 규슈에까지 영향을 미쳤다고 서술한다. 그러나 명시적으로 입증할 수 있는 자료는 없다. 그런 식으로 한다면 일본이 〈광개토왕릉비문〉이나 《삼국사기》 등을 근거로 한반도 남부를 지배했다는 이야기에 대해서도 비판하기 어렵다.

보편타당한 근거를 들어 이야기할 때 힘이 결집되고 이웃 국가들도 공감한다. 보편적인 사고 없이는 한반도의 주인도 될 수 없을 뿐만 아니라 하나의 공동체를 향해 나아가는 동아시아의 리더는 더더욱 될 수 없다.

일본에는 고대부터 모든 사항을 꼼꼼히 규정한 율령이 존재한다. 701년에 발표된 대보령은 당나라의 것을 그대로 복사한 것으로 알려져 있다. 그래서 당시를 율령국가라고 부른다. 이 율령국가는 천황을 정점으로 관료들이 통치를 한다. 따라서 글을 아는 관료들을 필요로 했다.

7세기 중반부터 당으로부터 일본에 율령이 도입되기 시작했지만 글을 아는 관료가 없어서 제대로 작동되지 않았다. 그런데 663년 백촌강 싸움에서 백제부흥운동군과 이를 지원하던 일본의 연합군이 패배하자 백제의 지배층이 대거 도일했다. 일본으로 건너간 사람은 기록에 나와 있는 것만도 3천 명 이상이다.

도일한 백제인은 글을 아는 사람들이었기 때문에 일본은 그들을 관료로 채용했다. 비로소 일본은 관료를 매개로 하는 율령 국가로 발전했다. 백제에서 망명한 백제의 지배층이 일본 율령 국가 발전에 결정적으로 기여한 것이다.

백제인이 일본에서 오랫동안 관료제를 독점한 결과 실제 이상으로 백제의 영향이 일본 역사 속에 남았다. 역사의 흐름에 영향을 크게 준 요소는 생각보다 그 명맥이 오랫동안 이어진다. 이와 같은 사실은 메이지유신을 주도한 세력이 100년이 지난 지금까지도 일본을 지배한다는 사실로 짐작할 수 있다.

1868년 메이지유신을 계기로 영주인 사무라이가 지배하던 사회가 무너지고 다시 고대 율령국가를 그대로 재현해 관료를 매개로 하는 중앙집권 국가가 들어섰다. 그러나 갑자기 그 많은 관료를 조달할 방법이 없었다.

그래서 여덟 개의 대학군을 설정해 각 대학군에 이른바 제국 대학을 세우고, 각 대학군 밑에 32개의 중학군을 설정하여 각 중학군마다 중학교를 세웠으며, 각 중학군 밑에 230개의 소학 군을 설정하여 각 소학군에 소학교를 만들어서 단기간에 문맹자를 없애고 필요한 관료를 조달했다. 그 결과 오늘날 일본은 관료들에 의해서 일사불란하게 움직이는 이른바 관료 국가로 발전했다.

우리나라도 별반 다르지 않다. 1945년 아무 준비도 없는 상태에서 독립이 이뤄졌다. 국가의 형태를 갖추기 위해서는 많은 관료가 필요했다. 그 많은 관료를 조달하기가 쉽지 않았다. 우선 각 도에 도청과 경찰청을 만들어야 하는데, 해당 관청 책임자는 행정 시스템이 어떻게 돌아가는지 아는 사람이어야 했을 것이다.

그런 사람은 당연히 일제 강점기에 도청이나 경찰청에서 국장 정도는 해 본 사람이었을 테고, 당연히 친일파들이 광복 대한민국의 고위 관료직을 독점했다. 그리고 시·군이나 면까지도 친일파들로 채워졌다. 이렇게 해서 친일파들이 관료와 경찰을 장악했다.

군대도 마찬가지다. 일제가 만주국의 간부를 양성하기 위해 만든 2년제 펑텐 군관학교, 4년제 신징 군관학교 출신들이 초기 대한민국의 군대를 장악했다. 교육계와 언론계도 크게 다를 바 없었다.

만주에서 풍찬노숙하면서 독립운동을 하던 임시정부 요인들이 광복 후 귀국해서 보니 고등계 형사로 독립운동을 탄압하던 사람들이 경찰서장이 되어 있고, 일제의 앞잡이들이 고급 관료가 되어 떵떵거리고 있으니 기가 막힐 노릇이었을 것이다. 친일파의 세상이었다. 이러니 일제에 협력한 반민족 행위자를 처벌하기 위해서 만든 이른바 반민특위가 무산된 것은 너무나도 당연한 일이었다.

초대 이승만 대통령이 초기에 친일파를 등용한 것은 어쩔 수 없었던 일로 이해가 간다. 우선 국가의 틀을 만들기 위해 경험

있는 관료가 필요했을 것이다. 빨리 인재를 양성해서 친일파 관료들을 대체해야 했는데 임시정부에서 귀국한 사람들과 권력투쟁을 하다 보니 자연히 그 대척점에 있는 친일파를 계속 등용했던 게 문제였다. 여기에 역사를 청산하지 못한 이승만 정권의 한계가 드러난다. 두고두고 우리의 발목을 잡는 한국 역사의 비극이 시작된 것이다.

친일파가 한국 사회의 주류가 된 반면, 재산을 처분하고 만주에 간 독립운동가의 자손들은 제대로 교육도 받지 못하고 근대화 과정에서 탈락했다. 결과야 어떻든 일본에서 자본과 기술을 들여오고, 재집권한 일본의 전범들에게 면죄부를 준 1965년 한일협정이 역사 청산도 없이 쉽게 한국에 받아들여진 것도 여기에 한 원인이 있다고 할 수 있다. 일본의 전범들은 한국에게 자본과 기술을 제공한 공로로 오히려 한국에서 친한파로 불리는데, 이것이 지금 한일 간에 식민지 지배 사과 문제와 역사 분쟁으로 나타난다.

한국에서 친일이 청산되지 않은 채 일본에게 식민지 지배를 사과하라고 하면 일본은 마음속으로 수긍하기가 쉽지 않을 것이다. 일본이 식민지 지배에 대해서 진심으로 사과하지 않는 이유의 하나가 여기에 있을 수 있다. 1965년 한일협정에는 기본적으로 지금 한일 간에 쟁점이 되는 역사 문제에 대한 언급이 전혀 없다. 따라서 일본으로서는 한일협정으로 면죄부를 받았다고 생각한다.

1892년 11월 30일에 일본 군함 치시마함이 세토내해에서 영국의 상선과 부딪혔다. 이때 일본의 군함이 침몰했다. 영국의 상선은 철선이었고 일본의 군함은 목선이었기 때문이다. 일본은 영국에 10만 엔의 손해배상을 요구했다. 그러나 1858년 개항할 당시 일본은 영국에 치외법권을 인정해 줬고 결국 손해배상은 영국 법이 적용되어 1만 엔 보상에 그쳤다.

이 사건을 계기로 조약 개정 문제를 둘러싼 국민의 강경론이 걷잡을 수 없게 격화됐다. 결국 1892년 일본과 영국은 법권회복조약을 맺고, 1899년에 일본은 완전히 법권을 회복했다. 외국인 거류지도 폐지됐다.

이 사건은 국민의 강력한 요구가 힘을 발휘함을 보여 준다. 한국도 국민 여론이 뒷받침되고 보편적인 주장으로 동아시아의 공감을 얻을 때 동아시아에서 리더십을 발휘할 수 있다. 이것이 주변국들과의 갈등을 해결하는 유일한 길이기도 하다.

달라진 한국
일본 다루기

초판 1쇄 인쇄 | 2020년 1월 13일
초판 1쇄 발행 | 2020년 1월 20일

지은이 | 김현구
펴낸이 | 이상규
주간 | 주승연
마케팅 | 임형오

펴낸곳 | 이상미디어
출판등록 | 제307-2008-40호(2008년 9월 29일)
주소 | (우)02708 서울시 성북구 정릉로 165 고려중앙빌딩 4층
전화 | 02-913-8888(대표), 02-909-8887(편집부)
팩스 | 02-913-7711
이메일 | lesangbooks@naver.com

ⓒ 김현구, 2020
ISBN 979-11-5893-096-7 03340